Ludger M. Hermanns (Hrsg.)

*Psychoanalyse in Selbstdarstellungen
Band I/2*

Das Buch stellt vier Autobiografien von renommierten Psychoanalytikern und einer Psychoanalytikerin und ihre Wege zur Psychoanalyse vor. In ihren Lebensläufen spiegelt sich die Zerrissenheit, aber auch der Neubeginn und Aufbruch des vergangenen Jahrhunderts wider. Die Texte sind spannende Zeugnisse für die vielfältigen Impulse, Anwendungen und Weiterentwicklungen der Psychoanalyse in den verschiedensten Ländern der Welt.

Ludger M. Hermanns, Facharzt für Psychosomatik und Psychotherapie und Psychoanalytiker in Berlin. Publikationen zur Geschichte der Psychoanalyse, u. a. Editionen von J. Rittmeister, E. Simmel und E. Simenauer. Dozent und Archivar am Berliner Psychoanalytischen Institut, Karl-Abraham-Institut. Vorsitzender des Archivs zur Geschichte der Psychoanalyse. Mitherausgeber des Jahrbuchs der Psychoanalyse.

Ludger M. Hermanns (Hrsg.)

Psychoanalyse in Selbstdarstellungen

Band I/2

Beiträge von
Wolfgang Loch,
Edeltrud Meistermann-Seeger,
Lajos Székely, Frederick Wyatt

Brandes & Apsel

Sie finden unser Gesamtverzeichnis mit aktuellen Informationen im Internet unter: *www.brandes-apsel-verlag.de*
Wenn Sie unser Gesamtverzeichnis in gedruckter Form wünschen, senden Sie uns eine E-Mail an: *info@brandes-apsel-verlag.de* oder eine Postkarte an: *Brandes & Apsel Verlag, Scheidswaldstr. 22, 60385 Frankfurt a. M., Germany*

1. Auflage 2009
© Brandes & Apsel Verlag GmbH, Frankfurt am Main
Alle Rechte vorbehalten, insbesondere das Recht der Vervielfältigung und Verbreitung sowie der Übersetzung, Mikroverfilmung, Einspeicherung und Verarbeitung in elektronischen oder optischen Systemen, der öffentlichen Wiedergabe durch Hörfunk-, Fernsehsendungen und Multimedia sowie der Bereithaltung in einer Online-Datenbank oder im Internet zur Nutzung durch Dritte.
DTP: Antje Tauchmann, Frankfurt am Main
Umschlaggestaltung: Franziska Gumprecht, Brandes & Apsel, Frankfurt am Main, Titelzeichnung von Hermann Spörel, Berlin
Druck: Impress, d.d., Printed in Slovenia
Gedruckt auf säurefreiem, alterungsbeständigem und chlorfrei gebleichtem Papier.

Bibliografische Information Der Deutschen Nationalbibliothek:
Die Deutsche Nationalbibliothek verzeichnet diese Publikation in der Deutschen Nationalbibliografie; detaillierte bibliografische Daten sind im Internet über http://dnb.ddb.de abrufbar.

ISBN 978-3-86099-605-8

Inhalt

Ludger M. Hermanns
Vorwort zur Neuauflage 7
Vorwort 8

Wolfgang Loch
Mein Weg zur Psychoanalyse.
Über das Zusammenwirken familiärer,
gesellschaftlicher und individueller Faktoren 11

Edeltrud Meistermann-Seeger
Tage des Lichts 43

Lajos Székely
Themen meines Lebens 89

Frederick Wyatt
Warum ich Psychoanalytiker wurde – überdeterminiert! 141

Personenregister 201

Vorwort zur Neuauflage

17 Jahre nach seinem Ersterscheinen 1992 und nachdem er viele Jahre vergriffen war, erscheint hier der erste Band meiner Buchreihe »Psychoanalyse in Selbstdarstellungen« in einer zweiten Auflage. Nach dem ersten Halbband mit den Selbstdarstellungen von Jacques Berna, Lambert Bolterauer, Judith Kestenberg und Hans Keilson (im Februar dieses Jahres) lege ich hier den zweiten Halbband mit den Texten von Wolfgang Loch, Edeltraud Meistermann-Seeger, Lajos Székely und Frederick Wyatt vor. Alle AutorInnen sind in der Zwischenzeit verstorben. Ihre Bibliographien habe ich aktualisiert, ohne daß dabei Vollständigkeit angestrebt wurde, und auf mir bekannte Nachrufe hingewiesen, wogegen das Buch ansonsten keine Veränderungen erfahren hat. Horst Brodbeck und Michael Schröter danke ich für bibliographische Hinweise.

Inzwischen ist mein ursprünglicher Verlag edition diskord in Tübingen meinem aktuellen Verlag Brandes & Apsel in Frankfurt am Main angeschlossen worden. Die gute Zusammenarbeit mit meinem neuen Verleger Roland Apsel hat die Weiterführung dieser Reihe möglich gemacht. 2007 – 2008 sind drei neue Bände erschienen, im Frühjahr 2010 kommt ein weiterer hinzu.

Berlin, im August 2009
Ludger M. Hermanns

Vorwort

In meiner jahrelangen Beschäftigung mit der Geschichte der Psychoanalyse war mir neben den schriftlichen Quellen der persönliche Austausch mit überlebenden Zeitzeugen ein besonderes Anliegen. Angeregt durch entsprechende Oral-History-Workshops auf psychoanalytischen Kongressen in den USA, begann ich, etwas ähnliches hierzulande zu versuchen. Das Gespräch mit der Kölner Psychoanalytikerin Edeltrud Meistermann-Seeger auf der Wiesbadener Arbeitstagung im November 1989 war der Anfang dazu. Ich wollte den Raum schaffen, in dem ein kreativer Analytiker sein Werk durch sein Leben und sein Leben durch sein Werk darstellen kann – und das vor einem Publikum. Es schwebte mir dabei vor, etwas von dem erfahrbar zu machen, was Hermann Beland treffend als »die lebendige Transformation eines Schicksals in analytisches Können« bezeichnet hat.

Am Rande dieses Kongresses faszinierte mich beim Besuch des Deutschen Architekturmuseums in Frankfurt eine Ausstellung über »Künstlerhäuser«. Unter dem Motto: »Oft ist es die Umgebung, die den schöpferischen Geist beflügelt« (»saepe locus ingenio stimolos admovet«) (Petrarca) wurde u. a. dokumentiert, wie gerade die Künstler schon seit dem 14. Jahrhundert versucht hatten, sich eine ideale Umgebung für ihre Arbeit zu schaffen. Dabei sind die Künstlerhäuser wie »architektonische Selbstportraits« zu betrachten und haben als »Statussymbole« eine besondere Bedeutung gewonnen.

Als Summe dieser beiden Erfahrungen reifte in mir der Plan zu dieser »Psychoanalyse in Selbstdarstellungen«. Dabei ist diese Idee so originell nicht. Andere Wissenschaften vom Menschen verfügen über derartige Quellensammlungen seit langem. Hier sei nur an die achtbändige »Medizin der Gegenwart in Selbstdarstellungen« aus den zwanziger Jahren erinnert (herausgegeben von Louis R. Grote und mit jenem famosen Beitrag von Sigmund Freud im vierten Band von 1925) und an die ebenfalls mehrbändigen Selbstdarstellungen aus Psychologie, Psychiatrie und Psychotherapie, die Ludwig J. Pongratz u. a. in den siebziger Jahren herausgegeben haben. Darunter sind auch die interessanten Autobiographien der Psychoanalytiker Fritz Riemann und Werner W. Kemper zu finden.

Wenn auch solche Selbstdarstellungen als historische Quellen nicht überschätzt werden sollten, so haben sie doch den Wert von einzelnen Bausteinen zu einer Disziplingeschichte, die noch in den Anfängen steckt. Darüber hinaus können die Selbstzeugnisse unterschiedlicher älterer zeitgenössischer Psychoanalytiker im Ensemble anschaulich den Facettenreichtum der heutigen Psychoanalyse abbilden. Gleichermaßen werden Idealisierungs- und Identifikationsbedürfnisse beim Leser befriedigt, zumal es sich um geschätzte Lehrer der Psychoanalyse handelt.

Für diesen ersten Band, dem weitere folgen sollen, kam es mir darauf an, alte, erfahrene Analytiker (jenseits des 75. Lebensjahres) zur Mitarbeit zu gewinnen. Bei meiner Fühlungnahme zu »Analytikern des deutschen Sprachkreises« (A. Freud) war ich gezwungen, über die Grenzen der deutschsprachigen Länder hinauszugehen, – nämlich dorthin, wo während der nationalsozialistischen Verfolgung jüdische Psychoanalytiker Zuflucht gefunden hatten.

Leider konnten sich nicht mehr Analytiker aus der deutschen Kriegsgeneration zur Mitarbeit entschließen. Ich bedaure dies, da es eine Chance zum Dialog mit der nachfolgenden Generation hätte bedeuten können. Umso mehr freue ich mich über die Bereitschaft von *Judith S. Kestenberg* (USA) und *Lajos Székely* (Schweden), ihren Beitrag in deutscher Sprache zu verfassen. Wenn sie auch wichtige Jahre ihrer Ausbildung in Deutschland bzw. Österreich verbracht haben, so kann Deutsch doch nicht als ihre eigentliche Muttersprache angesehen werden. Beide Texte habe ich nur behutsam redigiert, um deren Eigenheiten nicht zu verfälschen, wenn sie auch manch einem in ihrem sprachlichen Duktus altmodisch anmuten mögen. Frau Kestenberg hat 1990 damit zum ersten Mal nach 40 Jahren wieder selbst in Deutsch geschrieben. Die Psychoanalyse der Schweiz wird uns durch *Jacques Berna,* einen der Pioniere der Kinderanalyse und des mitteleuropäischen Zusammenschlusses der Psychoanalytiker nach dem Kriege, nahegebracht. Nach einem langen Leben legt der Wiener *Lambert Bolterauer* Zeugnis ab von dem wechselvollen Schicksal der Psychoanalyse an ihrer Geburtsstätte. Von dort stammt auch *Frederick Wyatt,* der sich nach Jahrzehnten der Emigration in den USA 1974 in Deutschland niederließ, eines der wenigen Beispiele geglückter Re-Emigration überhaupt. *Hans Keilson*, Psychoanalytiker und Schriftsteller, kam in den letzten Jahren, wie auch L. Székely und J. Kestenberg, immer häufiger als Lehrer, Ratgeber und Freund aus seiner zweiten Heimat Holland nach Deutschland. Von ihm stammt der Hinweis darauf, daß zur kritischen Konfrontation mit sich selbst und mit seiner Umwelt Mut nötig sei, auch wenn man im Gesamtregister von Freuds Gesammelten Werken nur wenige Stellen zum Stichwort »Mut« findet. In diesem Sinne haben sich *Wolfgang Loch* und *Edeltrud Meistermann-Seeger* auf je eigene Weise mit ihrem Leben in Deutschland während der Zeit des Nationalsozialismus und den Nachkriegsjahren auseinandergesetzt. Dafür bin ich ihnen besonders dankbar.

Die über zweijährige Arbeit an diesem Band war durch persönliche Schicksalsschläge im Leben einiger Autoren, Krankheiten, Operationen, Verluste nächster Angehöriger, sowie durch den Golfkrieg überschattet. Manchen fiel deshalb das Schreiben zeitweise schwer. Ich habe mich bemüht, die Autoren immer wieder anzuregen und zum Fortsetzen zu motivieren, und bin sehr froh, daß dies gelungen ist. Meine Vorgabe, die Hinwendung zur Psychoanalyse und möglichst die wissenschaftlichen Schwerpunkte in den eigenen Lebenskontext einzubetten, wurde dabei von jedem einzelnen ganz unterschiedlich ausgefüllt. Es lag mir fern, die so heterogenen Ergebnisse vereinheitlichen zu wollen. Schon in den individuellen Überschriften der Beiträge kommen die jeweils unterschiedlichen Akzentsetzungen zum Ausdruck. Jeder Selbstdarstellung ist eine Fotografie des Autors mit Unterschrift beigegeben sowie eine selbst erstellte, möglichst vollständige Bibliographie der eigenen Schriften, die vom Herausgeber geringfügig ergänzt bzw. überarbeitet worden ist.

Zum Abschluß möchte ich die Momente hervorheben, die mich – nun, nachdem alle Beiträge vorliegen – besonders beeindruckt haben:

- Auf welch verschlungenen Pfaden die einzelnen zur Psychoanalyse gefunden haben, was verglichen mit der heute üblichen Sozialisation zum Analytiker fast exotisch anmutet.
- Wie weitgehend ihr wissenschaftliches Werk aus ihren jeweiligen Lebenserfahrungen gewebt ist, und wie offen sie uns die entsprechenden Webmuster enträtseln helfen.
- Wie sie uns Einblicke in ihre kreative »Künstlerwerkstatt« und wissenschaftliche Produktionsweise gestatten.

Ich hoffe, daß auch andere Leser sich von der Lektüre ebenso beschenkt und angeregt fühlen.

Zuletzt möchte ich meiner Frau Edna Baumblatt-Hermanns für ihre tatkräftige Hilfe beim Lesen und Redigieren der Texte danken und die erfreuliche Zusammenarbeit mit dem Verleger-Ehepaar Kimmerle hervorheben.

Berlin-Charlottenburg, im März 1992

Wolfgang Loch (1915 – 1995)

Mein Weg zur Psychoanalyse
Über das Zusammenwirken familiärer, gesellschaftlicher und individueller Faktoren

Meine mütterlichen Vorfahren waren in der Mehrzahl katholisch. Sie lebten zumeist als Fabrikarbeiter und Handwerker in kleinbürgerlichen, ja wohl auch ärmlichen Verhältnissen. Sie stammten aus Offenbach – dort wurde meine Mutter geboren –, Seligenstadt, aus Iffezheim bei Baden-Baden. Von dort kamen die Siegls. Ein sagenumwobenes Mitglied dieser Sippe ist 1848 aus politischen Gründen nach Nordamerika ausgewandert. Im nordamerikanischen Bürgerkrieg avancierte dieser Siegl, dessen Vorname mir unbekannt ist, zum General. Der Vater meiner Mutter soll ein sehr guter, freundlicher Mann gewesen sein. Er hatte es in einer kleinen Maschinenfabrik bis zum Meister gebracht. Die Mutter meiner Mutter galt als zänkisch. Mit ihr soll nicht gut Kirschen essen gewesen sein. Meine Mutter hatte einen Stiefbruder. Er war am Ende des vorigen Jahrhunderts nach Petersburg ausgewandert und betrieb dort bis 1928 eine kleine Schuhfabrik. Zuletzt lebte er in Ostpreußen, wo er in Königsberg gänzlich verarmt starb. Eine jüngere Schwester meiner Mutter heiratete sehr früh einen hochgebildeten und begabten Mann. Er war Kommunist und hatte wegen Majestätsbeleidigung eine Gefängnis- oder Zuchthausstrafe abzusitzen. Später war er Mitarbeiter der Zeitung *Rote Fahne*. Meine Mutter selbst war eine sehr gute Schülerin gewesen. Sie hatte aber keinerlei berufliche Ausbildung. Sie war herzensgut, gelegentlich launenhaft. An Bekannte und erst recht an Bedürftige verschenkte sie, was immer sie nur verschenken konnte. Wir Kinder fanden, daß sie sich oft über die Maßen ausnützen ließ, und kritisierten sie deshalb. Leider kränkelte sie ziemlich häufig. Sie neigte zu phobisch-ängstlichen Reaktionen. Mit 68 Jahren verstarb sie an einem Herzschlag.

In der väterlichen Linie – die Lochs, mehrheitlich evangelisch, kamen seit vielen Jahrhunderten aus Oberstein und Idar an der Nahe – gab es viele Kaufleute, Achatschleifer mit kleinen eigenständigen Betrieben, einen Pfarrer, einen Gutsherrn usw. Sie gehörten dem mittleren Bürgertum an. Mein Großvater väterlicherseits war Mitglied des Gemeinderates seiner Heimatstadt und vertrat dort die liberale, republikanisch-demokratisch ausgerichtete Fraktion. Seine Gesinnung hatte mein Vater übernommen, er hatte sie vertieft und ausgebaut. Es war eine politische Richtung, die im Kaisertum, im besonderen in der Person Wilhelm II., ein Unglück für Deutschland sah und die, wenn nicht für sozialistische, so doch für sozial ausgerichtete Wirtschaftsführung eintrat. Eine ihrer profiliertesten Zeitungen war das *Berliner Tageblatt*, das der jüdische Verlag Mosse druckte. Mein Vater schätzte seine Leitartikel und die Feuilleton-Beiträge des Literatur- und Theaterkritikers Alfred Kerr ganz besonders. Bis zum Verbot durch die Nationalsozialisten war es sein Leib- und Magenblatt gewesen. Ich selbst las natürlich auch in dieser Zeitung, und sicher wurde ich durch sie in den zwanziger Jahren beeinflußt. Übrigens pflegte der Deutschlehrer in der Oberstufe, der aus unerklärlichen Gründen wußte, welche Zeitung man bei uns zu Hause las, darüber gelegentlich kritische und kränkende Bemerkungen zu machen. Er war ein Mann des Stahlhelms, der früh Hitler unterstützte, sich dann aber, nachdem er Hitlers kriminelles Wesen Ende der dreißiger Jahre erkannt hatte, von den Nazis distanzierte.

Mein Vater und ebenso sein um vier Jahre jüngerer Bruder waren, ich darf sagen sehr begabte, ja, in bezug auf meinen Vater gilt sogar die Kennzeichnung hochbegabte Personen. Nach dem frühen Tode ihres Vaters waren die beiden Brüder zusammen mit ihrer älteren Schwester in äußerst bescheidenen, ärmlichen Verhältnissen groß geworden. Beide Brüder hatten dann ziemlich bedeutende Karrieren gemacht. Die Hauptbegabung beider lag auf mathematisch-technischem Gebiet. Mein Onkel war zunächst Geometer und wurde in Verbindung mit gewissen Erfindungen mit 28 Jahren Leiter der Dampfkesselfabrik Dürr in Ratingen. Mein Vater hat nach einem Studium an der Technischen Hochschule Darmstadt zunächst für etliche Jahre als Fachlehrer für Mühlen- (und Brücken-) Bau an einer Gewerbeschule in Worms gearbeitet und unterrichtet. In Worms wurden meine vier Geschwister geboren. Ich selbst kam 1915 in Berlin zur Welt, wohin mein Vater nach Übernahme einer Position bei der Müllerei-Berufsgenossenschaft 1911 mit der ganzen Familie übergesiedelt war. Mein

Vater fuhr aber fort, in all den folgenden Jahren bis in sein hohes Alter – er starb mit knapp 78 an einem Lebermalignom – in einer Fachzeitschrift für Mühlenbau einschlägige Aufsätze über dieses Gebiet zu veröffentlichen, die sich eines großen Ansehens erfreuten. Sein Interesse galt neben der Mathematik und den Naturwissenschaften der Philosophie und der Literatur, den Dichtern. Immer wieder las er Schopenhauer und vor allem die deutschen Klassiker. Goethe, Schiller, Hebbel, Grillparzer, Lessing und Kleist waren seine auserkorenen Lieblinge. Große Teile ihrer Dramen und Gedichte kannte er auswendig. Es waren besondere Erlebnisse, wenn er aus ihnen im Familienkreis oder auch bei Einladungen vor einem größeren Kreis vortrug. Man spürte dann seine ganze Leidenschaft, seine tiefe Emotionalität, Eigenschaften, die für gewöhnlich durch eine kühle Rationalität und strenge Genauigkeit verborgen blieben. In diesem Zusammenhang ist zu erwähnen, daß mein Vater in seiner Wormser Zeit eine Reihe von kurzen Erzählungen und Novellen in Zeitungen und Zeitschriften publiziert hatte. In seinem späteren Berufsleben beschäftigte er sich zunehmend auch mit psychologischen Fragen. So z. B. hatte er statistisch herausgefunden, daß bestimmte Personen immer wieder Unfälle erleiden. Seine diesbezüglichen Erfahrungen und Überlegungen machte er unter dem Thema »Unfall, Ereignisse und Schuldfrage« und »Unfallschuld und Unfallursache« in Vorträgen vor ärztlichen Organisationen und Aufsätzen in Zeitschriften bekannt. Er hatte klar erkannt, daß »die Unfallursachen nicht nur den Dingen anhaften, sondern auch im Menschen selbst zu suchen waren« (Zitat aus einem seiner Aufsätze). Er sprach sogar – ohne soviel ich weiß, Freuds Namen zu dieser Zeit schon jemals gehört oder gelesen zu haben –, von »unbewußt gesteuerten Fehlhandlungen«, die zu Unfällen führen. Nicht unwichtig ist für mich immer gewesen, daß er ein tieferes Verständnis für zwischenmenschliche Konflikte besaß. Es zeigte sich darin, daß er nicht selten von verfeindeten Ehepartnern aus dem Bekanntenkreis als »Friedensstifter« geradezu »bestellt« wurde. Meine Mutter wurde in solchen Fällen von der Frau oder vom Mann gebeten, dem Betreffenden die »Karten zu schlagen«. Es muß ihr nicht selten gelungen sein, ihren Kunden (natürlich geschahen alle diese Dinge kostenlos) ein passendes Wort oder eine Ermutigung auf den Weg zu geben.

Im Hinblick auf meine Kleinstkind- und Kinderzeit sind bestimmte Vorkommnisse für meine berufliche Wahl sicher nicht ohne Bedeutung:

Meine ersten Erinnerungen an meine Mutter bestehen in vagen Bildern:

Ich sehe und spüre einen großen (meine Mutter war in Wirklichkeit eher klein), etwas massiven weiblichen Körper (meine Mutter war in jüngeren Jahren sehr schlank, später übergewichtig). Der Mensch, dem dieser Körper gehört, eine Person, aber ist leidend, jedoch sie ist herzensgut und wohlwollend. Ob es die letzteren Eigenschaften waren, die bewirkten, daß sie bei und auf Einladungen fast stets der heimliche Mittelpunkt war, obwohl mein Vater zur Unterhaltung der Gäste in aller Regel das meiste beitrug? Er kannte unzählige spannende und amüsante Geschichten und tauschte oft zu meinem Vergnügen mit seinen Freunden allerlei Witze aus, nicht nur harmlose, sondern auch ziemlich böse, ja sarkastischer Art.

Ein zweites, sehr düsteres Bild hat mich nie verlassen: Ich bin ein kleiner Knirps – soweit es sich rekonstruieren läßt, muß ich etwa zweieinhalb Jahre alt gewesen sein –, ich betrete unser Wohn- und Eßzimmer, in dem ca. acht bis zehn Damen (es waren die Mitglieder des Kränzchens meiner Mutter) um den großen Eßtisch sitzen. Links oben am zweiten oder dritten Platz sehe ich meine Mutter, sie hat eine Postkarte in der Hand, die sie weinend weiterreicht. Alle Frauen, die die Postkarte lesen, beginnen zu weinen. Die Karte enthielt, was ich mit großer Sicherheit sagen kann, die Nachricht vom Tode meines Bruders in Flandern im Herbst 1917. Er war 19 1/2 Jahre alt, als er fiel, also 17 Jahre älter als ich.

An diesen Bruder Hans gibt es eine weitere Erinnerung. Sie könnte eine Deckerinnerung sein, aber mein Gefühl hält sie für real: Ich sitze auf seinem Bein, und er bläst in ein mit einem Klappdeckel versehenes Glas den Rauch seiner Zigarette. Mit Staunen und ästhetischem Vergnügen sehe ich den Rauch im Glas auf und niederwallen. Im übrigen hinterließ mir mein Bruder eine ca. 40 cm hohe Nietzsche-Büste, Zeugnis seines großen künstlerischen Talentes, das alle, die ihn kannten, bezeugten. Aber er konnte nicht nur sehr gut malen und zeichnen, Plastiken schaffen, sondern er war auch ein ausgezeichneter Musiker, spielte verschiedene Instrumente, zur Freude der Eltern und seines Freundeskreises. Die Nietzsche-Büste hatte er mit 14, 15 Jahren angefertigt. Sie stand bis zur totalen Zerstörung unserer Wohnung im Bombenkrieg 42 neben meinem Bett auf einer Konsole an der Wand. Er hinterließ mir zweitens eine im Reclam-Verlag (Leipzig) erschienene Ausgabe der *Kritik der reinen Vernunft*. Auf der ersten Seite steht sein Name in seiner Handschrift verzeichnet. Dieser Band liegt seit langem ständig griffbereit an meinem Arbeitsplatz.

In der Kleinstkind- und Kinderzeit wurde ich von allerlei Ängsten geplagt, galt als nervös und empfindlich. Zum Teil hatte das, wie ich heute annehme, viel mit der phobischen Struktur meiner Mutter zu tun. Zum Teil gab es für die Ängstlichkeit reale Anlässe. Insbesondere war es der Kapp-Putsch, der die ganze Familie beunruhigte. Auf dem Nachbarhaus stand ein Maschinengewehr, auf der Straße wurde scharf geschossen, und mein Vater sowie meine älteste Schwester kamen mehrfach in die Schießereien hinein. Dann gab es, als ich ca. sieben oder acht Jahre alt war, einen Einbruchsversuch in unsere Wohnung, den ich als erster bemerkte. Der Einbrecher wurde gefaßt. Es war eine aufregende Angelegenheit. Andere Zwischenfälle ähnlicher Art kamen hinzu. Erst in der Präpubertät legte sich meine Ängstlichkeit, wobei der Einfluß meines Vaters eine große Rolle spielte. Er nahm Ängste ernst, aber er verstand es, sie mit natürlichen Ursachen zu verknüpfen. Insbesondere konnte er glaubhaft vermitteln, daß Verfehlungen oder z. B. schlechte Noten keinen Einfluß auf seine positive Einstellung mir gegenüber hatten.

In bezug auf meine Mutter ist mir aus ihren letzten acht bis zehn Lebensjahren erinnerlich, daß sie angefangen hatte, Dostojewski zu lesen und durch diese Lektüre offenbar viel inneren Gewinn hatte. Es war das in einer Zeit, in der ich selbst so langsam den großen Russen entdeckte. Seitdem gehört er zu den Autoren, die mir am wichtigsten sind.

Wegen der nicht seltenen kleinen und manchmal auch größeren Leiden meiner Mutter und vielleicht auch wegen ihres fortgeschrittenen Alters, immerhin war sie schon 43 Jahre, als sie mich gebar, hatte meine zweitälteste Schwester Maria – 14 Jahre älter als ich – einen großen Einfluß auf meine Erziehung. Wir hatten immer ein gutes Verhältnis zueinander. Als Kind imponierte sie mir als streng und gerecht. Später erkannte ich, daß ihre tiefe Frömmigkeit, ich glaube man darf sagen, sie führte im religiösen Sinne ein nahezu heiligmäßiges Leben, ohne jede Spur von Bigotterie war. Auch wollte sie niemanden bekehren, und die Verurteilung Andersdenkender war ihr völlig fremd. Meine Mutter und meine beiden anderen Schwestern waren wie ich selbst nur zum Teil praktizierende Katholiken. Sehr früh begann ich, sicher von meinem Vater unterstützt, die Dogmen der Kirche zu hinterfragen und nur in sehr begrenztem Umfang für »ernst« zu nehmen. Für ein paar Jahre praktizierte ich die Vorschriften der Kirche allerdings ziemlich genau. Jetzt rechne ich mich seit langen Jahren zu den Freidenkern, eine Entwicklung, die meine Frau, mit der ich über dergleichen Fragen oft diskutierte und diskutiere, mitmachte. Freidenker war auch die Bezeichnung, die mein Vater sich gab. Ein Leitsatz, der ihn bestimmte, war Lessings Strophe: »Ob Jud, ob Christ, ob Muselmann, ob Parsi, alles ist ihm eins.« Was meine fromme Schwester Maria als Fundament ihres Glaubens ansah – und das sagte sie mir, als sie etwa 80 Jahre alt war –, waren die Einleitungsworte des Johannes-Evangeliums: »Im Anfang war das Wort, und das Wort war bei Gott.«

Anzumerken ist an dieser Stelle, daß das Klima im Elternhause im ganzen wohltemperiert war. Es war ein sehr offenes Haus. Jede Woche, besonders wenn mein Vater zu Hause war (aus dienstlichen Gründen befand er sich regelmäßig für drei Wochen auf Reisen, dann war er wieder zwölf Tage daheim), gab es mindestens zwei Einladungen. Oft wurde dabei heiß diskutiert. Ich hörte in aller Regel interessiert zu. Im Zentrum standen meist politische Themen, in den späten zwanziger Jahren, an die ich mich deutlich erinnere, ging es oft um wirtschaftliche und weltanschauliche Fragen.

Zwischen meinen Eltern gab es selten Streit, und wenn, betraf er die Finanzen. Wir lebten sehr bescheiden, es reichte oft geradeso. Am Ende der zwanziger Jahre ging es wirtschaftlich besser, was auch damit zusammenhing, daß meine beiden älteren Schwestern von ihren Verdiensten z. T. erhebliche Beträge (insbesondere Maria) in die Haushaltskasse abgaben. Aber gerade in den knappen Zeiten vorher hatte nach der Meinung meines Vaters meine Mutter oft zu viel Geld auf dem Wochenmarkt ausgegeben, der direkt vor unserem Hause lag. Im besonderen hieß es, sie verbrauche zu viel Geld beim Einkauf von Tuchen und Stoffen. Sie bezog letztere fast ausschließlich von den jüdischen Händlern des Wochenmarktes, die uns oft in der Wohnung besuchten und mein Erstaunen auslösten, wenn sie mittels eines Streichholzes die Nichtbrennbarkeit einer Stoffaser demonstrierten, was als Beweis dafür galt, daß es sich um echte Wolle handle, die ihren Preis wert sei.

Juden spielten übrigens eine nicht unbedeutende Rolle in meinem Leben. Einmal gab es da Kätchen, deren Vater Jude war. Seine Frau war eine adipöse blondine Christin. In Kätchen war ich halbwegs verliebt, und mit ihr gab es die üblichen Doktorspiele. Leider war sie zwei Jahre älter als ich, und ich verlor sie bald an ältere Jungens. Nach dem frühen Tod ihres Vaters und nachdem sie mit ihrer Mutter aus dem Haus, in dem wir wohnten, ausgezogen war, verschwand sie ganz aus meinem Gesichtskreis, jedoch nicht ganz aus meinen Träumen. Dasselbe gilt von H., der Nichte von (Nenn-)Tante Lottchen. Zu ihr hatte mich eine heftige Leidenschaft ergriffen. Unseligerweise war sie schon 17, d. h. zwei Jahre älter als ich. Als sie mich zurückwies, verspürte ich momentan einen intensiven Schmerz in der Mitte der Brust. Ich taumelte nach Haus und legte mich halb benommen aufs Sofa. Seit diesem Erlebnis weiß ich, daß Freuds Feststellung, der Verlust eines Liebesobjektes rufe Schmerzen hervor, eine Tatsache ist. Zu den Freunden der frühen Kindheit gehörte auch Rudi Tützer, der Sohn des um die Ecke wohnenden jüdischen praktischen Arztes, der lange Zeit unser Hausarzt war, bis er unseligerweise, es war etwa 1926, einen Radiusbruch meiner Mutter falsch einrenkte, weshalb man ihm grollte und ihn einen Militärarzt nannte. Er hatte im Ersten Weltkrieg das Eiserne Kreuz erster Klasse erworben. Mein Vater hatte ganz generell etwas gegen Militärärzte. Vielleicht war an seiner geringen Meinung, die er von ihnen hatte, in jenen Zeiten ein Körnchen Wahrheit.

Dann gab es ferner die jüdischen Lissner-Kinder. Frau L. war das einzige jüdische Mitglied des schon erwähnten Kränzchens meiner Mutter. Wenn sie an der Reihe war, das Kränzchen in ihrem Hause abzuhalten, durfte ich mit. Ich spielte mit ihren beiden Söhnen. Besonders attraktiv war dabei, daß L.s ein Auto besaßen und daß ich ab und an auf eine Ausfahrt mitgenommen wurde. Im Hause, wo wir wohnten, gab es schließlich Frau M., ihr Mann war Jude. Er kam häufig Sonntagmorgens uns besuchen, um mit meinem Vater zu plaudern. Frau M. schenkte mir fast immer ein Stück Zucker, wenn ich an ihrer Wohnungstür im Parterre vorbeikam. Wir selbst wohnten im dritten Stock, und wenn ich die Treppe herunterraste oder -rutschte, hörte sie sicherlich mein Kommen von weitem. Im Stockwerk über uns wohnten Herr und Frau J. Sie war Jüdin. Als das Haus 42 abbrannte, sprang sie aus dem Fenster. Über uns wohnten ebenfalls Dr. M. V. und Frau. Er war Unfallarzt. Als ich begann, Medizin zu studieren, schenkte er mir sein altes Mikroskop und etliche Schädelknochen sowie einige seiner Medizin-Bücher. Es waren für mich höchst nützliche Geschenke, für die ich sehr dankbar war. Am Abend der Machtergreifung Hitlers war Dr. V. zu uns heruntergekommen. Ich sehe ihn und meinen Vater am Wohnzimmerfenster sitzen. Beide sind tief deprimiert. Dr. V. sieht eine schlimme Katastrophe voraus. Etwa 35 nahm er sich das Leben wegen einer fortschreitenden Paralysis agitans.

In meiner Klasse gab es G. K. und F. W. Mit ersterem, einem frühreifen jüdischen Jungen – ich selbst war ein ausgesprochener Spätentwickler

– hatte ich über eine Reihe von Jahren zahlreiche Kontakte. Sie wurden beendigt, als er mit seiner ganzen Familie um 1930/31 Berlin verließ. Sie verzogen in die Schweiz. Sein Vater hatte wissen lassen, daß sie das im Hinblick auf die zu erwartende politische Entwicklung in Deutschland beschlossen hatten.

F. W. war der Sohn eines Rabbiners. Nachdem ich, es war etwa 1930, an der Beerdigung seiner Mutter teilgenommen hatte, schloß er sich mir eng an. Wir waren sehr verschieden. Eine richtige Freundschaft entwickelte sich nicht, aber wir trafen uns oft, und ich sehe mich noch heute abends in Berlin mit ihm spazierengehen, zu einer Zeit, zu der er schon den Judenstern tragen mußte. Einmal trafen wir uns noch, es war das letzte Mal, daß ich ihn sah, in der S-Bahn, wobei er mir zuflüsterte, in wenigen Tagen reise er nach Ecuador. Wir schrieben 1935.

In diesem Zusammenhang muß ich noch F. B. erwähnen. Wir waren die letzten drei Jahren in derselben Schulklasse. Nicht selten machten wir unsere Schularbeiten zusammen. Zur Vorbereitung aufs Abitur trafen wir uns mal bei ihm, mal bei uns. Sofort nach dem Abitur, im Frühjahr 33, wanderte F. B. nach Palästina aus. Er gehörte einer zionistischen Pfadfinderorganisation an und hatte diesen Schritt seit Jahren vorbereitet. Er trug auch, was damals noch möglich war, des öfteren eine entsprechende Kleidung.

Unter meinen nicht jüdischen Mitschülern spielte die größte und wichtigste Rolle F. A., der Sohn des belgischen Gesandten. Zwischen uns bestand seit dem ersten Schuljahr eine echte Freundschaft, die bis zu seinem allzu frühen Tode hielt. Er starb 1946 an einer tropischen Malaria, die er sich in Belgisch-Kongo, wo er nach einem Jura-Studium ein offizielles Regierungsamt bekleidete, geholt hatte.

Im Krieg fiel dann noch mein mir sehr nahestehender Mitschüler G. M. Er gehörte zu den intelligentesten Menschen, die ich je kannte. Einzigartig war seine musikalische Begabung. Mit ihm hatte ich 1932 über Monate vor dem Abitur lange Gespräche auf Spaziergängen im Grunewald geführt. Unser Thema war die bevorstehende Berufswahl bzw. Entscheidung. Welches Fach sollte man studieren? Ich schwankte zwischen Mathematik, Medizin und Wirtschaftswissenschaften. Er zwischen Kunstgeschichte und Medizin. Wir entschlossen uns schließlich beide für die Medizin, nicht nur, aber doch sehr deutlich auch im Hinblick auf die zu erwartende und gefürchtete nationalsozialistische Herrschaft, denn wir glaubten, der Dienst am kranken Menschen bliebe unter jedem politischen Regime eine moralisch vertretbare Möglichkeit. Neben einer so hehren Gesinnung war natürlich zumindest bei mir auch der Wunsch bei der Berufswahl, den menschlichen Körper und natürlich die Sexualität zu studieren. Eine Rolle spielte wahrscheinlich auch, daß der Traumberuf meines Vaters »Chirurg« war. Die wirtschaftlichen Verhältnisse hatten ihm diesen Werdegang verwehrt.

Was die Beschäftigung mit Mathematik und Physik anlangte, so galt mein besonderes Interesse damals schon den jeweiligen Zusammenhängen zwischen diesen Fächern und der Philosophie bzw. Logik, ein Interesse, das durch private Gespräche zwischen meinem verehrten Mathematiklehrer, Studienrat F., und mir begünstigt worden war. Übrigens nahm ich in den letzten drei Schuljahren regelmäßig an einer physikalischen, einer mathematischen und einer philosophischen Arbeitsgemeinschaft teil. In die letztere ging ich besonders gerne, sie wurde vom Direktor unserer Schule, einem Kantianer, der zudem ein persönlicher Freund Max Plancks war, geleitet. Es war eine Auszeichnung, an dieser Arbeitsgemeinschaft teilnehmen zu dürfen, man wurde sozusagen zu ihr berufen, sie hatte nichtöffentlichen Charakter. Ich verdanke diesen Arbeitsgemeinschaften außerordentlich viel, übrigens auch einer vierten, in der wir Schüler unter der Leitung des Physiklehrers in gewisse handwerkliche Methoden eingeführt wurden, z. B. den Umgang mit einer Dreh- und einer Hobelbank lernten. Mein Vater hatte, woran ich damals oft denken mußte, neben seiner Ingenieurausbildung auch das Kunstschmiedehandwerk erlernt und war darin eine Zeitlang aktiv gewesen. Was handwerkliche Fähigkeiten anlangt, ist es auch erwähnenswert, daß meine Mutter in ihrer Jugend Paramente stickte und sich später durch Kunststicken u. ä. auszeichnete. Sie bestrickte nicht nur die Familie, sondern machte auf diese Weise auch Bekannten und Verwandten sehr persönliche Geschenke.

Vom Sommersemester 33 bis zum Wintersemester 38/39 studierte ich an der heutigen Humboldt-Universität Berlin Medizin. Damals wurde verlangt, daß jeder Student bei der Rückmeldung zum W.-S. 33/34 eine Bescheinigung von einer den Nazis genehmen Organisation vorlegt, aus der zu ersehen ist, daß der Betreffende aktiv und parteikonform an der Gestaltung des »Tausendjährigen Reiches« teilnimmt. Dr. E. G., Freund meines Vaters und leitender Ministerialdirigent des thüringischen Kultusministeriums, empfahl mir den Beitritt zur SA. Ich folgte seinem Ratschlag (übrigens klärte er mich 1935 im Juni über die verbrecherischen Methoden der Nazis auf und setzte hinzu, eine Revolution gegen das Regime sei bei den gegebenen Machtverhältnissen nicht mehr möglich; wahrscheinlich werde ein großer Krieg es hinwegfegen!). Was ich bei der SA kennenlernte an Gemeinheiten, an niedrigster Gesinnung, an bösartig verbohrtem, blutrünstigem Fanatismus, ist kaum zu beschreiben. Durch kritische Bemerkungen versuchte ich, die Kameraden gegen die »offizielle« Weltanschauung zu sensibilisieren. Es wurde bald bemerkt. Eines Tages gab es ein Gespräch, eine Art Verhör bei einem Obersturmbannführer. Nach wenigen Minuten erklärte er mir, ich sei ungeeignet und unwürdig, ich wäre entlassen. Das war für mich ein Sieg, aber ich wußte, ich müsse sehr auf der Hut sein, um bei erneutem Auffallen einer ja nicht ausgeschlossenen Verhaftung zu entgehen. Ich brauchte aber auch unbedingt wieder eine Bescheinigung für das S.-S. 34. Meine Spielkameraden und Nachbarn aus der Kinderzeit, die Gebrüder S., wußten von meiner Lage. Sie empfahlen, dem »technischen Notdienst« beizutreten, wo sie selbst eine Funktion hatten und wo es viele Gleichgesinnte gäbe. Es geschah. Aber nach wenigen Wochen wurde diese Organisation verboten. Da stand plötzlich der Sohn des Schuldieners der Rheingau-Schule, an der ich 33 das Abi abgelegt hatte, vor unserer Haustür. Er erklärte mir, er wisse um meine Notlage – woher erfuhr ich nicht – und er könne mir die Übernahme ins Rote Kreuz anbieten, dessen Ortsgruppe er leite. Eine Bescheinigung dieser Organisation sei für meine Zwecke ausreichend. Ich tat es. Allerdings war die Tätigkeit, das »Exerzieren« mit Krankentragen, so geisttötend, daß ich es kaum aushalten konnte, mich an allen Sonntagen damit drei bis vier Stunden abzugeben. So war ich froh, als mein Studienfreund U. K. nach wenigen Monaten mitteilte, er kenne jetzt die Lösung für unser Dilemma: Durch die Vermittlung eines Assistenten von Prof. Heubner (s. unten) sei es möglich, als »Feldscher« im Jungvolk tätig zu werden. Das »koste« nur alle zwei Wochen zwei Stunden Dienst, d. h. man müsse in dieser Zeit den kleinen Buben das Anlegen von Verbänden beibringen. Also gingen wir zum Jungvolk und wurden für diese Aufgabe angenommen. Eines Tages, wir schrieben Frühjahr 37, hörten wir damit auf. Niemand kümmerte sich darum! Eine Bescheinigung brauchten wir damals auch nicht mehr, denn die inzwischen erzwungene Teilnahme am studentischen Wehrsport hatte sie überflüssig gemacht! Im Dezember 38 schloß ich mit dem medizinischen Staatsexamen mein Studium ab.

Vom dritten Klinischen Semester ab verbrachte ich kontinuierlich jede Woche mindestens drei Nachmittage auf einer von Prof. F. Curtius, Oberarzt an der Medizinischen Klinik der Charité bei Prof. Siebeck, geleiteten

Abteilung. Curtius verdanke ich praktisch meine Grundlagen in der Inneren Medizin, ein Gebiet, das für mich damals neben der klinischen Chemie das interessanteste war. Die ganze Studienzeit stand unter dem Druck, so schnell wie irgend möglich das Staatsexamen zu schaffen, denn mit diesem in der Tasche, so glaubte ich, so glaubten viele, winkte eine etwas größere Freiheit. Vielleicht hätte ich dann eine Chance, nach Afrika (mein Jugendfreund Raymond war inzwischen im Kongo tätig) oder nach Kanada zu gehen, um dort als Arzt tätig zu werden. Die Teilnahme an nicht-medizinischen Vorlesungen gönnte ich mir kaum. Nur ein bis zwei Semester hörte ich gelegentlich E. Spranger und N. Hartmann. Das bereitete mir großes Vergnügen, aber sicher habe ich damals inhaltlich nicht viel von dem, was die beiden Philosophen vortrugen, verstanden, obwohl ich mich privat immer wieder mit Kant und zum Teil auch mit Schopenhauer befaßte. Die unerhörte Bedeutung eines Kant war mir nur dunkel bewußt, wenngleich sie schon in der oben erwähnten philosophischen Arbeitsgemeinschaft in der Schule erahnt worden war. Erst sehr viel später erschlossen sich mir die Tiefen und Abgründe des großen Denkers, und noch später entdeckte ich Hegel.

Meine erste direkte Begegnung mit der Psychoanalyse erfolgte 1934/35. Es war einige Monate vor dem Physikum im Sommer 35, ich ging mit Rudi Tützer zusammen vom S-Bahnhof Feuerbachstraße zu unserer Wohnung in der Bornstraße. Wir hatten denselben Weg, denn die Praxis des Vaters von Rudi lag genau an der Ecke Kaiserallee/Bornstraße. Auf diesem Weg erzählte mir mein Kommilitone, es würde oft nicht bedacht, daß Krankheiten einen Spontanverlauf nehmen. Wir würden viel zu rasch Medikamente geben und könnten ihn deshalb gar nicht beobachten. Er fügte hinzu, Freud habe zudem gezeigt, daß seelische Faktoren in der pathogenetischen Kette eine große Bedeutung besitzen. Man müsse deshalb die Lebensgeschichte der Patienten studieren. Für mich eröffnete er mit diesen Bemerkungen den Ausblick auf ein mir bisher verschlossenes, unbekanntes Gebiet. Ich spürte dunkel, eines Tages müsse ich diesen Gedanken nachgehen. Zunächst aber fesselten mich weiter die somatischen und chemischen Prozesse, mit denen uns das Medizinstudium vertraut machte. Rudi Tützer war kurze Zeit nach diesem Gespräch plötzlich nicht mehr zu sehen. Ich erkundigte mich nach ihm bei seinem Vater. Mir wurde nur ganz kurz bedeutet, er sei zu seinem Onkel nach Argentinien ausgewandert. Ca. sechs bis acht Wochen später hörte ich, er habe sich dort das Leben genommen. Über seine Gründe konnte ich nie etwas in Erfahrung bringen. Dr. Tützer, seine Frau und seine (durch einen Geburtsschaden behinderte) Tochter verschwanden kurz danach aus unserer Nachbarschaft. Ich verlor ihre Spur.

Eine zweite, sehr wichtige Begegnung mit der Psychoanalyse kam durch Prof. Curtius zustande. Im Wintersemester 36/37 kam er gegen 14 Uhr einmal in das Zimmer, in dem ich als Famulus arbeitete, zog mich in eine Ecke und holte aus seiner Achselhöhle ein schmales Buch hervor, das er mir überreichte mit der Bemerkung: »Hier habe ich etwas für Sie mitgebracht.« Das waren die einzigen Worte, die er sprach. Dann gab er mir das Buch in die Hand und ging aus dem Zimmer. Ich las den Titel *Freud und Breuer, Studien über Hysterie*. Niemals zuvor hatte Curtius den Namen Freuds oder Breuers oder den Begriff Psychoanalyse mir gegenüber erwähnt. Ich verschlang das Buch noch in derselben Nacht mit großer Begeisterung und großer Aufregung. Ein oder zwei Tage später begab ich mich zur Universitätsbibliothek und bestellte mir die Gesammelten Werke Freuds. Gleichzeitig, ich weiß nicht aus welchem Grund, bestellte ich mir Henri Barbusse: *Le Feu*, das Kriegstagebuch eines französischen Kommunisten. Etwa zwei Tage später sprach ich wieder bei der Bibliothek vor und wollte mir die bestellten Schätze abholen. Durch das Schalterfenster stand mir ein Beamter gegenüber, der mich mit durchdringenden, furchterregenden Blicken anschaute und sagte: »Was haben Sie da bestellt? Das kann Ihnen nicht ausgeliehen werden. Das wird nur an Leute ausgeliehen, die nachweisen können, daß sie solch eine Lektüre lediglich zu rein wissenschaftlichen Zwecken benötigen.« Ich erschrak tief und eilte davon. Ich wagte nach dieser Begegnung und diesen Blicken nicht, Curtius über den ganzen Vorfall sofort zu informieren. Wenige Tage später gab ich ihm das Buch mit herzlichem Dank persönlich zurück und fügte hinzu, es hätte mich sehr interessiert und neugierig gemacht, und ich möchte weiteres von Freud kennenlernen. Die Staatsbibliothek leihe aber ohne Bescheinigung seine Werke nicht aus. Curtius gab keine Antwort. Er brach ganz abrupt das Gespräch ab und verschwand in seinem Zimmer. Er sprach nie mehr ein einziges Wort über den ganzen »Zwischenfall«. Dabei war ich bei ihm bis zum Staatsexamen 1938 regelmäßig tätig. Ich habe nach dem Krieg erfahren, daß Curtius in »Erbgutachten« (daß er sie erstellte, war mir bekannt) die Krankheiten der Probanden als nicht unbedingt erblich hinzustellen versuchte, um zu verhindern, daß diese Patienten diskriminiert wurden. Die Vernichtungsaktion gegen geistig Kranke und neurologisch bedingte

Invaliden wurde zu der Zeit noch nicht betrieben, wohl aber vorbereitet. Im Dezember 38 legte ich das medizinische Staatsexamen ab. Ab Januar 39 arbeitete ich als Medizinalpraktikant in der zweiten medizinischen Klinik der Charité, die Prof. von Bergmann leitete. Nach vier Monaten ging ich dann ans Pharmakologische Institut der Universität mit der Absicht, dort eine Doktorarbeit zu schreiben. Ich wurde der Abteilung von Prof. H. Druckrey zugeteilt, auf der man sich mit krebserregenden Substanzen befaßte. Am Pharmakologischen Institut arbeitete als Privatassistent auch Dr. Robert Havemann. In den regelmäßig stattfindenden Institutskonferenzen wurde mir klar, daß Havemann der genialste und kreativste Mitarbeiter Heubners war. Druckrey, zweifellos selbst ein wissenschaftlich korrekt und mit großem Fleiß arbeitender Forscher, war aus Prag gekommen, wo er bei einem international bekannten physiologischen Chemiker, einem Juden, der inzwischen schon in England arbeitete, ausgebildet worden war. Es gelang mir, die experimentellen Untersuchungen für die Doktorarbeit durchzuführen, noch bevor ich dann am 30. August 1939 zum Militär eingezogen wurde. Nach kurzer Ausbildungszeit beim Infanterieregiment 9 in Potsdam wurde ich als Truppenarzt eingesetzt. Kurz vor Weihnachten bekam ich jedoch zwei Wochen Urlaub, um die Formalitäten meiner Dissertation hinter mich zu bringen. Bald danach war ich Truppenarzt bei einer Eisenbahnbaukompanie am Westwall. Wir lagen z. T. dicht hinter der Front, und ich erlebte erstmalig direkt den Irrsinn des Krieges. Nach dem Waffenstillstand mit Frankreich wurde unsere Truppe an die deutsch-russische Demarkationslinie im Nordosten verlegt. Den Beginn des Krieges gegen Rußland erlebte ich nördlich von Tilsit unmittelbar an der Demarkationslinie. Gegen vier oder fünf Uhr morgens begannen deutsche Kanonen gen Osten zu schießen. Zwei, drei Stunden später erst kam eine Antwort von dort. Ein paar Tage später gingen wir über die Grenze. Wieder zwei bis drei Tage später kam mein Sanitätsgefreiter Schulz zu mir und berichtete mir von den ersten Gefangenen. Er erzählte zugleich, sie hätten sich ausziehen müssen und diejenigen, die nach jüdischem Gesetz beschnitten waren, wurden sofort erschossen. Mich ergriff tiefes Entsetzen und tiefe Scham ob solcher Greueltaten. Ein paar Wochen später lagen wir bei Dünaburg. Wiederum kam Schulz zu mir und sagte: »Doktor, kommen Sie morgen früh um fünf Uhr mit mir, ich will Ihnen etwas zeigen.« Er führte mich an einen großen Platz, der abgezäunt war, hinter dem Zaun wuchsen hohe Sträucher, die aber den Durchblick freigaben auf das, was innerhalb dieses Platzes geschah. Ich sah Reihen von Männern und Jünglingen total oder fast total nackt, die jeweils vor Gräben aufgestellt wurden, dann jagte man ihnen von hinten eine Kugel in den Kopf. Es waren Juden, die offenbar die litauische Bevölkerung oder vielleicht auch die deutschen Truppen selbst zusammengetrieben hatten. Wer die Exekutionen durchführte, ob deutsche Soldaten oder litauische Fanatiker bzw. Kollaborateure, vermochte ich nicht klar auszumachen und niemand von denen, die ich fragte, konnte es mir sagen. Ich geriet in eine Art Schockzustand. Tagelang haderte ich mit mir. Die Gedanken gingen hin und her. Überlaufen, mich Partisanen anschließen, in die Schweiz fliehen? Schließlich entschied ich mich zu bleiben. Zwei Gründe hatten mich bewegt, einmal: Noch lebten mein Vater und meine Schwestern – meine Mutter war schon ein paar Monate tot – und es war damit zu rechnen, daß die Nazis sie in Sippenhaft nehmen würden. Außerdem rechnete ich mir keine großen Chancen aus, lebend in die Schweiz zu kommen oder die deutsch-russische Front zu Fuß zu durchkreuzen.

Wie es dazu kam, daß Deutsche, daß Menschen überhaupt zu Verbrechen dieser Art, wie ich es hier im Kriege mit eigenen Augen kennenlernte, fähig waren, war mir ein völliges Rätsel. Gab es »psychologische« Gründe dafür? Waren die Ursachen in soziologischen Zusammenhängen zu sehen? Ich wollte darüber Näheres erkennen. Eines wurde mir damals klar: Bisher war ich davon überzeugt gewesen, daß nur ein »absoluter Pazifismus« am gegenseitigen Sich-Töten zu hindern vermochte. Jetzt sah ich, es bedarf der Macht und der Waffen, um kriminelle Diktatoren – Inkarnationen des Bösen schlechthin – zu beseitigen. Eine, *die* entsprechende Figur war für mich Hitler. Später erkannte ich, daß Stalin wohl eine ähnliche Rolle hatte, wenngleich Hitlers fanatischer Judenhaß und Rassenwahn einem primitiveren Niveau entsprang als der paranoide Kommunismus eines leninistischen Marxisten.

Im Herbst 41, meine Truppe lag am Ilmensee, erkrankten viele Kameraden an Ruhr, ich selbst ebenfalls. Ich kam in ein Lazarett und wurde nach etwa 14 Tagen auf Erholungsurlaub geschickt. Am Ende des Erholungsurlaubes wurde ich erneut untersucht und aufgrund eines sehr merkwürdigen Blutbildes und einer starken Untergewichtigkeit (ich wog 108 Pfd. bei einer Größe von 178 cm) als nicht kriegstauglich zu einem Reservelazarett als Assistenzarzt in Frankfurt an der Oder kommandiert. Dort traf ich auf politisch Gleichgesinnte, insbesondere Dr. E. aus Aschaffenburg und seinen Sanitätsgefreiten. Unter strengsten Vorsichtsmaßnahmen hörten wir zusammen abends London, so oft es ging. Anfang Herbst 42 erhielt ich zu meiner Verwunderung plötzlich ein Schreiben, das mir meine UK-Stellung zwecks Fortsetzung der am Pharmakologischen Institut begonnenen Arbeiten ankündigte. Ich kam wieder zu Prof. Druckrey. Binnen kurzem wurde klar, was ich damals 38 wohl auch schon mitbekommen hatte, aber in seinem ganzen Ausmaß nicht erkannt hatte, daß D. ein verbohrter, fanatischer, gefährlicher Nazi war. Er fing an mich zu kritisieren. Dann leitete D. ein Verfahren gegen Dr. Havemann ein, ein Ehrengerichtsverfahren. Er wollte verhindern, daß man H. habilitierte bzw. überhaupt weiter an einem Institut der Universität beschäftigte. Ich wurde als Zeuge geladen. Nachdem ich nichts Nachteiliges über H. ausgesagt hatte, ich schätzte ihn ja sehr und ich wußte auch nicht, inwieweit er direkt in organisierte subversive Tätigkeiten gegen Hitler und seine Banden verstrickt war, fing D. an, mich zu verfolgen. Er machte Bemerkungen über die Unzuverlässigkeit meiner Gesinnung, über das ironisch klingende »Heil Hitler« und über das betonte »Guten Morgen«, das ich zur Begrüßung sagte. Im Klartext monierte er meine Aussagen im Verfahren gegen H. und drückte seine große Enttäuschung an mir aus. Gegen Anfang 43 bot mir Heubner an, meine weitere UK-Stellung zu betreiben, wofür sich auch ein Assistent Heubners, Dr. v. Bergmann (ältester Sohn des oben genannten Internisten) einsetzte, der mir zudem zu bedenken gab, ich hätte doch eine pathologische Zacke im EKG (man nahm das als Folge einer Diphterie-Infektion, bei der ich nach einer passiven Immunisierung einen regelrechten anaphylaktischen Schock erlitten hatte, allerdings war eine intrakardiale Adrenalininjektion mir erspart geblieben), und ich sei schon deshalb kriegsuntauglich. Ich schlug Heubners Vorschlag und den gutgemeinten Rat von Dr. v. B. aus und ließ auch durchblicken, daß mir der Boden wegen Druckrey zu heiß geworden war. Ich konnte das gegenüber Heubner und v. Bergmann tun, denn inzwischen hatte Druckrey angefangen, gegen beide zu polemisieren und zu intrigieren und ihnen Schwierigkeiten zu machen. D. schaffte es, wie ich später erfuhr, bald, Havemann erneut anzuzeigen und ins Zuchthaus zu bringen. Daß er nicht erschossen oder gehängt wurde, geht nach meiner Erinnerung auf eine Intervention zurück, die Heubner über seinen Verwandten, den Generalquartiermeister, erwirkt hatte.

Als ich wieder eingezogen wurde, kam ich an den Westwall bei Cherbourg. Eine Zeitlang war ich Truppenarzt bei einer Artillerieeinheit, in der Hallstein, der später durch die Hallstein-Doktrin »berühmt« wurde, Adjutant war. Wir kamen ins Gespräch und stellten ein gewisses gegenseitiges Verständnis fest. Ich bewunderte seine Schlagfertigkeit und die Präzision seiner zumeist kritischen Bemerkungen. Etwas später kam ich zu einer Einheit, die von Major Warlimont (sein Bruder war General im Generalstab) geführt wurde. W. war ein scharfer Gegner Hitlers. Er und ich wurden von dem Zahlmeister der Truppe wiederholt bedroht. Er versprach uns, man würde nach Hitlers Sieg mit uns abrechnen. Ich bin sicher, er hätte es getan, wenn die Geschichte so verlaufen wäre, wie er es sich wünschte. Im übrigen war ich zu dieser Zeit gesundheitlich nicht gut dran, ich hatte oft Husten. Offenbar machte ich damals eine Tuberkulose durch, wie spätere Röntgenbilder vermuten lassen.

Bei der Invasion 44 geriet ich in amerikanische Gefangenschaft, wurde den Engländern übergeben, die uns ihrerseits an die Kanadier weiterleiteten. Ich verbrachte dann anderthalb Jahre auf kanadischem Boden als Kriegsgefangener (zuletzt im sog. antifaschistischen Lager Sorel bei Montreal) und noch weitere anderthalb Jahre in Mittelengland. Während dieser Zeit war ich fast immer als Lagerarzt tätig. Zustatten kamen mir meine ziemlich guten Englischkenntnisse. In der Gefangenschaft hatte ich mich weiter mit den Fragen meiner zukünftigen Ausbildung beschäftigt. Ich war entschlossen, den Facharzt für Innere zu erwerben, und danach meinem damals tiefsten Wunsche zu folgen, die neurologisch-psychiatrische Ausbildung aufzunehmen. In der Lagerbibliothek gab es erstaunlicherweise eine Reihe interessanter Bücher, u. a. einige von C. G. Jung. Freud hingegen war nicht vorhanden. So studierte ich »wenigstens« Jungs Werk *Psychologische Typen*.

Die Realisierung meiner Ausbildungspläne gelang tatsächlich. Zunächst ging ich nach der Entlassung aus der Gefangenschaft und nachdem ich sechs Wochen meinen Studienfreund U. K. in seiner Landpraxis vertreten hatten, im Frühjahr 47 an die Innere Abteilung des Hedwig-Krankenhauses. Nach Abschluß der internistischen Fachausbildung wechselte ich zu Chefarzt Dr. Max Burger. Er leitete die neurologisch-psychiatrische Abteilung des Moabiter Krankenhauses. Er selbst galt als Opfer des Faschismus. Ich fühlte mich bei ihm sehr sehr wohl, zumal die Ausbildung exzellent war und die Anregungen, die er insbesondere bei den regelmäßig bei ihm stattfindenden wissenschaftlichen Nachmittagen gab, sein hohes wissenschaftliches Niveau und sein tiefes humanes Ethos zum Ausdruck brachten. Er war für mich ein bedeutender Lehrer. Zur Psychoanalyse hatte Burger eine sehr positive Einstellung. Persönlich befreundet mit Schultz-Hencke, galt seine Bewunderung Freud, dem ganzen Freud und nicht irgendwelchen Derivaten von dessen Lehre. Von Ende 1947 bis etwa 1949 gab ich dann eine Gastrolle am Schultz-Henckeschen Institut. Ich hörte ihn selbst, ich hörte Baumeyer, Boehm und den Jungianer Kranefeldt. Gelegentlich folgte ich auch Vorlesungen von Müller-Braunschweig. Niemand der Genannten konnte mich begeistern. Böhm war schon ziemlich abgebaut. Kranefeldt recht verstiegen, unscharf, Schultz-Hencke arrogant, apodiktisch in seinen Urteilen und Deutungen, was mich vollständig abstieß. Am besten gefiel mir noch Baumeyer. Er war es auch, der einige Versuche unternahm, mich dazu zu bewegen, mit der Ausbildung am Zentralinstitut für psychogene Krankheiten zu beginnen. Ich konnte mich dazu aber nicht entschließen. Ich hatte keinen einzigen Dozenten getroffen, von dem eine Inspiration ausging. Und das meiste, was sie sagten, hatte für mich damals keine Überzeugungskraft.

Um mir eine größere Erfahrung auf dem Gebiet der Psychiatrie zu verschaffen, übernahm ich bald eine Position an den Wittenauer Heilstätten. Zu der damaligen Zeit gab es zur Behandlung der Psychotiker praktisch nur Paraldehyd bzw. Morphium-Skopolamin zur Ruhigstellung oder Elektroschocks bzw. Insulintherapie. Gespräche mit den Kranken bestanden in den sogenannten Explorationen, wobei man versuchte herauszufinden, ob die Symptomatik zu diesem oder jenem Krankheitsbild, wie es im Lehrbuch geschildert wurde, paßte. Um die Biographie kümmerte man sich kaum, man fragte höchstens, ob es geistige Erkrankungen in der Familie oder in der näheren Verwandtschaft gegeben hatte oder gab. Völlig unbekannt waren die Möglichkeiten, die sich aus einem Dialog ergaben, um therapeutische Wirkungen zu erzielen. Ich glaube, es waren Zufälle, die mich mit den Arbeiten von G. Benedetti und Melanie Klein bekannt machten. Hier erschloß sich mir eine Welt, die ich gesucht hatte. Hier gab es Versuche, das Sosein des Patienten zu verstehen, seine offenbare Irrationalität in Vernunft zu verwandeln. Damals hatte ich eine somatisch und psychisch schwerstkranke Patientin auf meiner Station. Ihre Prognose galt als fast infaust. Ich versuchte mit ihr »psychotherapeutisch« umzugehen. Ihr körperliches Leiden (doppelseitige Lungentuberkulose, dazu schwerster anorektischer Zustand bei totaler Nahrungsverweigerung, Mutismus) bildete sich langsam völlig zurück. Auch die produktive psychische Symptomatik besserte sich innerhalb von zwei, drei Jahren in erheblichem Ausmaß. Die Patientin, mit der ich über all die Jahre in brieflichem Kontakt blieb, schrieb mir kürzlich, sie habe jetzt die ersten glücklichen Wochen ihres Daseins erlebt. Ich glaube, die mit ihr gemachten Erfahrungen verstärkten meinen Wunsch, mich der Psychoanalyse ganz zuzuwenden.

Noch allerdings kämpfte ich mit mir. Noch war ich vom naturwissenschaftlichen Denken im engeren Sinne zu sehr gefangen, um einen weiteren Schritt zu tun. Langsam wurde mir klar, ich brauchte eine eigene Analyse. Vielleicht nicht so sehr um willen meiner Selbst, sondern um die Patienten zu verstehen. Nach langem Hin und Her ging ich auf die Empfehlung einer Kollegin (sie verzog später in die Schweiz und ist leider dort sehr früh gestorben) zu W. Hochheimer. Hochheimer vertrat etliche Jungsche Positionen, war aber im Grunde seines Herzens, soviel ich erkannte und auch rückläufig sagen kann, zutiefst von Freud beeinflußt. Meine Analyse bei ihm, wenngleich sie wöchentlich nur zwei-, manchmal auch dreimal stattfand, im Sitzen übrigens, bestand im wesentlichen aus der Analyse von Träumen. Aber es waren auch Übertragungsmomente beteiligt, und insgesamt hat sie mir, auch wenn sie nur 150 Stunden umfaßte, einiges gebracht. Sie fiel übrigens in die Zeit der tödlichen Erkrankung meines Vaters. Er verstarb im Spätsommer 1954. Mir wurde damals im Ansatz klar, daß die innere Möglichkeit zur Analyse mit dem Tod meines Vaters im Zusammenhang stand.

Eines Tages hielt Alexander Mitscherlich, von dem ich inzwischen einiges gelesen und gehört hatte, an der Freien Universität einen Vortrag. Ich war begeistert. Hier sprach jemand in deutlicher und klarer Diktion, er kannte keine Denkhemmungen, seine Kritik an der Psychiatrie war scharf, aber konstruktiv. Er stieß Türen auf. Am Ende des Vortrages ging ich zu ihm – ich wußte, daß er meinen Namen inzwischen kannte – und fragte ihn, ob ich zu ihm nach Heidelberg als Mitarbeiter kommen dürfte. Das war im Herbst 1955. Wir wechselten wenige Sätze, dann sagte er: »Ja, kommen Sie zum 1. April 1956.« Ich stimmte sogleich zu. Allerdings kam mir noch ein Angebot von Prof. Patzig dazwischen. Er bot mir an, bei ihm in Marburg, wo er ein kleines Institut der Max-Planck-Gesellschaft leitete, über die Zusammenhänge zwischen Schizophrenie und innerer Sekretion zu forschen. Nachdem ich aber im Januar 1956 14 Tage an einem psychiatrischen Krankenhaus in England hospitiert hatte, kaufte ich mir in London das Buch *New Directions in Psychoanalysis* von Melanie Klein, Paula Heimann und R. Money-Kyrle. Auf dem Rückflug von London nach Frankfurt las ich darin. Ich war besonders von dem Aufsatz Melanie Kleins über »Identifikation« so angetan, daß ich, zurückgekommen, sofort Patzig absagte und meine Zusage an Mitscherlich noch einmal bestätigte.

Wie abgemacht begann ich im April 56 in Heidelberg an der Psychosomatischen Klinik, die Mitscherlich leitete, tätig zu werden. Meine Familie – ich war seit 1948 mit Dr. med. dent. Mechthildis Schopp verheiratet, wir hatten drei Kinder – hat mich sofort dorthin begleitet; wir hatten auch eine vorläufige Unterkunft gefunden.

Die Atmosphäre die ich traf, sagte mir sehr zu. Sie war offen, liberal, es gab keinerlei Diskriminierungen. Stattdessen eine stets freie Diskussion. Mitscherlich war »primus inter pares«. Erfreulicherweise fand ich schnell heraus, daß Margarete Mitscherlich (sie trug damals noch ihren Mädchennamen) Kleinsche Positionen vertrat. Nach einigen Monaten machte ich bei Frau Mitscherlich ein weiteres Stück Analyse. Sicherlich war diese Analyse nach heutigen Begriffen unzureichend, aber sie brachte mir eine Menge Einsichten und nicht nur intellektueller Art. Außerdem erfuhr ich, als die Analyse eine Zeitlang sechsmal in der Woche stattfand, daß zwischen fünfmal und sechsmal ein deutlicher Unterschied besteht. Natürlich befaßte ich mich in Heidelberg auch intensiv mit der Literatur, d. h. mit Freud. Binnen kurzem, so möchte ich es heute ausdrücken, hatte mich die Psychoanalyse vollkommen verschluckt. Hatte ich auch angefangen, sie zu verschlucken …?

Von großer Bedeutung war es für mich und alle, die damals dort waren, daß Mitscherlich sehr viele bedeutende Analytiker aus England, Frankreich, den Vereinigten Staaten nach Heidelberg und später nach Frankfurt einlud. Sie halfen uns, den Anschluß an den internationalen Stand der Psychoanalyse langsam, sehr langsam zu finden. Man wird sich heute kaum vorstellen können, auf welchem simplen Niveau die deutsche Psychoanalyse damals sich befand. Mit den Händen konnten wir ergreifen, was der Nationalsozialismus angerichtet hatte. Wir waren hoffnungslos zurückgeblieben, und dereinst hatte es doch in Deutschland eine blühende psychoanalytische Bewegung gegeben.

Insbesondere imponierten mir unter den ausländischen Gästen Paula Heimann, Willi Hoffer und Michael Balint, wobei ich seine hoch bedeutende, absolut eigenständige Frau Enid mit einschließe. Aber auch die anderen sind zu erwähnen, wie L. Eidelberg, H. Ezriel, der unvergeßliche R. Spitz und F. Alexander. Aus Paris war es vor allem B. Grunberger, der für mich wichtig wurde. Viele Analytiker wären noch zu erwähnen, der unbestechliche P. J. van der Leeuw, dann P. Kuiper und J. Lampl-de Groot und nicht zu vergessen H. Rosenfeld, der uns das Verständnis der Kleinschen Positionen weiter erschloß. Allen gebührt mein großer Dank. Meine Generation wäre ohne sie niemals dahin gekommen, wo sie heute ist.

Zwischen den Balints und mir entwickelten sich bald sehr gute und enge Beziehungen. Ab 1961 bis zu seinem letzten Lebensjahr war ich sehr häufig, mindestens zweimal jährlich, für ein paar Tage in London. Dort nahm ich an seinen Seminaren teil, insbesondere auch an seinen Sitzungen mit den praktischen Ärzten. Ich glaube, daß die Begegnung mit ihm einschließlich des schriftlichen Austausches, der sehr rege zwischen uns war, für meine psychoanalytische Entwicklung die allergrößte Bedeutung hatte. Es waren seine Aufsätze, seine Seminare, seine Art des Umgangs mit Patienten und mit mir im privaten Gespräch, die mir einen tiefen Zugang zum psychoanalytischen Verstehen aufschlossen. Natürlich weiß ich, daß dieses Geschehen in einem sehr komplexen Zusammenhang stand. Besonders beeindruckend war es, daß Balint in unvergleichlicher Weise es verstand, Deutungen zu geben, die uno actu dem Empfänger der Deutung deutlich machten, daß er in einer sehr persönlichen Weise verstanden wurde, aber zugleich ihm auch zeigten, daß es zwischen dem Deutenden und ihm selbst eine trennende Distanz gab. Ich glaube, es ist eine sublime Kunst, Interventionen dieser Art zu erfinden. Meines Erachtens haben sie eine große Bedeutung für die Konstitution des Ichs bzw. Subjektes.

Seit 1956 habe ich mich für viele, viele Jahre ausschließlich mit Freud und der Psychoanalyse befaßt. Wichtige Unterstützungen bei dieser »Arbeit« gaben uns H. Loewald, P. Turquet, H. Thorner, A. Limentani und J. Padel, M. M. Khan, die in den siebziger Jahren nach Tübingen kamen, Seminare abhielten und über technische und theoretische Probleme vortrugen und diskutierten. Mit den Genannten verbanden und verbinden mich stets auch freundschaftliche Bande. In der letzten Zeit versuchte ich, Beziehungen zwischen der Psychoanalyse und der Philosophie aufzufinden, weil mir klar wurde, daß eine hermeneutische, allerdings nicht nur sinnauslegende, sondern auch sinnschaffende und so das Subjekt neu konstituierende Wissenschaft – und als eine solche verstehe ich die Psychoanalyse im wesentlichen, ohne dabei biologische und soziologische Kausalfaktoren zu verkennen oder zu vernachlässigen – dringend einer philosophischen Besinnung bedarf. In dieser Hinsicht verdanke ich Kant und Hegel und manchen Dialogen Platons sowie den Werken des Aristoteles Entscheidendes.

Hinzu kommt, daß mich seit vielen Jahrzehnten immer wieder die Philosophie Wittgensteins fasziniert und beeindruckt. In bezug auf mein Verständnis des philosophischen Bereiches kommt Josef Simon (Ordinarius für Philosophie in Bonn, früher in Tübingen) und seinen großartigen Werken eine sehr besondere Bedeutung zu. Ihm und zum Teil Günther Abel (Berlin) sowie T. Borsche verdanke ich insbesondere Hinweise auf Nietzsche, die mir Einblicke in die innigen Zusammenhänge zwischen seiner Philosophie und der Psychoanalyse vermittelten.

Neben der Praxis der klassischen Psychoanalyse, die mit der Rahmenbedingung vier oder mehr Stunden Analyse pro Woche, die regelmäßig über viele Jahre zu erfolgen haben – denn nur so wird eine Regression von Analytiker und Analysand auf ein »identisches« Niveau möglich, dessen Erlebnismodalitäten ein Verstehen ermöglichen, das seinerseits einen »Neuanfang« zu setzen erlaubt –, untrennbar verbunden ist, befaßte ich mich auch immer mit der angewandten Psychoanalyse, was schon der obige Hinweis auf die Balint-Seminare mit praktischen Ärzten erkennen läßt. Ein erstes solches Seminar in der Bundesrepublik begannen Alexander Mitscherlich und ich im Jahre 1960/61. Seit dieser Zeit leite ich mindestens ein Seminar mit praktischen Ärzten jede Woche, hinzu kommen ebenfalls nahezu wöchentlich Seminare mit Assistenten psychiatrischer Kliniken und gelegentlich auch mit den Mitarbeiterinnen und Mitarbeitern von Beratungsstellen. Eine Zeitlang arbeitete ich in analogen Gruppen auch mit Lehrern über das Thema »schwierige Klassen und schwierige Schüler«.

Ich glaube, ich weiß aufgrund langjähriger Erfahrungen, eine psychoanalytische Technik ist für diese Berufsgruppen, insofern sie sich mit der Diagnostik und der therapeutischen Benutzung von Übertragungs- und Gegenübertragungsreaktionen befaßt, ein nützliches Instrument. Die Aufklärung der Beziehungsverhältnisse zwischen Therapeut und Klient sowie der zwischen Klient und seinen »significant others« trägt in aller Regel zu einer deutlichen Verbesserung der Befindlichkeiten und der Lebensmöglichkeiten der Betroffenen bei. Ich bin allerdings auch davon überzeugt, daß ich ohne eine sorgfältige psychoanalytische Ausbildung und ständige Praxis der »klassischen« Psychoanalyse nicht in der Lage wäre, »angewandte« Psychoanalyse zu betreiben.

Bibliographie
(ohne Buchbesprechungen)

1. Inaugural-Dissertation: Über die Bedeutung verschiedener Substrate für den Ablauf des Erregungsstoffwechsels am Speicheldrüsengewebe, 19.12.1939. (Pharmakologisches Institut der Friedrich Wilhelm Universität Berlin)

2. H. Druckrey u. W. Loch: Die Wirkung des Jodessigs, der Essigsäure und des Jods auf den Gewebestoffwechsel, Arch. exp. Path. u. Pharmako 202, 3, 1943, 236-248.

3. U. Kaps und W. Loch: Pharmakologie-Repetitorium, Hannover 1948, (B. Wilkens).

4. Halluzinose bei Phanodormabusus, Ärztl. Wschr. 7, 1952, 24.

5. Zur Behandlung fortgeschrittener Schizophrenien mit Megaphen und Reserpin, Nervenarzt, 27, 1956, 463.

6. Vegetative Dystonie, Neurasthenie und das Problem der Symptomwahl, Psyche XIII, 1959/60, 49-62.

7. Begriff und Funktion der Angst in der Psychoanalyse, Psyche XIII, 1959/60, 801-816.

8. Schulpsychiatrie – Psychoanalyse in Konvergenz? Psyche XIV, 1960/61, 801-810.

9. Heilung als Ich-Integration, Wege zum Menschen, 13, 1961, 193-208.

10. Anmerkungen zur Pathogenese und Metapsychologie einer schizophrenen Psychose, Psyche XV, 1961/62, 684-720.

11. Zur Problematik des Seelenbegriffes in der Psychoanalyse, Psyche, XV 1961/62, 88-97, außerdem publ. in: Probleme der Ordnung, 6. Deutscher Kongreß für Philosophie, Meisenheim am Glan, (Anton Hain).

12. Biologische und gesellschaftliche Faktoren der Gewissensbildung, Wege zum Menschen, 14, 1962, 346-361.

13. Psychoanalyse und Kausalitätsprinzip, Gedanken über Anwendungsbereich und Grenzen, Psyche XVI, 1962/63, 401-419.

14. Psychoanalytischer Beitrag zum Verständnis der Perversionen, insbesondere der Homosexualität, DZK, 3, 1963, 93.

15. Psychotherapeutische Behandlung psychosomatischer Krankheiten in der ärztlichen Sprechstunde, Ärztl. Mitteilungen 61, 2, 1964, 73.

16. Regression – Über den Begriff und seine Bedeutung in einer allgemeinen psychoanalytischen Neurosentheorie, Psyche XVII, 1963/64, 516-545.

17. The Patient – The Reality – And The Doctor, in: Report on Int. Conf. on Gen. Pract. Training, Versailles 1964.

18. Übertragung – Gegenübertragung, Psyche XIX, 1965, 1-23.

19. Zur Struktur und Therapie schizophrener Psychosen aus psychoanalytischer Perspektive, Psyche XIX, 1965, 172-187.

20. Voraussetzungen, Mechanismen und Grenzen des psychoanalytischen Prozesses, Bern und Stuttgart 1965, (Huber).

20a. Italienische Ausgabe von 20: Premesse e Meccanismi deI Processo Psicoanalytico, Prefazione di Pier Francesco Galli, Torino 1979, (Boringhieri).

21. Aggression und Liebesobjekt; ein Beitrag zur Frage der Partnerwahl, in: Gesellschaft und Neurose, Almanach, Stuttgart, 1965, 99-121, (Klett).

22. Begrüßungsansprache beim Festakt 1965, in: Gesellschaft und Neurose, Almanach, Stuttgart 1965, 34-42, (Klett).

23. Über einige allgemeine Strukturmerkmale und Funktionen psychoanalytischer Deutungen, Psyche XX, 1966, 377-396.

24. Studien zur Dynamik, Genese und Therapie der frühen Objektbeziehungen; Michael Balints Beitrag zur Theorie und Praxis der Psychoanalyse, Psyche XX, 1966, 881-903.

25. Über theoretische Voraussetzungen einer psychoanalytischen Kurztherapie. Anmerkungen zur Begründung der Fokaltherapie nach Michael Balint, Jahrbuch der Psychoanalyse, IV, Bern und Stuttgart 1967, 82-101, (Huber).

26. Grundriß der psychoanalytischen Theorie, in: Die Krankheitslehre der Psychoanalyse, Herausgeber W. Loch, Stuttgart 1967, (Hirzel).

26a. Grundriß der psychoanalytischen Theorie, erweiterte und verbesserte Fassung, in: Die Krankheitslehre der Psychoanalyse, 2. Auflage, Herausgeber W. Loch, Stuttgart 1971, (Hirzel).

26b. Italienische Ausgabe von 26a: Psicoanalisi medica, Milano, 1975.

27. Psychoanalytische Aspekte zur Pathogenese und Struktur depressiv-psychotischer Zustandsbilder, Psyche XXI, 1967, 758-779.

28. Mord – Selbstmord oder die Bildung des Selbstbewußtseins, in: Wege zum Menschen, 19, 1967, 262-268.

29. Identifikation – Introjektion – Definition und Determinanten, Psyche XXII, 1968, 271-286.

30. Bemerkungen zur Rolle des Sexualtabus, Psyche XXII, 1968, 720-737.

31. Amenorrhoische Phasen: Ödipale Abwehr und narzißtische Regressionen, in: Das Lebensproblem und die Krankheit, Almanach, Stuttgart 1968, 171-174, (Klett).

32. Zur Problematik tiefenpsychologisch fundierter Psychotherapie als Pflichtleistung der RVO-Kassen, in: Das Lebensproblem und die Krankheit, Almanach, Stuttgart 1968, 7-20, (Klett).

33. P. Reis und W. Loch, Tiefenpsychologisch fundierte Psychotherapie von Konfliktsituationen im Rahmen der nervenärztlichen Praxis, in: Das Lebensproblem und die Krankheit, Almanach, Stuttgart 1968, 21-27, (Klett).

34. Über die Zusammenhänge zwischen Partnerschaft, Struktur und Mythos, Psyche XXIII, 1969, 481-506.

35. Über zwei mögliche Ansätze psychoanalytischer Therapie bei depressiven Zustandsbildern, in: Melancholie in Forschung und Praxis, Hrsg. W. Schulte und W. Mende, Stuttgart 1969, 133, (Thieme).

36. Über Psychoanalyse, Attempto, 31/32, Tübingen, 1969, 20-28.

37. Balint-Seminare: Instrumente zur Diagnostik und Therapie pathogener zwischenmenschlicher Verhaltensmuster, in: Jahrbuch der Psychoanalyse, VI, Bern und Stuttgart, 1969, 141-156, (Huber).

38. Seelische Ursachen psychischer Störungen, Versuch einer Systematik, Praxis der Psychotherapie, XV, 1970, 49-59 und 97-107.

38a. Verkürzte Fassung in: Seelische Störungen, Hrsg. H.-H. Meyer, Frankfurt/M., 1969, (Umschau).

39. Zur Entstehung aggressiv-destruktiver Aggressionsbereitschaft, Psyche XXIV, 1970, 241-259.

40. Sprechstunden-Psychotherapie, Training in Balint-Gruppen, Psychosomatische Medizin, Heft 3/4, 1970, 231-244.

41. Beratung – Behandlung: Methoden und Abgrenzungen, in: G. Struck (Hrsg.): Familie in der Diskussion, Familienkonflikte und Familienberatung, Kevelaer, 1970 (Butzon und Bercker). Nachdruck in: Almanach, Stuttgart 1971, 7-22, (Klett).

42. Determinanten des Ichs. Beiträge David Rapaports zur psychoanalytischen Ich-Psychologie. Psyche XXV, 1971, 374-400.

43. Bemerkungen zum Gegenstand, den Methoden und Zielen der Psychoanalyse, Psyche XXV, 1971, 881-910.

44. Ansprache zur 50-Jahrfeier des Berliner Psychoanalytischen Instituts (Karl-Abraham-Institut). In: Psychoanalyse in Berlin, Meisenheim, 1971.

45. Die Arzt-Patient-Beziehung, Basis des ärztlichen Wirkens – Gegenstand der psychologischen Diagnose – Ziel der psychischen Therapie. Deutsches Medizinisches Journal, 23, 1972, 142-146.

46. Zur Theorie, Technik und Therapie der Psychoanalyse, Frankfurt/M., 1972. (Gesammelte Aufsätze I)

47. Die Balint-Gruppe: Möglichkeiten zum kontrollierten Erwerb psychosomatischen Verständnisses; Therapie-Woche, 23, 30, 1973, 2509-2513.

48. Heinz Hartmanns Ich-Psychologie: Irrwege oder Grundlage der psychoanalytischen Ich-Therapie? Psyche XXVII, 1973, 371-383.

49. Gegenbesetzung. In: Historisches Wörterbuch der Philosophie Band III, Basel, 1974.

50. W. Loch und G. Jappe: Die Konstruktion der Wirklichkeit und der Phantasien. Psyche, XXVIII, 1974, 1-31.

51. Der Analytiker als Gesetzgeber und Lehrer. Psyche XXVIII, 1974, 431-460.

52. Therapie. In: H. J. Schultz (Hrsg.): Psychologie für Nichtpsychologen. Stuttgart, Berlin 1974.

53. Über Begriffe und Methoden der Psychoanalyse, Bern 1975. (Gesammelte Aufsätze II).

54. Anmerkungen zur Einführung und Begründung der »Flash-Technik« als Sprechstunden-Psychotherapie. In: E. Balint u. J. B. Norell (Hrsg.): Fünf Minuten pro Patient, Frankfurt/M. 1975.

55. Ärztliche Psychotherapie auf psychoanalytischer Grundlage. Psyche, XXIX, 1975, 383-398.

55a Ferenczi: Schriften zur Psychoanalyse, Psyche XXIX, 1975, 854-858.

56. Psychoanalyse und Wahrheit. Psyche XXX, 1976, 865-898. Siehe auch: Einige Anmerkungen zum Thema Psychoanalyse und Wahrheit 1977, Psychiatrica Fennica, 26-46.

56a. Some Comments on the subject of Psychoanalysis and Truth, in: J. H. Smith (Ed.): Thought, Consciousness and Reality, New Haven and London 1977, 217-255.

57. Einige Bemerkungen über die Bewertung der Supervision. Bull. Europ. Psychoanal. Federation, 7, 1976, 25-29.

58. Ästhetik – Therapeutik – Urteilskraft. In: H. G. Meissner (Hrsg.): Leidenschaft der Wahrnehmung. München 1976, 113-121.

59. W. Loch u. H. Dantlgraber: Changes in the Doctor and his Patients brought about by »Balint-Group-Work«. Psychiatrica Fennica, 1976, 69-80.

60. Identifikation. In: Historisches Wörterbuch der Philosophie, Bd. IV, Basel 1976.

61. Introjektion. In: Historisches Wörterbuch der Philosophie, Bd. IV, Basel 1976.

62. Grundriß der psychoanalytischen Theorie (Metapsychologie). Erweiterte Fassung, in: W. Loch (Hrsg.): Die Krankheitslehre der Psychoanalyse, 3. überarbeitete und erweiterte Auflage. Stuttgart 1977, 1-65.

63. Anmerkungen zum Thema Ich-Veränderungen, Ich-Defekte und psychoanalytische Technik. Psyche XXXI, 1977, 216-227.

64. W. Loch u. U. Pohlmann: Psychoanalyse – Heilmittel oder Forschungsmethode, in: P. Kutter (Hrsg.): Psychoanalyse im Wandel, Frankfurt/M. 1977, 27-41.

65. Anmerkungen zu wissenschaftstheoretischen Problemen der psychoanalytischen Praxis, in: S. Drews u. a. (Hrsg.): Provokation und Toleranz. Frankfurt/M. 1978, 93-118.

65a. W. Loch u. J. Dantlgraber: Psychoanalytische Praxis, wissenschaftstheoretische Probleme der psychoanalytischen Praxis. In: J. Speck (Hrsg.): Handbuch wissenschaftstheoretischer Begriffe, Bd.2, Göttingen 1980, 517-523.

66. Depression und Melancholie, Depressive Position und Vatermord. In: E.H. Englert (Hrsg.): Die Verarmung der Psyche. Frankfurt/M., New York 1979, 157-171.

67. Aus der Praxis eines Balint-Seminars. In: B. Luban-Plozza und W. Loch (Hrsg.): Psychotherapie in der ärztlichen Sprechstunde, Stuttgart, New York 1979, 35-40.

68. Tiefenpsychologisch fundierte Psychotherapie – analytische Psychotherapie. Wege zum Menschen, 31, 1979, 177-193.

69. Krankheitsbegriff – Krankheitslehre – ein psychoanalytischer Beitrag. Jahrbuch der Psychoanalyse, XI, Bern, Stuttgart 1979, 82-99.

70. Über psychoanalytische Zusammenhänge zwischen Angst, Terror und Gewalt. In: H. v. Stietencron (Hrsg.): Angst und Gewalt, Düsseldorf 1979, (Patmos).

71. S. Ferenczi: Zur Erkenntnis des Unbewussten und andere Schriften, Psyche XXXIII, 1979, 565-567.

72. W. Loch und B. Luban-Plozza: Einige Hinweise zur Praxis und Problematik der Balint-Gruppenleitung. In: E. Balint und B. Luban-Plozza (Hrsg.): Patientenbezogene Medizin, Bd. 3: H.-K. Knoepfel, Einführung in die Balint-Gruppenarbeit, Stuttgart, New York 1980, 65-71.

73. Vorwort zu: Robert Waelder, Ansichten der Psychoanalyse. Stuttgart 1980, 5-13.

74. Libido. In: Historisches Wörterbuch der Philosophie, Basel, Stuttgart 1980, 278-282.

75. Metapsychologie. In: Historisches Wörterbuch der Philosophie, Bd. 5, Basel, Stuttgart 1980, 1298-1299.

76. Triebe und Objekte – Bemerkungen zu den Ursprüngen der emotionalen Objektwelt. In: F.-W. Eickhoff u. W. Loch (Hrsg.): Jahrbuch der Psychoanalyse, XII, Bern Stuttgart 1981, 54-82.

77. Haltungen und Ziele des Beraters. In: Katholische Bundesarbeitsgemeinschaft für Beratung. Beratung als Dienst der Kirche, Freiburg/Br. 1981, 56-77 (Lambertus).

78. Kommunikation, Sprache, Übersetzung, Psyche XXXV, 1981, 977-978.

79. Comments on Dr. Norman Cohen's Paper: On Loneliness and the ageing Process. Int. J. Psychoanal., 63, 1982, 267-273.

80. Psychoanalytische Bemerkungen zur Krise der mittleren Lebensphase. Mittlere Lebensphase – Depressive Position – Tod. in: F.-W. Eickhoff u. W. Loch (Hrsg.), Jahrbuch der Psychoanalyse, 14, Stuttgart-Bad Cannstatt 1982, 137-157.

81. Psychoanalyse an der Universität. Bulletin der Europ. Psychoanal. Föderation 19, 1982, 47-48.

82. Alexander Mitscherlich und die Wiedergeburt der Psychoanalyse in Deutschland. Psyche XXXVII, 1983, 336-345.

83. Die Frage nach dem Sinn – Das Subjekt und die Freiheit. Schweiz. Arch. Neur., Neurochir. u. Psych., Bd. 133, Heft 1, 1983, 29-51.

83a. Idem (geringfügig ergänzt) in: F.-W. Eickhoff u. W. Loch (Hrsg.): Jahrbuch der Psychoanalyse, Bd. 15, 1983, 68-99 (Frommann-Holzboog).

84. Grundriß der psychoanalytischen Theorie, neubearbeitet und erweitert, in: W. Loch (Hrsg.): Die Krankheitslehre der Psychoanalyse, 4, neubearbeitete und erweiterte Auflage, Stuttgart 1983.

85. Balint-Seminare: Zweck, Methode, Zielsetzung und Auswirkung auf die Praxis. In: Psychoanalytische Probleme in der Gynäkologie und Geburtshilfe. Berlin, Heidelberg 1984, 3-16.

86. Ödipus-Komplex. In: Historisches Wörterbuch der Philosophie, Bd. 6, Basel, Stuttgart 1984, 1097-1103.

87. Objektbesetzung. In: Historisches Wörterbuch der Philosophie, Bd. 6, 1984, 1053. Siehe Korrektur Bd. 7.

88. J. Gutwinski-Jeggle, G. Lenga u. W. Loch: Zur Konvergenz linguistischer und psychoanalytischer Testuntersuchungen. Psyche XXXIX, 1985, 23-43.

89. Anmerkungen zur Psychodynamik und Pathogenese der Hysterie. Jahrbuch der Psychoanalyse, 17, 1985, 135-174 (Frommann-Holzboog).

90. Changes in the nature of the training analysis and our expectations from it. In: R.S. Wallerstein (Ed.): Changes in analyses and in their training. Monograph Series no. 4, The Int. Psychoanal. Ass., 1984, (published 1985), 34-40.

91. Psychoanalytische Perspektiven (Gesammelte Aufsätze III), Stuttgart 1986.

91a. Darin: Psychoanalytische Perspektiven, einige Grundeinstellungen als Voraussetzungen des psychoanalytischen Prozesses, 7-21.

91b. Psychoanalytische Grundeinstellungen als Voraussetzungen des psychoanalytischen Prozesses (enthält einige Ergänzungen zu 91a), in: Forschen und Heilen, H. Bareuther u. a., Frankfurt/M., 1989, 117-136.

92. Zur gegenwärtigen Psychoanalysekritik, Antwort auf den Spiegel 52/ 1984. Jahrbuch der Psychoanalyse, 18, 1986, 9-15, (Frommann-Holzboog).

93. Podiumsdiskussion: Psychoanalyse unter Hitler – Psychoanalyse heute. Psyche, XL, 1986, 427-432.

94. Realität – Einbildungskraft/Phantasie – Kreativität, in: Psychoanalyse heute, H. Lobner (Hrsg.), Festschrift zum 60. Geburtstag von Harald Leupold-Löwenthal, Wien, 1986, und in: H. Luft, G. Maas (Hrsg.): Phantasie und Realität, Hofheim/ Wiesbaden, Juni 1986. (Beide Publikationen sind etwas verkürzt.)

94a. Erweiterte Fassung: Wege zum Menschen, 41, 1989, 454-469.

95. Probleme der Ablösung in psychoanalytischer Sicht, in: R. Lempp: Reifung und Ablösung, Bern 1987, 41-43, (Huber).

96. Anmerkungen zum Thema: Ziele, Aufgaben und Methoden der Psychoanalyse, in: Jahrbuch der Psychoanalyse, 22, 1988, 36-66, (Frommann-Holzboog).

97. Rekonstruktionen, Konstruktionen, Interpretationen: Vom »Selbst-Ich« zum »Ich-Selbst«, in: Jahrbuch der Psychoanalyse, 23, 1988, 37-81, (Frommann-Holzboog).

98. Über das Bedingungsgefüge »Schmerz – Abwehr – Ich – Trieb – Bewusstsein«: zur Frage des psycho-somatischen Zusammenhangs, in: Philosophie und Psychologie: Leib und Seele – Determination und Vorhersage, Hrsg. W. Marx, Frankfurt/M. 1989, 37-70, (Klostermann).

99. Der psychische Faktor – seine Diagnostik und Therapie in der ärztlichen Sprechstunde, in: Die Methode der Balint-Gruppe, Hrsg. C. Nedelmann u. H. Ferstl, Stuttgart 1989, 247-261, (Klett).

100. Grundriß der psychoanalytischen Theorie, ergänzt und korrigiert, in: W. Loch (Hrsg.): Die Krankheitslehre der Psychoanalyse, 5. Aufl., Stuttgart 1989, 1-73 (Hirzel).

101. Primärvorgang, in: Historisches Wörterbuch der Philosophie, Bd. 7, Basel 1989 (Schwab).

102. Über einige Zusammenhänge zwischen Psychoanalyse und Philosophie, Jahrbuch der Psychoanalyse, 25, 1989, 57-123.

102a. Verkürzte Fassung von 102: Berührungspunkte zwischen Psychoanalyse u. Philosophie, in: Philosophie u. Psychoanalyse L. Nagl u. a. (Hg.), Frankfurt 1990, 55-68, (Nexus).

103. Stellungnahme zu dem Aufsatz von Prof. W. Bräutigam: Ursachenfragen bei neurotischen und psychosomatischen Erkrankungen, in: Zeitschrift Psychosom. Med. u. Psychoanal. 36, 1990, 230-236.

104. Die Konstitution des Subjekts im psychoanalytischen Dialog (weitere Bemerkungen über die Diagnostik und den Umgang mit dem psychischen Faktor). Luzifer-Amor 5, 1990, 115-136.

105. Variable und invariante Objektbeziehungen im psychoanalytischen Prozeß. Jahrbuch der Psychoanalyse, 28, 1991, 9-49.

106. Therapeutische Monologe – Therapeutik des Dialogs – Einstellungen zur Seele, in: Luzifer-Amor 8, 1991, 9-23.

107. Deutungs-Kunst. Dekonstruktion und Neuanfang im psychoanalytischen Prozeß. Tübingen, 1993 (edition diskord).

108. Wie verstehen wir Fühlen, Denken, Verstehen? Jahrbuch der Psychoanalyse 32, 1994, 9-39.

109. Theorie und Praxis von Balint-Gruppen. Gesammelte Aufsätze. Tübingen, 1995 (edition diskord).

110. Psychische Realität – Materielle Realität. Genese – Differenzierung – Synthese. Jahrbuch der Psychoanalyse 34, 1995, 103-141.

111. Sekundärvorgang. In: Historisches Wörterbuch der Philosophie, Bd. 9, Basel 1995 (Schwab).

112. Zeichen - Deuten – Handeln. Ein klinisch-theoretischer Beitrag aus psychoanalytischer Sicht. In: Simon, J. (Hrsg.): Distanz im Verstehen. Zeichen und Interpretation II, Frankfurt/M., 1995 (Suhrkamp).

113. Die Krankheitslehre der Psychoanalyse, 6. vollständig überarbeitete und erweiterte Auflage, Hrsg. von Helmut Hinz, Stuttgart/Leipzig, 1999 (Hirzel).

114. Russische Ausgabe von 113. In Russische übersetzt von Michael Pustovoyt, mit einer Einführung in das Werk von Loch von J. Dantlgraber und einem Aufsatz zu seinem Leben und Werk von P. Wegner. Moskau 2006 (cogito).

115. »Mit Freud über Freud hinaus«. Ausgewählte Vorlesungen zur Psychoanalyse. Bearbeitet und herausgegeben von J. Dantlgraber und W. Damson, Tübingen, 2001 (edition diskord).

116. Englische Ausgabe von 107: The Art of Interpretation. Deconstruction and New Beginning in the Psychoanalytical Process. Edited and introduced by P. Wegner. London, 2006 (Publication Committee of the IPA).

Eickhoff, F.-W.: In memoriam Wolfgang Loch 1915-1995. Jahrbuch der Psychoanalyse 35, 1995, 268-270 (erweitert in DPV-Informationen Nr.17, Mai 1995, 1-2).

Danckwardt, J.F.: Von den Anfängen der Psychoanalyse in Stuttgart-Tübingen bis zu ihrer Entfaltung durch Wolfgang Loch. Ein Rückblick. DPV-Informationen Nr. 17, 1995, 9-16.

Dettmering, P.: Erinnerung an Wolfgang Loch, DPV-Informationen Nr. 17, 1995, 7-8.

Haas, J.-P./Jappe, G. (Hrsg.): Deutungs-Optionen, Tübingen, 1995 (edition diskord).

Nedelmann, C.: In memoriam: Für Wolfgang Loch. In: Henseler, H. (Hrsg.): »…da hat mich die Psychoanalyse verschluckt«. Tübingen. 1996 (Attempto).

Edeltrud Meistermann-Seeger (1910 – 1999)

Tage des Lichts

Ich flechte ein Netz und fange mit ihm mein Leben ein, weder zeitlich noch dem Inhalt nach in einer regelmäßigen Ordnung gebündelt; doch entlang sich wiederholender Strukturen fangen sich in dem Netz Bilder des Lebens, die mit meiner Eigenheit durchtränkt sind.

Gewohnt, den Einfällen und aufsteigenden Bildern mit ordnender Aufmerksamkeit in freier Lust zu folgen, mögen die Erinnerungen allzu leicht an Schnittpunkten hängenbleiben, die jenen unbewußten Regungen entsprechen, die die erzählenswerten Fakten meines Lebens begleiteten; und auf diese Weise Bilder dem Nie-Gedachten entreißen, die den Ablauf dieses vielgefalteten Geschehens immer wieder beiseite führen, zu Wurzeln, Spuren, Kernstücken und absonderlichen Nichtigkeiten.

Kindheit und Jugend

Ein solches Bild aus dem Jahre 1873 ist der Hof meiner Großmutter in der Eifel, hoch und abseits gelegen mit seinen Feldern, Gebüschen, Wäldern und Bächen, immer wieder aufgesucht und mit Wohlgefallen betrachtet. Aber ich sehe nicht mich in diesem Bild, sondern meine Mutter, sechsjährig, laufend, hüpfend, im Sehen und Beobachten stehenbleibend, denkend und vergleichend, alles aufnehmend – auf dem Weg zum Pfarrer des nächsten Kirchdorfes, der sie unterrichtet, zusätzlich zum morgendlichen Gang in die Dorfschule. Was sie wohl bei dem geistlichen Herrn gelernt haben mag? Naturkunde, Latein; Musik, Malen, Rechnen, ganz gewiß Vertrauen in Gott; und ihre Eigenheit. Vielleicht bei der Haushälterin noch Stricken, Häkeln, Sticken – Künste, die sie perfekt beherrschte. Später lehrte sie dies alles in einer Eifeler Dorfschule, und noch später mich, das vierte Kind und die dritte Tochter.

Sie war ein Kind der Liebe, geboren fünf Monate nach der Hochzeit des sehr jungen Hofbesitzers mit einer Hugenottenenkelin, einer stolzen wohlerzogenen Frau, die sich von ihren Kindern und Enkeln mit »Ihr« anreden ließ. Ihre Haltung bewahrte sie trotz weiterer Kinder und der bäuerlichen Arbeitswelt. Für mich war sie höchste Autorität, war ihr doch meine vertrauenerweckende Mutter untertan. Die Autorität hing für mich mit ihrer Kopfbedeckung zusammen: eine Art schwarzer Kapotthut, mit Bändern und Schleiern, ohne den ich sie nie gesehen habe.

Die Väter sind nicht zu vergessen: Mutters Vater, der Bauer, liebte meine Mutter, er bevorzugte und verwöhnte sie vor allen anderen Kindern. So kutschierte er sie eigenhändig zum 60 Kilometer entfernten Internat und holte sie auch wieder ab – nie wurde einem anderen seiner Kinder diese Ehre zuteil. Sie dankte es ihm auf die übliche Weise: Sie wollte nie heiraten und ließ meinen Vater sieben Jahre warten. Großvater starb, als Mutter mich erwartete. Dies löste eine Depression bei ihr aus und als deren Folge eine schwere fast tödliche Erkrankung ihrer drei Kinder. Derweilen kam ich zur Welt und gedieh nicht. 70 Jahre später, als mein Analytiker nicht mehr lebte, und ich begann, mich mit den Erlebnissen des pränatalen Kindes zu befassen, verstand ich, wie lange ich gekämpft habe, bis ich das Leben annehmen konnte und welche Folgen diese früheste Auseinandersetzung zwischen Leben und Tod für meine Eigenheit auf immerdar haben sollte.

Mein Vater – er war Lehrer, zunächst an Mutters Schule, fünf Jahre jünger als sie und dritter Sohn eines Nahe-Winzers, fast so stolz wie seine Schwiegermutter, kühl bis ans Herz hinan und voll und ganz auf seine Frau konzentriert. So wehrte er jedes Schöntun seiner Töchter mit den Worten ab: »Für euch ist ein anderer Mann da, ich gehöre der Mutter!« Ihm, seinem Verhalten, verdanke ich Einsichten in die Ursachen der schweren Störungen bei Kindern, die aus einer durchaus intakten Ehe und Familie stammen: Für diese Kinder ist kein Spalt zwischen Vater und Mutter, in dem sich das Kind bei einem Zwist der Eltern bergen kann; es kann die Eltern nicht in ihrer Einzelheit und Eigenheit, sondern nur als unverbrüchliches Paar wahrnehmen. Es lernt nicht die bindende Kraft von Streit und Versöhnung.

Mein Vater war ein Schreiber; Lehr- und Schulbücher in seinem Fach, der neueren Geschichte, waren sein Hauptwerk, aber er schrieb auch viele Briefe, vor allem im Krieg, und auch lange Aufzeichnungen über das physische und psychische Wachstum seiner Kinder. Von mir allerdings nur ein

paar Zeilen, die sich vorwiegend mit meiner anfänglichen Schwäche befassen:

»Geboren am 6.04.1906, 9 1/2 Pfund, sehr gute Konstitution.

1906:	01.06.:	Geht schlecht voran.
	01.07.:	Schlechter.
	01.09.:	Sehr schlecht.
	01.11.:	Besser – 12 1/4 Pfund!
		Erster Zahn im achten Monat.
1907:	20.03.:	Läuft, sechs Zähnchen.
1908:	06.03.:	Sehr gut, spricht endlich einige Wörter. Eigensinnig und rechthaberisch. Geistig entwickelt wie kein anderes unserer Kinder.
	28.04.:	(10 Wochen später) Überaus großer Wortschatz. Sehr energisch. Besonders große Schmeichelkatze.
Ende 1908:		2 1/2 Jahre. Scheint ein äußerst kluges Kind zu werden. Lernt Weihnachtsgedicht auswendig: »Kastanien kauft«! – 12 Strophen. Wenn Mutter nachhause kommt, große Freude, während mein Heimkommen glatt übersehen wird. Gibt nicht gern.«

Nichts von dem Enthusiasmus, mit dem er die Klugheit seiner ältesten Kinder und die Schönheit seiner zweiten Tochter beschreibt, kein Wort über meine große Lern- und Lesekunst. An meinem vierten Geburtstag nämlich, der mit seinem 38. zusammenfiel, überraschte ich ihn mit dem Vorlesen des Leitartikels der *Kölnischen Zeitung*. Ich zitterte vor Angst und Begeisterung, kann mich aber an seine Reaktion nicht erinnern. Immerhin wurde ich bei der Einschulung sogleich in die zweite Schulklasse gesteckt und war auf diese Weise die Klassenkleinste und blieb dies auch in meinem ganzen Schullauf. Er, mein Vater, blieb mir als Lehrer gegenüber unnahbar, weit mehr als bei den anderen Kindern. Da die Mutter ihre Liebe an ihre erstgeborene Tochter und ihren einzigen Sohn festgemacht hatte – sie war ihr Leben lang leidenschaftlich bereit, ihre Liebeswahl zu demonstrieren – blieb für die sogenannten »Kleinen« zwar einige Aufmerksamkeit, aber nichts von dem Feuer der Liebe, mit dem sie die beiden Ältesten bedachte. Aber sie ließ uns – jedenfalls mich – etwas wie Verehrung spüren, eine Zuwendung, die ich ihr gegenüber bis heute erwidere.

In Analysen habe ich später oft gedacht, daß Verehrung eine geziemendere Bindungsart zwischen Mutter und Tochter ist als jede andere – und weniger gefährlich.

Alle Kinder wurden zum Lernen ermutigt. Die Schule war für uns ein Spiel. Ich entsinne mich nicht an Schulaufgaben, außer an die sogenannten Hausaufsätze, zehn bis 20 Seiten lang, für alle Familienmitglieder eine Qual. Aber nebenher wurde mancherlei gelernt und auch gepaukt: Klavier, Geige, Gesang, Stenographie (Privatstunde bei Vater, ich war acht Jahre alt), Malen, Handarbeiten. Nie Hausarbeit, kein Kochen, dafür sorgten Trinchen und Gertrud, die wir liebten, aber pflichtgemäß als Unterschicht ansahen.

Als ich zwölf Jahre alt war, wurde ich zum ersten Mal geliebt und liebte wieder. Meine Freundin Leni, wie ich für die Klasse zu jung; wie ich in der Familie überflüssig; wie ich klein und dünn, schlau und verborgen; neugierig auf die Welt, auf Gott und darauf, wie alles zusammenhing. Neugierig auf den Ursprung der kleinen Kinder, die Alten verachtend, alle anderen als »Invidentes«, als Neidische erkennend. Sie wohnte am anderen Ende der Stadt, aber wir verlängerten das Zusammensein, indem wir uns eine halbe Stunde vor der Schule trafen und mittags eine Stunde in dem leeren Klassenzimmer verbrachten. Jede Woche zweimal trafen wir uns nachmittags bei ihr oder mir, machten Musik oder sangen, lasen uns vor und spielten unser großes Spiel: Die Zelebration der römischen Messe. Wir besaßen dazu alle notwendigen heiligen Geräte, Kelch und Patene, einschließlich der Hostien, die wir erst bei unserer heiligen Handlung zu Ende verzehrten.

Wir kämmten und flochten gegenseitig unser langes Haar und zerbrachen uns den Kopf, wie wir wohl erfahren könnten, wie das mit dem Ursprung der Kinder wäre. Lexika, bei uns beiden zu Hause verschlossen, waren uns verboten. Die anderen Mädchen aus der Klasse fragen: Niemals! Unsere älteren Schwestern? Eingebildete Gänse!

Wir mögen 14 oder 15 gewesen sein, als wir uns entschlossen, meinen großen Bruder Elmar, 20 Jahre alt, zu fragen. Es war alles ganz einfach, wir hatten beide die richtige Vermutung gehabt, aber sie war unerträglich und unaussprechbar geblieben. Das Faktum war nichts als ekelhaft. Nicht nur, daß so etwas mit dem heiligsten Wort »Liebe« verknüpft war, allein die Vorstellung solcher Handlung erfüllte uns zuerst mit sprachlosem Abscheu und Entsetzen. So waren wir also entstanden. Es dauerte Monate, bis wir durch Einbruch in die verbotenen Lexika ein immer wieder besprochenes Bild dieser Materie gewannen, das wir von allen Seiten, vor allem der mit Gott verbundenen anschauten. Wir zeichneten die Organe, den Vorgang, machten Gedichte und weinten darüber. Wir sahen uns voller Verzweiflung als Produkt dieser Scheußlichkeit, gleichzeitig wissend, daß wir all dies eines Tages selbst zu ertragen hatten.

Die Aufklärung veränderte mein ganzes Leben. Zuerst gaben wir das große Spiel auf, dann die Musik, dann die Zärtlichkeiten und schließlich die Lektüre: Wir wollten ohne Gott leben und erkannten uns als Atheisten.

Im Januar 1922 traf uns ein entsetzlicher Schlag: Meine Eltern beschlossen, ich solle die Schule verlassen und einen Beruf erlernen. Es gab einsichtige Begründungen: Meine älteren Schwestern hatten sich unmittelbar, ohne Rücksicht auf ein in der damaligen Zeit kostspieliges Studium, nach ihrer Ausbildung verlobt und geheiratet. Es war Inflation, für Beamte, Bücherschreiber und Hausvermieter muß alles sehr armselig gewesen sein. Ich hatte ein miserables Weihnachtszeugnis vorgelegt, war trübe, verstockt und aufsässig. Kein anderes Interesse als Leni und Lesen. Zuerst wurde mir das Lesen außer dem der Schulbücher verboten, dann das Zuspätkommen und auch der gegenseitige Wochenbesuch mit Leni. (Leseverbot war für meine Eltern seit eh und je das wichtigste Erziehungsmittel.) Ich begann zu kämpfen, alarmierte meinen Mathematiklehrer und meine Physiklehrerin. Ich war ihr Liebling und fast Assistentin dieser geliebten Person. – Alles half nichts! Ich verließ Ostern 1922 die Schule mit dem Zeugnis der »Einjährigen«, ein Wort aus der Militärwelt, und wurde Volontärin im deutschen Gußrohr-Verband, einem elitären Syndikat der Schwerindustrie mit höchstens 20 Angestellten. Für die zweijährige Ausbildung mußte Lehrgeld bezahlt werden.

Leni und ich, wir hielten es aus bis Pfingsten. Dann beschlossen wir zu sterben. Leni hatte leichten Zugang zum Giftschrank ihres Vaters, eines Apothekers. Wir wollten aber vor dem Tod noch das Meer und Berlin sehen, beides Traumorte für uns, die wir nicht kannten. Wir verkauften unsere Fahrräder, Leni ihr erreichbares Patensilber und bereiteten die Reise an die Nordsee über Berlin vor. Zwei erwachsen-machende Hüte und die Billetts wurden gekauft. Dann eine letzte Handlung, unbewußte Vorbereitung des Scheiterns: Lenis Schätze, ihre Bücher, Puppen, Krimskrams packten wir in ein Paket und gaben es bei der damals noch flinken Post für meine kleine Schwester auf – kein Liebesgeschenk, aber Lenis große Schwester sollte nichts erben.

Am anderen Vormittag, der Zug fuhr um 10.00 Uhr, erwischte uns Elmar jenseits der Sperre. Das Paket war angekommen und geöffnet worden. Ich weiß nicht mehr, ob Leni einen Brief mit unseren Plänen eingelegt hatte, aber die folgende Stunde habe ich noch deutlich vor mir. Er faßte jeden von uns unter den Arm und zwang uns zu einem einstündigen Fußmarsch zu meinen Eltern, die Straßenbahn verschmähend. Als Leni mit aller Vorsicht nach dem Gift griff – ich bewunderte sie grenzenlos wegen ihrer Entschlossenheit – entriß er ihr das Atropin und sagte ganz leise: »Noch einmal und ich übergebe euch der Polizei zur Schutzhaft!«

Zu Hause trafen wir meine und Lenis Mutter an, die sofort mit ihrer Tochter verschwand. Leni sah ich erst elf Jahre später wieder. Ich wurde geküßt, auf den Schoß genommen – und beschimpft. Am nächsten Tag war alles wie zuvor. Ich fuhr zu meinem Büro und lernte das Kaufmännische.

Indessen hatte sich eines in der Einstellung Elmars zu mir geändert: Am nächsten Tag brachte er mir Freuds *Traumdeutung* und gab mir in der Folge noch vielerlei anderes zu lesen, vor allem Bücher über Malerei, den Expressionismus. Er führte mich in Ausstellungen, nahm mich zum Tanz mit, zeigte mich seinen Freunden. Wir sprachen über alles und jedes, und er trieb mich mit meinem Atheismus in die Enge. Kurz: Er belebte mich. Und wie Pygmalion begann er sein Geschöpf zu lieben.

Ich war zwar 17 Jahre alt, begann zu wachsen, groß und wohl auch schön zu werden, aber ich verstand gar nichts und hatte nur Angst vor der entsetzlichen Sünde. Ich konnte mit niemandem darüber sprechen. Mein Beichtvater, ein Freund meiner Eltern, beließ es bei Ermahnungen. Ich bewunderte Elmar, er war unermeßlich gebildet und von grenzenloser Lust der Phantasie. Aber ich fand ihn fremdartig als Mann, liebte ihn nicht und empfand nicht die geringste Begierde, weder für ihn noch für irgendeinen anderen Menschen. Ich liebte niemanden und träumte immer wieder nur von Leni.

Ich hatte meinen »Bürokram« schnell und gut gelernt. Es war alles äußerst einfach und nicht mehr als ein Spiel für mich. Als der Oberbuchhalter erkrankte, vertraute man mir »das große Journal« an. Die Übertragung dieser Verantwortung war fast absurd, und meine Eltern müssen sehr zufrieden mit mir gewesen sein. Ich dachte jedoch an nichts als an Leni und die Möglichkeit des Todes.

Im September 1923 kam ein neuer Syndikus in die Firma, zwei Monate später machte er mir einen Heiratsantrag. Wie immer überlegte ich alles für mich allein und erklärte ihm dann, ich wolle ihn heiraten, da ich wegen der Liebe meines Bruders nicht mehr bei meinen Eltern bleiben könne. Er war ein 30-jähriger früherer Berufsoffizier und gab mir die entsprechende Antwort: »Ich soll also als Abwehrkanone dienen!«

Ich wurde mit einem großartigen Lehrzeugnis sofort entlassen. Wir heirateten nach meiner Schnellausbildung zur Hausfrau in einem Nonneninternat. 1926, neun Monate und zehn Tage nach der Hochzeit, wurde mein Sohn Claus geboren. Zum ersten Male hatte ich ein sicheres Liebesobjekt. Ich entband zu Hause mit einer Hebamme, einer Wochenpflegerin und einer Hausangestellten, zu denen später noch ein Arzt hinzugezogen wurde. Die Geburt dauerte von Samstagnachmittag bis Montagabend und wurde schließlich mit einem Eingriff beendet. Damals gab es praktisch keine Hausgeburten mehr, aber F. B., mein Mann, hatte die Hausgeburt gewünscht. Als ich wach wurde, sagte er, das Kind sähe häßlich aus, es habe eine Beule am Kopf, ich möge nicht erschrecken. Ich aber fand ihn wundervoll; er gehörte mir bald ganz allein, denn sein Vater liebte ihn nicht. Ich hatte übrigens das sichere Bewußtsein, daß Claus vorwiegend mein Kind sei, da er fast ganz aus mir bestand. Der winzige Anteil des Vaters erschien mir bedeutungslos.

Ich nährte das Kind streng nach Vorschrift und Bücherbelehrung. Da er wie alle meine Kinder ein großer Esser war, bekam er vermutlich zu wenig Milch und schrie ziemlich viel. Er störte den Vater, denn unsere Wohnung war infolge der damaligen Wohnungsnot relativ klein, eigentlich nur drei abgeteilte Räume von einer Fremdenpension. Zwei Monate nach der Geburt von Claus erwachte ich nachts und vermißte F. B. neben mir. Ich stand auf und fand ihn mit einer ganz jungen Amerikanerin, die mit ihren Eltern in der Pension wohnte. Dies war eigentlich das Ende meiner Ehe, denn ich war vollkommen verständnislos für Untreue. Ich ahnte nichts von meinem Anteil: Als Ehefrau hatte ich versagt wie Ibsens Nora, eine meiner Lieblingsheldinnen.

F. B. war ein unruhiger, schlecht-schlafender Mensch, zweiter Sohn einer nur ihren Erstgeborenen wahrnehmenden Mutter. Er konnte nicht spielen, weder mit Schachfiguren noch mit Spielkarten, ganz gewiß nicht mit Träumereien. Er hatte keine Freunde. Einmal sagte er, eine junge Frau könne er in der Ehe nach seinen Bedürfnissen formen. Ich hatte zuviel gelesen, um diese Idee ernst zu nehmen, ich fand ihn trotz seiner Intelligenz töricht.

Er war unbefriedigt in allen Bereichen: Geld, Erfolg, Freunde – nichts war so, daß es ihn ergötzte. Ich weiß bis heute nicht, was ich für ihn bedeutete. Als er später unter Hitler im Heer Karriere machte, im Krieg mit Orden und Beförderungen bis zum General geehrt wurde, schien er ruhiger. Zu unserer Zeit fand ich ihn grenzenlos unvernünftig, in allen praktischen Dingen und in seiner Zuwendung zu mir ganz kindlich, dabei manchmal ungemein lieb. Er war in seiner Kühle meinem Vater ähnlich, aber gänzlich ohne dessen tiefe Bescheidenheit. Immer wieder, wenn ich über ihn nachdenke, meine Tagebucherinnerungen dieser Periode nachlese, Reflexionen über die unbewußten Hintergründe seiner Handlungen anstelle und sie mit seinen und meinen erlernten Herkunftsstrategien vergleiche, finde ich nur Entfremdung und Irrationalität. Wir waren kein Paar.

Ich kannte ja nur das eine Paar, die Eltern, die ich nie im Zank oder uneins wahrgenommen hatte. Als das unbedarfte Kind, das ich geblieben war, erwartete ich, daß alle Paare wie meine Eltern seien. F. B., im Dauerzustand seiner Schlaflosigkeit und Gereiztheit und sein Leben lang enttäuscht, tat etwas, was ich nicht kannte: Er schimpfte. Nicht nur beschimpfte er mich, sondern jeden Menschen, ja jede Sache und alles, was geschah. Wenn etwas angeschaut wurde, war es schon verworfen. An manchen Abenden schien es mir, als ob der pausenlose Donner einer Schlacht zu Ende ging, in der ich waffenlos und ohne jede Kraft ihm zu widerstehen versucht hatte.

Später, in der Zeit meiner ersten Entwürfe über das pränatale Leben, entdeckte ich Zusammenhänge der zeitlich so weit auseinanderliegenden Lebensabschnitte meiner Zeugung und meiner Ehe mit F. B. Wie bei der Zeugung hatte ich bei der Partnerwahl das falsche Objekt ausgesucht. Wir paßten so wenig zueinander wie der Vater und ich.

Aber da war noch etwas anderes: Als die Zeit des Sterbens meiner Kinder kam, erfuhr ich wieder die Waffenlosigkeit und die fehlende Kraft. Kein Wehren, kein Widerstand, kein Erkennen, kein Verstehen – nichts, gar nichts. Ich war schon immer ein leidenschaftlicher Vertreter von Freuds Theorie des Todestriebes. Heute bin ich in der Gewißheit, daß diese tödliche Nichtigkeit meiner Wünsche, meiner Ziele, meines Wollens und die pure Auslieferung an das ganz andere, das Jenseitige, für diesen Mann unerträglich gewesen sein muß. Er hatte nicht wie ich im Bauch der Mutter den Tod als Teil des Lebens erfahren. Er erfuhr ihn täglich und stündlich, hier und jetzt und wollte ihn nicht. Er wollte das Leben.

Ich gebar in den nächsten drei Jahren noch drei weitere Kinder, eins schöner als das andere. Ich war 24 Jahre und begann an Scheidung zu denken. Dem stand eigentlich alles entgegen. F. B. hatte mehrfach seinen Arbeitgeber gewechselt. Er fand sich mit Recht nicht angemessen ausgelastet und demgemäß nicht ausreichend bezahlt. Aber es herrschte Arbeitslosigkeit, und wir waren ohne Ressourcen. Als der letzte Stellenwechsel mißlang, erwartete ich gerade mein zweites Kind. In seiner Not nahm F. B. ein Angebot an, das mein Onkel vermittelte. Er wurde Leiter des Stadtlagers einer Zuckerfabrik. Da war ein großes Gelände mit Garten, Lager, Lastwagen und einem Wohnhaus mit acht Zimmern. Die Bedingung war meine Mitarbeit als Leiterin der Buchhaltung. Mir gefiel das Angebot sehr, ich stand zwar mit 22 Jahren vor der sicher nicht einfach zu lösenden Aufgabe, einem großen Haushalt und einem kleinen Büro vorzustehen; doch es machte mir Spaß. Ich hatte meine Welt für mich. F. B. ging seinen Geschäften und Vergnügungen nach, ich tat das übrige: Kinder, Haushalt, Buchhaltung – und das alles wiederum wie im Spiel. Ich bekam eine Kinderschwester zu dem Hausmädchen und ein Auto mit Führerschein. Jede Woche einmal lud ich uns ins Auto und verbrachte den Tag an einem bestimmten Platz an der Sieg, an dem sich die Kleinen vergnügten. F. B. schien zufrieden, fast glücklich. Ich gebar eine entzückende Tochter und bald darauf gleich noch eine. Die Arbeit war ein Vergnügen und die Kinder mein höchstes Glück. Ich fand Zeit zum Lesen, für einen Theaterbesuch oder eine Einladung. Ich fühlte mich zum ersten Mal geborgen in Ruhe und Sicherheit.

Aber das alles war trügerisch. Als F. B. mir am 23. Juni 1932, nach knapp vier Jahren der Ruhe mitteilte, er sei fristlos entlassen, und wir hätten das Haus innerhalb von acht Tagen zu räumen, fügte er sogleich hinzu, daß er mir über den Kündigungsgrund nichts sagen würde. Er ist für mich ein Geheimnis geblieben, denn der Arbeitgeber, den ich direkt anschrieb, teilte mir mit, diesen Grund könne man einer »Dame« nicht mitteilen.

Es heißt in Freuds Aufsatz »Die am Erfolge scheitern« (8), daß die Wunscherfüllung nicht ertragen werden kann und den Genuß derselben

zunichte macht – und zum Schluß dieses Aufsatzes, daß die »Gewissenskräfte, welche am Erfolg erkranken lassen, in intimer Weise mit dem Ödipuskomplex zusammenhängen, mit dem Verhältnis zu Vater und Mutter.«
Gerade die Probleme, die F. B. mit Vater, Mutter und dem älteren Bruder gehabt hatte, waren tabuisiert und konnten nicht besprochen werden.

Wieder war ich waffenlos, doch hatten mich die vier Jahre Waffenruhe in meiner Kraft gestärkt. Ich begann zu kämpfen und setzte mir eine Frist für die Trennung, die mit einem Gespräch mit den Eltern und der Bitte um Unterstützung beginnen und mit meiner beruflichen Selbständigkeit einhergehen mußte. Denn ich wollte von nun an nie mehr abhängig sein. Der Plan war einfach und erwies sich in der Kriegs- und Notzeit als ein Glück ohnegleichen. Ich hatte soviel über Zucker gelernt, daß ich mir einen Großhandel mit diesem Objekt zutraute. Der Handel war mir möglich wegen meines Abschlußzeugnisses im Gußrohr-Syndikat als Kaufmann. F. B. bezog noch mit mir nach der Räumung des Hauses eine Altbauwohnung, billig und großräumig, verließ mich aber auf meinen Wunsch nach einigen Monaten. Seine Bedingung war: Keine Unterhaltszahlungen von seiner Seite. Nach zwei Monaten war ich frei, allein und ziemlich arm. In den ersten zwei oder drei Jahren war es die pure Armut – die »Möhrenzeit«. Aber der Plan gelang. Als die entsetzlichen Schrecken der Nazizeit begannen, nach der Olympiade, litt ich keine materielle Not mehr und war unabhängig von den Eltern, dennoch war ich das erste Mal in meinem Leben voller Angst.

Exkurs über die Strategien der Liebe und Liebeswahl

Für mich hat niemand passender als Thomas v. Kempen (15) die Liebe beschrieben und ihre Unaufdringlichkeit und Unscheinbarkeit.

»Nichts im Himmel und auf Erden ist lieblicher, mächtiger, erhabener, nichts umfassender und wohltuender, nichts vollkommener und besser; denn die Liebe ist ›aus Gott geboren‹ … Der Liebende fliegt, läuft und jubelt; er ist frei und läßt sich nicht halten; er gibt alles für alle und hat alles in allem.«

Das war mir vertraut, so dachte ich, aus meinem Bekanntwerden mit Liebe bei Leni. Dennoch wußte ich so gut wie nichts über die Liebe, nichts von ihrem Feuer, nichts von ihrem Zwang zur Wahl eines Objektes. Ich kannte nicht ihre Materie, nicht den Leib der Liebe, den glühend glücklichen, rasenden Teil. Ich ahnte nichts von dem Abgrund der Tugend der Liebe.

Ich suchte bei Freud und seinen Nachfolgern über die Liebeswahlen und fand Zwiespältiges. Da gibt es die Liebeswahl nach dem »Anlehnungstyp«. Der »Anlehner« möchte gerne jene Lust erneut und immer wieder genießen, die ihn mit seiner Mutter verband, gleichgültig, ob sie ihm als eine fürsorglich-bejahende oder aber als eine verweigernd-ablehnende Mutter erschien: »Fruchtwasser-Liebeswahl« nennt Theweleit (14) diese Bindungskonstruktion wegen ihrer affektiven Widersprüchlichkeit. Ich denke beim Anlehnungstyp an Fairbairn (7) und seinen »inneren Saboteur«, den Gegenspieler des libidinösen Objekts, der bei ihm als Folge der Kleinschen Spaltung in die böse und die gute Mutter entsteht. Ich denke, der innere Saboteur entsteht bei der Zeugung und löst den Balintschen (2) Grundmangel, den »basic fault«, aus.

Bei meinen pränatalen Forschungen entpuppte sich der Saboteur als der Ursprung des Anlehners – als der dem Mißbrauch Hörige: mißbrauchend statt genießend, sich mit Wut zwanghaft dem Mißbrauch der Mutter und später dem anderer Geliebten überlassend; angelehnt wie im Tanz, sich der Führung anvertrauend und in der Umklammerung selbst führend; als Führender der Andere und zugleich er selbst.

Konnte ich diese Wahl bei den Kindern vermeiden, weil ich trotz der Liebe zu ihnen den Leib der Liebe nicht kannte?

War ich trotz der Liebe zu ihnen »beständig« auf der Suche nach dem »idealen Objekt« (Fairbairn) (7)?

Nach Freud gibt es andere Liebeswahlen, die vier Formen der »narzißtischen Objektwahl«.

Erste Form: Man liebt was man selbst ist, also sich selbst.
Zweite Form: Man liebt, was man selbst war.
Dritte Form: Man liebt, was man selbst sein möchte.
Vierte Form: Man liebt den, der früher ein Teil des eigenen Selbst war.

Die ersten drei narzißtischen Objektwahlen können zu der Wahrnehmung des eigenen Narzißmus führen. Man muß die Partnerwahl als Spiegel benutzen, mehr bedarf's nicht, um mit sich und seiner Wahl zufrieden zu sein!

Anders bei der vierten Form, denn sie hat mit einem inneren Bild und dessen Befreiung aus dem Unsichtbaren, aus der Bildlosigkeit zu tun: das Bild stammt aus der pränatalen Zeit und der projektiven Identifikation mit der bedrohenden oder beseligenden pränatalen Mutter. Wie Blazy (6) an dem Beispiel der gestörten Frühgeburten zeigt, hat die Mutter in manchen Fällen ihr Denken über das ihr innewohnende andere Selbst nicht rechtzeitig oder ausreichend auf den Vorgang der Trennung umgestellt. Sie hat sich und dem Kind kein begehrenswertes Bild der Geburt, der verschiedenen Eigenheiten von Mutter, Kind und Vater, kein Bild des Ich-Ganz-Allein entstehen lassen – zu wenig »rêverie« der Mutter, wie Bion (5) es ausdrücken würde. Ich bezweifle, daß man diese Bindung eine narzißtische Liebeswahl heißen kann. (11; Siehe Laplanche-Pontalis, wo die vierte Form der narzißtischen Liebeswahl kritisiert wird.)

Denn das gewählte Objekt der Mutter, das Kind, kann nicht das narzißtische Objekt der Mutter sein, da es in dem Augenblick der Zeugung der Mutter nicht »ähnlich« ist. Im Gegenteil, in diesem Moment ist das Kind mehr als jemals wieder in seinem Leben ein Teil der Person des Vaters und ihm »ähnlich«. Wenn die Mutter dem Kind die Einnistung erlaubt, stellt sie für das Kind die im Augenblick der Zeugung verlorene Einheit, die es im Ei oder im Samen besaß, wieder her. Gerade hier ist die Liebe nicht narzißtisch sondern »erhaben, wohltuend, umfassend und frei.«

Michael Balint hat in der Fülle seiner Arbeiten immer wieder die Theorie der primären Liebe vorgestellt. Er hat den größten Wert darauf gelegt, zwischen Liebe und sexuellen Zielen zu unterscheiden. Denn diese Unterscheidung erst macht die Erziehbarkeit zur Liebe lehrbar. Nach Balint ist die Lernmethode hierfür seit Freud die Psychoanalyse mit ihrer Übertragungsarbeit.

Balints primäre Liebe ist die erste Form der Objektbeziehung zwischen Mutter und Fötus, eine notwendige Stufe der Entwicklung. Primäre Liebe ist gekennzeichnet durch Strukturlosigkeit und freundliche Weiten. In der ursprünglichen Form ist sie eine harmonische Verschränkung mit der undifferenzierten Umwelt, »der Welt der primären Substanzen«, deren lebenswichtige Teile in dieser Welt unabhängig und unerforschlich sind. So wirkt die primäre Liebe in der ersten Erfahrung der Mutter traumatisch, aber mit Notwendigkeit Strukturen schaffend. Primäre Liebe geht dem primären Narzißmus voraus. Narzißmus ist sekundär im Vergleich zur ursprünglichen Beziehung der harmonischen Verschränkung zwischen Mutter und Fötus. »… Diese frühen Zustände können wiederentdeckt werden. Hinter der Welt der freundlichen Weiten ist die der primären Liebe zu finden. Sie hält einen sicher, ohne irgendwelche weiteren Forderungen zu stellen.« (2)

Nach Balint leben Mutter und Kind in der Urform der Liebe, die in der Gegenseitigkeit und Strukturlosigkeit keine Ansprüche stellt, beide sind für einander da und verschmelzen miteinander. Diese Urform der Liebe ist lernbar. Sie kann als genitale Liebe auftreten und ist nicht identisch mit genitaler Befriedigung.

Meine eigenen Überlegungen zur Liebe und zur Liebeswahl: Liebe läßt sich lernen und lehren. Die Bedingungen scheinen einfach: Lieben ohne Ansprüche. Für einander da sein, passend werden, mit dem fremden Objekt verschmelzen. Bereitwillig verstehen, strukturlos werden können und gleichzeitig fähig zu Distanz sein, Vergeblichkeit nicht erwägen, Bedürfnis nach Zärtlichkeit und Bindung erwecken – es niemals stillen – und alles muß auf immerdar sein, keine Alternative, kein Ausbrechen, kein Nebenweg. Diese Form der Liebe habe ich 1985 in dem Lehrbuch über das Fokaltraining niedergelegt und zur Basis einer Therapiemethode gemacht. (12)

Das Erwachsenwerden

Über Liebe hatte ich viel gelesen, ich hatte sie gewünscht, viele Male geträumt, aber nichts davon verspürt. Ich war Mutter, aber nicht Weib, eigentlich nicht viel mehr als eine Jungfrau. Als ich Carlo kennenlernte, war ich 26, er 22 Jahre und noch »unschuldiger« als ich. Er besuchte mich als Freund eines Freundes. Obgleich wir uns über alle Maßen gefielen, dauerte es fast ein Jahr bis wir uns »erkannten«. Besser gesagt, wir erkannten uns, als wir sicher waren, uns zu kennen. Trotz der Armut und der Arbeitsplage war ich mit diesem klassisch-schönen Jüngling glücklich und voller Ruhe. Als einziges Kind eines überbeschäftigten Kölner Kaufmannsehepaars studierte er Kunstgeschichte in Innsbruck. Tirol war für mich das schönste Urlaubsland, von hier aus konnte ich mich mit wenig Kosten am Skilaufen und Bergsteigen gemeinsam mit den Kindern vergnügen. Carlo und ich entdeckten sofort gemeinsame Freunde und Interessen, politisch, künstlerisch, literarisch; und selbst über Gott waren wir ziemlich eines Sinnes.

F. B., inzwischen als Offizier reaktiviert, beanstandete die unmoralische Beziehung und drohte mit Entzug des Sorgerechts. So heirateten wir im Mai 1934 und zogen mit den vier Kindern in ein am Stadtrand gelegenes Haus mit Garten und Hunden – Claus war acht, Buja sieben, Donate sechs, Monica vier Jahre alt. Jetzt nicht mehr nur eines schöner als das andere, sondern nun auch in Klugheit und Liebenswürdigkeit sich gegenseitig übertreffend. Wir wurden versorgt von einer Haushälterin, fürsorglich aber auch streng. Mir gelangen meine Dienst- und Herrschaftsverhältnisse ausgezeichnet; damit hatte ich nie ein Problem, weder im Hause noch im Betrieb und auch später nicht auf dem Lande. Vermutlich war die Verteilung der Herrschaft und des Dienstes dialektisch: ein wenig Unterwerfung fiel mir immer leicht, zudem bewundere ich bis heute mit Offenheit und vollem Herzen die mir immer fremd gebliebene Haushaltskunst.

Donates Einschulung brachte ein Problem und zwang uns zur ersten Entscheidung in Sachen Nazi. Sie kam aus der ersten Schulstunde und berichtete entrüstet von einem Schulgebet für den ihr von uns als bösen Menschen vorgestellten Hitler:

Sei gegrüßt Adolf Hitler;
Der Du gibst das täglich Brot;
Der Du hilfst aus aller Not;
Segne uns und unser Werk.

Wir, Carlo und ich, entschieden uns für volle Aufklärung. Von diesem Tag an lebten nicht nur wir, sondern auch die Kinder mit dem Geheimnis der Staatsfeindlichkeit. Dies formierte neue Probleme meines, unseres Lebens, aber es stärkte auch unsere Gemeinschaft und die Entschlossenheit, das »Danach« zu erleben.

Noch eine Schwierigkeit: Buja, mein zweiter Sohn, hielt als einziges Kind die Verbindung zu seinem Vater aufrecht, der Parteimitglied und Major der Reichswehr war, ein zwar kritischer aber dennoch eindeutiger Nazi. Immer wieder gab es strengste Ermahnungen von F. B., dem Glück und der Ausbildung der Kinder nicht im Wege zu stehen. Noch im Februar 1945 schrieb er in einem fordernden Brief, ich möge dafür sorgen, daß Claus und Buja in die Hitlerjugend und Donate und Monica in den BDM einträten.

Ende 1934, nach einem Sommer voller Liebe und Ruhe, brachte Donate den Scharlach aus der Schule mit, so daß nacheinander alle Kinder mehr oder minder schwer erkrankten. Ganz zuletzt im Januar packte es mich. Carlo blieb verschont, doch ich mußte wegen Gelenkrheumatismus und einer Herzmuskelentzündung bis März ziemlich isoliert leben. In diesen besinnlichen Zeiten entschloß ich mich, Analytiker zu werden.

Exkurs über Politik, Geld, Künste und den Glauben

Hitler – ich habe ihn vom ersten Tag an, als ich *Mein Kampf* las – also bereits 1923 – gehaßt und verachtet und tat das Geringfügige, was mir möglich war, ihn zu bekämpfen. Durch meine Eltern waren Liberalität und Christlichkeit Leitziele. Vater als Historiker, Mutter seit 1918 tätiges und wirksames Mitglied der Zentrumspartei; Elmar Jurist und auf einen Sitz im preußischen Landtag als Zentrumsmann mit Erfolg zugehend. Ich war schon als Kind ein etwas lächerlicher »Homo politicus«. Am Tag vor dem 27.11.1919, »Kaisers Geburtstag«, nähte ich mir heimlich und ziemlich unordentlich eine schwarz-weiß-rote Schärpe, die ich am Feiertag dann über meinem weißen Sonntagskleid trug und lebte der Klasse meine politische Meinung mit Tat und Wort vor: Ich meldete mich in der Geschichtsstunde zu einer Frage und entwickelte diese zu einem glühenden Plädoyer für die Monarchie. Wie so viele hing der Geschichtslehrer an der alten Staatsform; die Stunde endete in voller Harmonie mit Kaiserliedern einschließlich der Zarenhymne.

Nach dem Drama mit Leni gab Elmar mir, immer die richtige geistige Nahrung für mich zur Hand, Marx' frühe Schriften, die wir sodann gemeinsam lasen. Bis heute hat sich mir die damals empfundene Erleuchtung über die Klassengesellschaft und den Mehrwert erhalten. Ich wurde ein radikaler, aber frommer Marxist und verlor für immer jedes Interesse an Geld, d. h. aber nicht am Besitz bestimmter Güter: Ich meine die Bilder.

Um es nicht zu kraß mit meiner Eigenheit zu machen: Elmar war mir sicher auch hier ein Vorbild. Er besaß einen Nolde. Ich erwarb mit groschenweisem Sparen eine Kollwitz-Radierung für zwölf Reichsmark. Aber jenseits dieser brüderlichen Idealformung gab es für mich eine unstillbare Begierde nach »Bilder-sehen«. Wie damals üblich, wurden wir vom Vater in die Museen geführt. Ich sah und fraß alles in mich hinein. Damals begann ich die Qualität der Bilder nach der Heftigkeit meiner Lust, sie abzulecken, zu beurteilen. Später habe ich diesem oralen Trieb nicht immer widerstanden. Viele Stunden habe ich mit den Abbildungen der großen

Malereien verbracht. Von denen, die ich kannte, wußte ich auch, in welchen Museen sie zu sehen waren und gierte nach dem Anblick der Originale. Die Erregung war nicht immer positiv. Ich erinnere mich an die Glaspalast-Ausstellung 1935 in München, in der ich zum ersten Mal Dix sah. Meine offensichtliche körperliche Erregung stürzte meinen sachlich kühlen Begleiter, einen Kunsthistoriker, in peinliche Verlegenheit. Heute würde ich sagen: »Keine Subjekt-Objekt-Unterscheidung«.

Anfänglich, in der Jugend, eine projektive Identifikation meiner unerlösten Liebes- und Haßfähigkeit mit den Bildern, ein »Erhaltungsmechanismus«, wie Margaret Mahler diese Reaktion meines Körper-Ichs nennen würde; aber auch ein Schutzwall gegen die mißbrauchende Wildheit der zwanziger Jahre, ein Festungsbau gegen den inneren Saboteur meiner Eigenheit in den chaotischen Stürmen des beginnenden Zeitenwandels. Die Bildergier ist nie von mir gewichen, aber die Wahrnehmungslust wandelte sich von der oralen Gier zur Scharfsichtigkeit, zur Meditation und zur Sicherheit im Werturteil während der Betrachtung.

Es ist jetzt Zeit, über Gott und das Glauben zu sprechen. Gott war nicht immer und in allen Entscheidungen für mich oberste Instanz, trotz der mir innewohnenden religiösen Ansichten katholischer Art. Mein letzter Appell an ihn hieß immer, etwa bei der Frage der Eheschließung mit Carlo: Du wirst es verstehen, ich kann nicht anders, ich muß es tun, der Kinder wegen.

Ich habe mich mit keinem Menschen oder einer praktischen Sache so gründlich befaßt wie mit Gott. Hinzu kam meine natürliche Gott-Verfallenheit, eine Eigenheit, der nachzugeben ich früh lernte um zu überleben. Mit Gott-Verfallenheit meine ich diese unabweisbare Ergriffenheit bei allen Dingen, die mit ihm zu tun haben, sei es Natur, Leiden, Lieben, Machbarkeit, Erfülltsein, Leere, Entfremdung; oder Tod. Sei es die Seele, sei es der Leib. Mag ich es sein oder ein anderer. Seien es die Gesetze oder der karge Bereich der Freiheit. Sei es das Denken oder Fühlen, das Wahrnehmen oder ins Unerreichbare Versinken, sei es Machen oder Zerstören, eigentlich hatte alles mit ihm zu tun, er war für mich in allem.

Ich kannte nur einen Bereich, in dem ich mich ohne Erregung aufhalten konnte, dessen Beschreibung ich früh, als junges Mädchen, vor meinem atheistischen Abenteuer bei Augustinus fand:

»... Es gibt nämlich vier Dinge, die die Menschen wie von Natur aus verstehen, ohne einen Lehrmeister zu brauchen, ohne jede Beihilfe durch Anweisung, ohne daß man es darauf absieht, oder die Lebenskunst erwirbt, die man die Tugend heißt und ohne Zweifel sich durch Lernen erst aneignet. Und diese vier Dinge sind: Die Lust, die Ruhe, beides zumal und die Urgüter der Natur«. (1)

Ich empfand eine Art Identität mit Gott, solange ich mich im Bereich der vier Dinge aufhielt. Eigentlich habe ich mich lange Zeit den Naturwissenschaften verschrieben, da ich mir schuldig war, mir und ihm, dies alles, soweit es mir möglich war, auf seine Glaubwürdigkeit hin zu prüfen; sei es im Hinblick auf den erwägbaren »hysterischen« Anteil meiner Ergriffenheit, sei es, um Denk- und Glaubensgefährten für Augustinus und mich zu finden. Ganz sicher war diese Prüfbarkeit der wichtigste Grund meiner Entscheidung, die Psychoanalyse zu lernen und mit ihrer Hilfe meine Ebenbürtigkeit mit Gott abzustecken und so meine einzigartige Eigenheit zu finden. Daß ich nicht fehlgehen konnte in der Ausdehnung und Bepflanzung dieses Feldes, dessen war ich mir schon mit neun Jahren am Tag der Erstkommunion sicher. Aber mein »Manresa«[1] hatte ich erst in der Todesnähe des Scharlachs erlebt.

Die erlernten Strategien dieser Kämpfe um politischen Widerstand, Unabhängigkeit und das Glauben blieben auch später im Handwerkszeug meiner Analyse wirksam. Sie waren, im nachhinein betrachtet – ich habe über meine Lehranalyse täglich Protokoll geführt –, das Gerüst oder Skelett meiner analytischen Arbeit.

Die Nazizeit

Die Nazi trafen uns in aller Härte. Der Vater wurde mit 61 Jahren pensioniert, seine Bücher verboten. Die Mutter verlor ihre Ämter als Schiedsmännin und Wohlfahrtsleiterin, die ihr für acht Jahre tiefe Befriedigung gebracht hatten. Elmar wurde zwar noch befördert, konnte sein Amt aber nicht antreten, da er zur gleichen Zeit schon zur Reichswehr eingezogen wurde. Als er 1942 von den Partisanen der italienischen Alpen als Geisel genommen wurde und ausgetauscht werden sollte, verweigerte der SD die Zustimmung zum Austausch – er wurde füsiliert, zwei Monate nach dem Tod unserer Mutter.

---

[1] Manresa: Der Ort, an dem Ignatius von Loyola den Aufbruch zur religiösen Lebensführung erlebte. Er wurde vom Krieger zum Ordensgründer und entwarf die Exerzitien.

Ein kleiner Zettel in Elmars Handschrift erreichte uns ein paar Monate später. Er schrieb in französischer Sprache, vermutlich, damit die italienischen Geiselnehmer den Inhalt kontrollieren konnten: man wolle, daß er ausgetauscht werde gegen zwei Ingenieure der Partisanen. Er lege keinen Wert auf den Austausch, er sei mit seinem Tod einverstanden. Lange Zeit sah ich das Bild, wie die Gewehre gehoben wurden. Sein Leib wurde zurückgegeben, er ist in Turin begraben. Er war es und nicht mein Vater, der mir die Welt in all ihrem Glanz gezeigt hat.

Carlo wurde schon 1938 zur Wehrmacht befohlen und geriet 1942 in amerikanische Gefangenschaft. Als wir uns 1945 wiedersahen, war ein Spalt zwischen uns. Ich war von der Kriegsfurie, von dem Bösen schlechthin getauft, müde vom Alleindenken und zerquält von dem Gedanken der vollständigen Niederlage Deutschlands, meines Vaterlandes. Die Zerstörung Deutschlands war die notwendige Voraussetzung für die Liquidation Hitlers. Carlo hingegen hatte im angstfreien, sicheren Gefangenenlager in Amerika gelebt und neben vielem anderen seiner früheren Schauspiellust frönen dürfen. Er blühte, ich war ausgebrannt und zerrissen. Meine unversehrte, glühende Glaubenslust, ihm von jeher suspekt, war stärker als je und von ihm treffsicher als Manifestation der unbewältigten Depression verstanden. Ich war zwar elend angesichts des Untergangs geworden, doch voll eines ihn bestürzenden Stolzes. Ich hatte in dem letzten Kriegsjahr gelernt zu kämpfen, aber auch zu verlieren, jeder Gewißheit zu entsagen und mich und meine Güter zu verteidigen bis zum letzten.

Zu diesen Gütern gehörten die Freunde und die Fähigkeit, mich gegen unerträgliche Zwänge der Nazi zur Wehr zu setzen. Außer meiner Herkunftsfamilie kannte ich neun Menschen, mit denen ich offen über den Krieg und die politische Lage sprechen konnte, davon lebten fünf in Köln. Wir versuchten alle von Anfang an, Widerstand zu leisten. Zwei von ihnen in Organisationen.

Ich half den jüdischen Freunden so gut ich konnte. Ich füge ein Beispiel der damaligen listenreichen Möglichkeiten an: Ich hatte 1938 den Bruder eines nach Afrika ausgewanderten jüdischen Arztes als Geschäftsführer eingestellt. Er, Herr B., wohnte mit seiner arischen Frau in meinem Büro- und Lagerhaus. Als ich ihn 1943 nicht mehr schützen konnte – Köln war bis dahin, ich vermute wegen seines Klüngels, relativ inaktiv im Kampfe gegen »die Unerwünschten« geblieben, wenn auch in gelegentlichen Paroxysmen äußerst gefährlich –, konnte ich ihm mit der Unterstützung meines

Biologielehrers helfen. Er, Prof. Bauermeister, leitete die genetischen Forschungen der Universität. Er schlug mir vor, Herrn B.s jüdische Herkunft anzuzweifeln und ihm eine uneheliche, aber halbchristliche Geburt vorzuschlagen, die wir anhand von Photographien nachweisen würden. Es geschah so; seine Mutter möge uns verzeihen. Er wurde als das nichteheliche Kind eines schlesischen Offiziers zum Halbjuden erklärt und blieb bis September 1944 unbehelligt. Bei einem plötzlichen Abholmanöver konnten wir ihn für eine ganze Woche in einem Seminarraum der Universität verbergen und dann nach Süddeutschland bringen. Er überlebte. Die Ängste und Gefahren auch für meine Universitätsfreunde waren zermürbend.

Ganz schlecht verlief der Rettungsversuch eines holländischen Zwangsarbeiters, einem Schreiner, den wir im Februar 1944 nach der Ausbombardierung unseres Hauses auf dem Lande kennenlernten und versteckten. Als der SD Donate mit dem Revolver bedrohte, verriet ich sein Versteck. Wir haben nie mehr etwas von ihm gehört.

Die Strategie des Politischen hätte nach dem Krieg mein Arbeitsfeld werden können, aber schon vor dessen Ende wußte ich, daß mein Verhältnis zur Macht ebenso unerregt war wie das zum Geld. Ich strahlte kein Feuer aus und entwickelte keine differenzierten und phantasiereichen Strategien in diesen Feldern. Geld und Macht, soweit sie meinem höchsten Lebensziel dienten, die Eigenheit meiner Kinder zu schützen und zu fördern, konnte ich mir immer verschaffen. – So glaubte ich jedenfalls damals und bewies es für lange Zeit.

Krieg und Studium

Kurze Zeit nach dem Scharlach, auf der Erholungsskireise mit Carlo, fand ich den ersten Helfer für meinen Plan, Analytikerin zu werden. Schon bei der Zugfahrt lernten wir Robert Heiss kennen, der in die gleiche abgelegene Skihütte wie wir reiste. Wir blieben 14 Tage miteinander und lernten uns gründlich kennen. Er war Psychologe an der Kölner Universität und zeigte sogleich ein für ihn ganz selbstverständliches Vertrauen in meine Begabung. Er riet mir, als Vorstufe für die Psychoanalyse Psychologie zu studieren. Nach meiner Rückkehr begann ich die Vorbereitungen zu einer Reifeprüfung für Begabte, etwas Ähnliches und doch ganz anderes als der heutige »zweite Bildungsweg«. Der spätere Prüfling wurde bei seiner Ausbildung stets vom Wohlwollen und auch Gutachten eines Quasi-Paten geleitet, eines Universitätsprofessors, dessen Fach der Kandidat später studieren wollte: In diesem Fach wurde gründlich geprüft, außerdem noch in Deutsch und Geschichte, wobei das Wahlfach und Deutsch schriftlich geprüft wurden. Die Fachprüfung war eine Art Vordiplom.

Die Prüfung fand in Berlin im Innenministerium statt. Innenminister Rust nahm den mündlichen Teil meiner Prüfung im Mai 1942 ab. Ich konnte mich noch für das Sommersemester 1942 immatrikulieren. Den Ausschlag für den guten Ausgang gab die graphologische Deutung einer Postkarte, die Rust mir gab. Graphologie hatte ich inzwischen bei Heiss gelernt. Eigentlich war es nur eine Frage: War der Schreiber zuverlässig in jeder Hinsicht oder nicht?

Klares »Nein« von mir – offenbar kam dies seinen Vorstellungen zupaß. Er fragte nur noch, warum ich eine solch strapaziöse Sache wie das Begabtenabitur mache. Und ich: »Ich möchte gerne Universitätsdozent werden.« Damals eine wirklichkeitsfremde Utopie.

Denn es war Krieg, und ich war entsetzlich allein mit meinen Kindern und den Bomben. Mutter tot, Bruder tot, Freunde tot, Carlo in Gefangenschaft, Vater ohne Mutter fast hilflos. Über diese Zeit sollte ich ein Buch schreiben, sie war grausam und spannend zugleich, in ihrer Unabsehbarkeit lähmend und auch wieder langweilig. Ich mußte den Geschäften nachgehen und auch die Kinder schützen. Ich besuchte eifrig die Vorlesungen und entschloß mich zum Thema meiner Doktorarbeit. Sie befaßte sich mit dem Rorschach-Test und hieß »Leitfaden der Bilder«. Ich schrieb sie in den letzten Kriegsjahren und beendete sie im Oktober 1944.

Doch zunächst waren von mir praktische Fähigkeiten gefordert, vor allem als unser Haus am 3. Oktober 1944 unbewohnbar und wir verschüttet wurden. Wir konnten uns selbst befreien und verließen Köln, alles im Stich lassend, einschließlich des Zuckers. Von diesem Zeitpunkt an bis zum Tag der Eroberung durch die Amerikaner im Mai 1945, habe ich zum ersten Mal seit meiner Kindheit kein Tagebuch geführt und muß mich für diesen Zeitraum auf mein Gedächtnis verlassen.

Ich hatte bis dahin einiges geschafft, darunter fast Unglaubliches. Es war mir gelungen, mit den Kindern immer zusammenzubleiben. Wir hatten jeder Kinderlandverschickung widerstanden: als einzige unter unseren Bekannten und Nachbarn waren wir beieinander und trennten uns nie. Als

Beispiel: Wenn ich wegen des Zuckers zum Reichsnährstand nach Berlin mußte, nahm ich die Kinder mit, trotz der manchmal grausigen, bis zu 20 Stunden dauernden Bahnreise. Begannen die Ferien, schlossen wir das Haus und verbrachten die Ferien gemeinsam. Wir gingen in den Luftschutzkeller zusammen und verließen ihn miteinander, obgleich meine angstvollen Vorstellungen über Bomben von Claus und Buja verachtet und manchmal verlacht wurden. Keiner tot oder alle! – nach diesem Prinzip lebten wir. Merkwürdigerweise stritten wir uns nie und waren ein funktionierendes Katastrophenteam. Wir nahmen nach einem bestimmten Plan Bilder und Koffer mit in den Keller und retteten sie bei den sieben verschiedenen Gelegenheiten der Brandbomben. Wir waren zwar sechs Personen, Lieschen, die Haushälterin gehörte zu uns; aber wir waren ein Geist, der des Widerstandes und des Überlebenwollens.

Eine Zuflucht wurde im Oktober 1944 das sogenannte »Landheim«, Altenteil eines bergischen Bauern, 30 Kilometer von Köln entfernt, tief im Wald gelegen und in Pacht eines Freundes von Carlo. Es hatte sieben mal sieben Meter als Grundriß, also 49 qm als Wohnfläche, von der sich der Freund die Hälfte vorbehielt. Dorthin zog er mit drei Freunden Weihnachten 1945, als auch sein Haus zerstört wurde.

Das Haus war aus Fachwerk und Lehm erbaut, ganz primitiv, und hatte einen schrägen Speicher mit Strohsäcken. Der Freund war schon vor dem Ersten Weltkrieg Wandervogel und hatte für sich und die jungen Freunde »das Nest«, das Heim gegründet. In unserer »Möhrenzeit«, 1933 bis 1937, lieh er uns in den Ferienmonaten das Haus. Nur ein enger Pfad steil abwärts durch den Wald führte zu diesem Häuschen, in dem es weder Elektrizität noch Wasser gab. Als die Bomben häufiger fielen, fuhren wir abends immer öfter dorthin. 1944 begannen wir mit einem zum Lieferwagen umgebauten Privatauto den Abtransport einiger Möbel und Teppiche, die sodann an Stelle der Strohsäcke als Betten dienten. Zur gleichen Zeit organisierte ich die neun Masten, die für eine Elektroleitung durch den Wald benötigt wurden, und alles übrige samt einer Bautruppe mit Hilfe des »Zuckerverlustausgleichs«, der mir mit einem halben Prozent rechtens vom Umsatz zustand. Das Wasser holten wir aus einer ca. 30 Meter tiefer gelegenen Quelle. Das Essen tauschten wir bei den Bauern gegen Kleider, Wäsche und allerhand Krimskrams, wie Schirme, Koffer oder Bücher. Am Ende des Krieges waren wir ausvertauscht.

Von Oktober 1944 ab fuhr ich dreimal die Woche vom Landheim nach

Köln zum Zuckerhandel. Die Universität und die Schulen waren geschlossen. Die Kinder blieben im Landheim. Dort erlebten wir die Rundstedt-Offensive und wurden im März 1945 zum Mittelpunkt des »Kessels«, der von Rhein, Sieg und vom Ruhrgebiet gebildet wurde. Am 12. April kamen die Amerikaner.

Das zweite Unglaubliche, das uns gelang, war die Befreiung von Claus und Buja vom Wehr- und Frontdienst. Claus, damals 18 Jahre, wurde vielfach attestiert, an dem früh erworbenen, schweren Asthma zu leiden. Buja, 17 Jahre, wurde bescheinigt, daß er infolge des Scharlachs eine geringfügige Herzschwäche hatte. Beide waren 1942 wehruntauglich erklärt worden und hatten somit auch in Köln, trotz der furchtbaren Zerstörung der Stadt, keinen Ersatzhilfsdienst leisten müssen. Im Oktober, der Zeit im Landheim, wurden sie sofort als Post- und Briefträger ins nahegelegene Wahlscheid befohlen. Täglich, auch sonntags, waren sie fünf bis sechs Stunden bei jedem Wetter auf Rädern unterwegs. Aber nach der verlorenen Rundstedt-Offensive kamen die Stellungsbefehle. Das lange Palaver zwischen uns fünf führte zu einer grausamen Entscheidung. Claus sollte sich stellen und am dritten oder vierten Tag mit einem Asthmaanfall die Freiheit, das Ausgemustertwerden erringen. Buja sollte am Tage vor der Musterung eine wie auch immer herbeigeführte Gehirnerschütterung erleiden. Beide Leiden mußten äußerst ernst aussehen und medizinisch nachweisbar sein. Wir hatten gar keine Erfahrungen mit solchen Techniken, vor denen wir offen gestanden nicht nur Angst hatten, sondern sie auch unwürdig, erbärmlich und eigentlich unqualifizierbar fanden.

Claus bekam meine letzten Tauschreserven: drei Zigarettenpackungen »Camel«. Ich belehrte ihn über Lungenzüge – er hatte nie geraucht – und warnte ihn davor, allzu vorsichtig zu inhalieren. Er muß es gut gemacht haben. Er verlor für 20 Stunden das Bewußtsein und kam acht Tage später wieder zu uns.

Schlimmer war es bei Buja. Er, immer selbständig, wollte allein für seine Untauglichkeit sorgen, ohne uns Näheres mitzuteilen. Wir fanden ihn bei dem kleinen Stollenbau, den wir etwas abseits gegen die Beschüsse der sehr nahen Front in die Erde gegraben hatten. Ich sah ihn einen Augenblick als tot an, so bleich und regungslos lag er da, ein Stein neben seiner offenen Hand. Der herbeigerufene Wehrmachtsarzt konnte ihn erst nach Stunden das Bewußtsein wiederfinden lassen. Er hatte eine schwere Gehirnerschütterung und war wochenlang schwach und hinfällig. Wir, die Kinder und ich, haben nie mehr miteinander darüber gesprochen. Es war etwas Ekelhaftes, Gemeines, zu dem wir uns hatten zwingen lassen.

Denn Fluchtversuche sind schlimmer als Kämpfe; die Flucht aus Gefahren und Ängsten, die alle anderen Mitmenschen erdulden mußten, machte uns zu trüben Spießgesellen von Feiglingen. Für eine Zeit verloren wir die bis dahin feste Zuversicht auf ein gutes Ende und die Heiterkeit der Gerechten. Indessen holte uns der anfänglich erwähnte Brief von F. B., mit der Warnung der elenden Zukunft der Kinder wegen der verfehlten Einstellung ihrer Mutter, aus unserem Trübsinn heraus und gab unserem Realitätsvermögen die Macht über die falsche Idealbildung zurück. Diese Sache halte ich bis heute für meine tiefste Erniedrigung in der ganzen Nazizeit.

Keine Periode meines Lebens läßt sich mit den ersten Monaten nach dem Krieg vergleichen. Ich war erfüllt von einem tiefen Ernst, zugleich mit der Empfindung des übermäßigen Glücks – nein, der Seligkeit. Alles paßte zueinander, dieser herrliche Sommer; die strahlende Freude in den Gesichtern der Kinder und der Freunde, die unermüdliche Schaffenslust der Rückkehr: Die Sommermonate waren erfüllt von den Geräuschen, die Äxte, Sägen und Hämmer erzeugen, wenn etwas handwerklich heilgemacht wird. Man hörte es in allen Höfen, Gärten und Straßen. Schon ein Jahr später surrten die Elektromotoren, jaulten die Bohrer, aber 1945 gab es keinen Strom, und Wasser gab es nur an Straßenwasserstellen. Wir waren eine Gemeinschaft von glücklichen Schaffern. Jeder half jedem, wir teilten so manches Stück Brot und viele Balken und Bretter. Ich hatte schon 1942, bei unserem ersten Bombentreffer, ein Doppel aller Glasfenster besorgt und »eingekellert«. Manches davon konnten wir weitergeben und so alles gebrauchen. Innerhalb weniger Tage fand ich eine erstklassige Köchin und eine Haushälterin, beides Ostpreußinnen, die sich mit ihren Männern in Köln verabredet hatten.

Ich brauchte sie, denn ich mußte das Zuckerlädchen reorganisieren. Claus und Buja deckten das Dach mit schwarzmarkt-gekauften Ziegeln. Donate und Monica verglasten die Fenster. Nach und nach baten uns Freunde, auch Bekannte, sogar Fremde um Obdach. Als Carlo im August zurückkam – Claus, der »Fast-Hausherr«, wurde bei seinem Anblick ohnmächtig, ein verspäteter und verdrehter Ödipus – waren wir 13 Personen im Hause, darunter Papa mit seiner neuen Frau. Sie alle mußten täglich zweimal gesättigt werden. Wochen über Wochen erwachte ich jeden Morgen mit der quälenden Frage: Womit nur kriege ich sie heute satt? Aber unglücklich war ich über all das nie.

Zu diesen Seligkeiten kamen die geistigen Genüsse: Die Universitätsaula als Bühne, der WDR als Konzertsaal. Wir versäumten nicht ein einziges Spektakel. Das Heiterste und Strahlendste aber waren die Sonntage, morgens eine Messe im Eßzimmer einer Freundin – die Kirchen waren natürlich Trümmerhaufen – nachmittags die Tanzerei der Kinder, dreimal zwei Geschwisterpaare und unsere vier, von zwei Uhr mittags bis zur Sperrstunde um neun. Diese Lustbarkeiten, Messe und Tanz, hielten wir durch bis zur ersten Fronleichnamsprozession 1946 und dem ersten Karneval nach dem Krieg im Januar 1947. Ich habe nie etwas Berauschenderes gesehen, gehört oder erlebt, wie diese Nachkriegsfeste.

Als die Schulen begannen, wurden Claus, Buja und Donate nach einer Vorprüfungsperiode zum Abitur zugelassen. Sie hatten im Landheim mit gelegentlicher Verzweiflung, aber auch mit Lust, miteinander gelernt und bestanden die Prüfung zusammen mit »würdigen Kriegsteilnehmern«. Meine Dissertation hatte ich 1944 abgeschlossen. Im März 1946 ging ich ins Rigorosum. Unmittelbar danach wurde ich zu meiner großen Überraschung aufgefordert, einen Lehrauftrag für Psychologie anzunehmen. Ich begann im Sommer 1947 mit einer Vorlesung über »Allgemeine Tiefenpsychologie«, vierstündig, und einer Übung »Handhabung des Rorschachtests«, zweistündig. Diese Großzügigkeit einer unbekannten Doktorandin gegenüber hing vermutlich mit dem völligen Mangel an von der Vergangenheit unbelasteten Personen zusammen. Für mich war es anstrengend und glückbringend zugleich. Ich hatte insofern Erfolg, als die Vorlesung stark besucht wurde.

Merkwürdig, wieviel Zeit man hatte. Damals fand ich nicht nur Zeit für Kinder, Ehe, Geschäft, Vorlesung, Bücher und vielerlei Vergnügungen; ich veröffentlichte Aufsätze, trat im Rundfunk im Nachtprogramm auf und schrieb zwei Bücher: einen Roman *Keine Welt für Frauen*, der vom ersten Verleger abgelehnt wurde, so daß ich ihn verschwinden ließ, und eine psychologische Studie über Therese von Lisieux. Ich hatte die kleine Heilige in den frühen dreißiger Jahren zu meinem Liebling erkoren und eine Veröffentlichung gelobt, wenn alle meine Kinder den Krieg überstünden. Fleißig, unermüdlich, langsam rastlos werdend, immer müde und plötzlich schwer krank: die alte Scharlachgeschichte, Herz und Nieren, Abmagerung und allgemeine Schwäche.

Ich hatte seit meinen Analytikerplänen eine Beziehung zu Viktor von Weizsäcker aufgenommen, dessen Schriften ich neben denen Freuds bewunderte. Er lehrte in Heidelberg, im Krieg ging er nach Breslau. Ich fuhr alle paar Wochen zu ihm nach Heidelberg. In einer Mischform therapeutischer Belehrung, Erklärung und Diskussion seiner psychologischen Ideen und der Vergleiche mit Freuds Schriften gab er mir eine Art Privatunterricht. Er zeigte mir, wie eine Neurose funktionierte, wie Psychosen aussehen und was als Psychosomatose erscheinen konnte. Natürlich war mein Wissensdurst seit eh und je unersättlich, aber es muß auch ihm Freude bereitet haben. In seiner Gesellschaft dachte ich an meine sechsjährige Mutter und ihren pastoralen Lehrer. Ich erzählte ihm davon, das war etwas, was ihn interessierte. Jedenfalls habe ich in diesen Lehrstunden, besser Lehrnachmittagen, mehr gelernt über Geisteskrankheiten, als in meinen vielseitigen späteren Bemühungen.

Ich war nicht ganz unbedarft. Robert Heiss hatte mich bei dem Schreiben seines Buches *Die Lehre vom Charakter* (12) zum Hilfsdienst herangezogen; für Fußnoten und Literaturnachweis war ich in meiner penetranten Ordnungsliebe tauglich. Er hatte mich sogar lobend im Vorwort erwähnt.

Zu Weizsäcker fuhr ich also in meiner Not nach dem Kriege. Aber er war nicht mehr der alte unermüdliche Lehrer, es ging ihm schlecht. Genau wie mir. So zog ich mich, wie früher schon und später immer wieder, ins ruhige Krankenzimmer zurück und überdachte alles von Anfang bis Ende. Ich begann mit der narzißtischen Kränkung: Carlos Rückzug, den ich selbst und eigentlich ganz alleine verursacht und ausgelöst hatte durch die nie mehr kontrollierten Zweifel an unserem Passend-Sein. Schließlich hatten wir als Daphne und Chloe aufs Vollkommenste zueinander gepaßt, aber jetzt?

Exkurs über Grundmangel und Fluch

Das Überdenken begann mit Hilfe der Psychoanalyse. Eine Theorie der Psychoanalyse war mir immer suspekt erschienen: Die Bedeutung der Schuldgefühle, ihr Zusammenhang mit der Entwicklung der Ich-Über-Ich-Struktur und ihre Verkoppelung mit der Depression. Freud selbst hat den Begriff des unbewußten Schuldgefühls als paradox empfunden (9).

Ich sehe ab von der Wolkigkeit, mit der in diesem Bereich Themen und ihre Widersprüchlichkeit von den verschiedensten Autoren vorgestellt und an Fallbeispielen belegt wurden und immer noch werden. Immer häufiger werden verschiedenartige Theorien von Schuldgefühlen als schlüssiges und den Gang einer Therapieperiode steuerndes Hilfswerkzeug benutzt. Aber mit dessen Handfestigkeit ist es nicht weit her, weder was die Dialektik von Projektion, Identifikation und projektiver Identifikation anlangt, noch was über Schuldgefühle im Feld der Übertragung und Gegenübertragung mitteilbar ist.

Als ich in der Nachfolge Balints die Fokaltherapie standardisierte und in der Arbeit die überwältigende Wirkung eines Teams von Analytikern bei einem einzelnen Patienten deutlich wurde; als ich den Balintschen Grundmangel, den »basic fault«, als das »Unvereinbare des Untrennbaren«, als die genetische Mitgift der Eltern erkannte und das Fokalseminar mit der pränatalen Befindlichkeit des Menschen und dem Vorstellungsbild seiner Zeugung als Mittel der Wahl im Fokaltraining zu arbeiten vermochte, verschwand das Schuldgefühl aus unserem Therapiereservoir. Da es aber in den Theorien über Objektwahl eine hintergründig wichtige Funktion hatte, nahmen wir den Kampf gegen dieses Wolkenwort auf und strichen infolgedessen die *Wenn-dann*-Ableitung endgültig aus unserem Theorienkatalog. Gestützt auf eine frühe assyrische Überlegung (16) zu den Ursachen von Leid, Irrtum und Fehlern, als deren Folge jede *Wenn-dann*-Konstruktion vermeidbar und der *Fluch* stattdessen als Ursache allen Irrens und Fehlens verstanden wurde, ein Zusammenhang, der mir durch Friedrich Mennekes Arbeit *Religion als Gegenstand* (13) zugänglich wurde – fing ich an, mich mit dem *Fluch* zu befassen, diesem aus Freuds Überlegungen heraus in Magie und Aberglauben verbannten Kraftmodell. Ich will nicht die langen Wege, Irr- und Umwege anführen, die ich zurücklegen mußte, bis ich verstand, daß es den zeitlichen Ablauf des *Wenn-dann* nicht gibt, daß vielmehr der *Fluch* von Anbeginn wie ein Kern in jedem Entscheiden steckt, der bei dem Zerfall der Entscheidung zum Vorschein und zur Wirkung kommt.

In jeder endgültigen Entscheidung eines Menschen oder einer Gruppe steckt deren Verfluchung. Der Fluch begleitet unbemerkt und unwirksam die Wirkung der Entscheidungen und entfaltet seine Kraft nur dann, wenn der aufkommende Zweifel an der Entscheidung diese in Frage stellt: je emotionaler und realitätsferner der Zweifel, desto kraftvoller der Fluch. Er hat etwas Imaginäres, völlig Bildloses, Vorstellungsfernes. Er kann bei der Entscheidung nicht in Form und Inhalt und gewiß nicht in seinem späteren Zersetzungs-Feld gedacht werden. Der Fluch ist der bildlose Begleiter der Folgen unserer Ur-Entscheidungen. Gibt der Entscheidende dem Zweifel nach, so »verrät« er seine frühere Entscheidung. Als winzige Nebenerscheinung entstehen die sogenannten Schuldgefühle, leicht zu packen für die Verdrängung in dem psychischen Getümmel der Begleiter des Fluchs, noch leichter zu verharmlosen. Der Fluch dagegen enthüllt sich klar und eindeutig in: »Ich hab's schon immer gewußt!« Kann der Therapeut die Zwillingshaftigkeit von frühem Entscheiden und frühem Zweifel ans Licht bringen, dann vergeht der Fluch als innerer Saboteur wie Tau vor der Sonne. Im günstigsten Fall trägt der Vorgang zur Ich-Stärke bei. Das Paradigma des wirksamen Fluchs ist die Ehescheidung.

Suchen und Finden

Meinen Zweifel hatte ich vor meiner Ehe mit Carlo sogar meiner Mutter angedeutet und ihn gegenüber Elmar ausgesprochen; ich bin zu stark – zu schwach, zu alt – zu wild, zu gottverfallen – zu intellektuell, zu bildersüchtig – zu praktisch, zu flüchtig – zu ruhebedürftig. Der Fluch in dieser Sache hieß: Du kannst nur die Kinder, dich selbst und Gott lieben. Mit Carlo mußt du auf immerdar Chloe bleiben. Und ich wollte doch einmal die glückliche Baucis werden.

Natürlich hat das Finden von Meistermann und mir das Ganze beschleunigt; dieses Finden, mit dem bei uns beiden das von nun ab unstillbare Suchen des Anderen begann. Suchen und Finden, im Finden als neues Objekt erscheinen und ein sich erneut passend-machendes Objekt des anderen werden. Nie, buchstäblich nicht bis zur letzten Stunde seines Lebens, suchten und fanden wir uns endgültig:

Er fragte mich am letzten Tag seines Lebens: »Glaubst du, daß die Operation gelingen wird?« – er hatte ein kinderkopfgroßes Aneurysma der Aorta und sollte zwei Tage später in Hannover operiert werden. Ich: »Wenn es zur Operation kommt, werden wir danach ein ganz neues, wunderbares Leben miteinander haben.« Eine Stunde später war er tot. Das neue, wunderbare Leben mit dem toten Geliebten zu finden, bedarf wohl längerer Zeit als der erste Zugriff, den wir aufeinander machten. Noch jetzt bin ich beim Suchen.

Aber was das erste Finden anlangt: Ich erwarb bis zum Herbst 1947 bei einem befreundeten Kunsthändler drei Bilder von Meistermann. Ich hatte ihn nie gesehen, ihn mir aber als einen älteren Maler vorgestellt, da ich gehört hatte, er sei schon 1933 von dem Ausstellungsverbot der Nazis getroffen worden. Er war aber ein Frühbegabter und 1922, als 22-jähriger, schon bekannt. Als wir für Buja einen Malerlehrer suchten – die Akademien waren 1947 noch nicht wieder geöffnet – schlug uns der Kunsthändler ein abendliches Treffen mit Meistermann bei ihm vor. Es war ein coup de foudre. Ich hatte meinen Mann gefunden.

Für ihn war ich – und blieb es bis zum letzten Tag – eine phantastische Figur aus einer anderen Welt, mit einer anderen Macht, wie er es nannte, sagte und schrieb: Die Macht »Leben zu geben«. Ich habe keinen Menschen so tief, beseligend, und für uns beide immer bis zum Erdrücktwerden gefährlich verehrt, angebetet und verherrlicht. Wir waren einander fremd – er ein Mann, der das Bildlose aus dem unsichtbaren Dasein befreien konnte. Er konnte *machen,* was noch nie gemacht worden war. Ich – eine Frau, die Fleisch gemacht hatte, das Tun der Frauen seit Anbeginn, etwas, was er nie können würde. Aber ich konnte noch anderes, und hier war mein Ziel dem seinen gleich: Ich erstrebte meine Eigenheit, die meiner Kinder und später die meiner Schüler und Patienten. Ich wollte und konnte mit dieser ihm unvorstellbaren Eigenheit die träumerischen und bilderreichen Felder des Unbewußten bei ihm freisetzen und wirksam machen.

Meistermann und ich, wir haben in einer »rêverie« gelebt. So nennt Bion die Welt, die jede Mutter dem Kind bereiten muß; immer wieder in die rêverie zurück, damit das Ungeborene den Weg von innen nach außen findet. Wir träumten miteinander, um die Bildlosigkeit des zu Machenden zu überwinden. Wir besaßen ein Bild der Welt, zu der die immer wieder freizusetzenden eingesperrten Bilder gehörten, die wir mit all unserem Tun malten und enträtselten; anfangs etwas schwerfällig, gefesselt an die »Urgüter der Natur«, später planvoll. Eine einfache, empirisch-abgesicherte Welt, räumlich und zeitlich ausgedehnt, voller Risse und Fältelungen, die sich zu komplizierten Keim-Saaten entwickelten. Das Bild einer Welt, die, oft zwar zerrissen und zerfetzt, als Schöpfung in der Hand Gottes geborgen ist. Eine Welt, von der die Forderung einer stetigen oder paroxysmalen, aber nie endenden Entwicklung ausstrahlt: Suchen und Finden, Sich-verwandeln, und wieder Suchen und Finden. Damit haben wir 43 Jahre verbracht. Wir haben darüber gesprochen, gejubelt und geklagt, wir haben es gezeigt und verborgen. Wir schrieben uns gegenseitig Briefe, fast täglich, auch wenn wir zusammen waren, seitenlang oder als kleine Zettel, manchmal nur ein Wort.

Statt den hilflosen, zum Scheitern verurteilten Versuch zu machen, mehr zu zeigen als den Rahmen, die Kanten unserer Paarbildung, will ich ein paar Bilder beschreiben, die ich in diesem Rahmen erlebte.

Ich denke nicht an den Hausbau 1948, mühsam, kostspielig und zu allerhand Einschränkungen zwingend, der uns aber erlaubte, endlich miteinander und mit den Kindern zu leben. Ich denke nicht an meinen universitären Weg von der Psychologie zur Soziologie, der durch meine gescheiterte Habilitation in der Philosophischen Fakultät nötig und durch das Interesse an der Psychoanalyse von René König, dem großen Soziologen, möglich wurde; nicht an Meistermanns Erfolge mit Bildern und Glasfenstern, an seine Mißerfolge mit der Kirche nach unserer Eheschließung; nicht an unseren Stolz und unser Glück, wenn er mir seine Bilder zeigte, ich ihm Dinge vorlas, die ich geschrieben hatte; nicht von der immer und immer währenden Begeisterung für meine, unsere Kinder, wenig später für meine, unsere Enkel und dann auch die Urenkel.

Aber etwas möchte ich von dem Bild meiner Lehranalyse zeigen und Meistermanns imaginärer Begegnung mit ihr durch Balint.

So hole ich das Bild meiner Begegnung mit Michael Balint aus den Erinnerungen.

Eine Analyse, zumal eine Lehranalyse, ist ihrem Wesen und ihrer Bestimmung nach die Zweierbeziehung par excellence. Sie bedeutet auf jeden Fall einen tiefen Eingriff in alle bestehenden Bindungen des Analysanden, seien es seine Herkunftsbeziehungen oder die zu seinen derzeitigen Freunden, Partnern, Kindern. Nur wenn der Analytiker in der Lage ist, die Veränderungen und Entwicklungen des Analysanden mit dessen alten Beziehungen zu verbinden, besteht für diesen eine Chance, alte Bindungen in die neue Existenz mitzunehmen.

Meistermann und ich hatten einige Chancen. Meistermann kannte und respektierte Mitscherlich, den Vermittler meiner Balint-Analyse. Er bewunderte Freud. Wir wußten von der Bedrohung, die eine tiefe Veränderung des eines Partners für beide darstellte. So beschlossen wir von Anfang an, uns häufig zu sehen. Er verbrachte anfänglich jedes Wochenende in

London, später wechselten wir uns im Reisen zwischen Köln und London ab. Es war nicht so, daß ich häufig von den Vorgängen am Park Square West sprach – dafür verstand ich eigentlich viel zu wenig von dem, was vorging. Aber je mehr ich von den auftauchenden frühen Bildern meiner Kindheit, von Mutter und Vater, von Geschwistern, Leni und F. B. sprach, desto freier und beweglicher wurde bei Meistermann der Schatz seiner inneren Bilder. Wir glitten wie ein Paar eng verbundener Schlittschuhläufer über das brüchige Eis einer gefährlichen Isolierung, wie sie sich durch eine analytische Zweierbeziehung einstellen konnte. In diesem glücklichen Lauf lasen wir gemeinsam in den imaginären Aufzeichnungen unseres früheren Ohne-Einander-Seins und nahmen so ein Bild unserer Paarschaft in Besitz, in das unser beider Vergangenheit zu einem einzigen Schicksal verschmolzen war.

Ich sah damals nicht, wie der alte Zauberer Balint an diesem glücklichen Gelingen beteiligt war. Heute, beim Lesen der Tagebücher und alten Protokolle, der Träume, der Abläufe, und im Nachdenken über Balints rare Deutungen, entdecke ich Knüpfstellen, Netzbildungen und Vereinigungen. Aber sie mögen auch ihm nicht völlig klar gewesen sein. Jedenfalls heirateten wir am Ende meiner Lehranalyse, der Georg Meistermann und ich.

Ich war sicher ein schwieriger Lehrling. Das zeigt die Aufzeichnung meiner ersten Analysestunde. Balint hatte einen großen Raum und darin eine altmodische Chaiselongue. Bei Weizsäcker hatte ich immer gesessen. Ich legte mich herzklopfend hin, er sagte nichts, ich zitterte und sagte schließlich: »Wenn Sie die Hand nach mir ausstrecken, bringe ich Sie um.« Weder Balint noch ich haben in dieser Stunde noch ein weiteres Wort gesprochen. Am nächsten Tag erzählte ich die Brudergeschichte.

Eine kleine Episode, die meine Einstellung zu Balint veränderte, ereignete sich am Ende des ersten Jahres meiner Londoner Zeit. Balint war ein genauer Kenner des alten und des neuen Testaments, deren Inhalte reichlich zu Träumen und deren Interpretationen herangezogen wurden. Ich hatte häufig von Robert Heiss und unserer Freundschaft berichtet. Mir fiel eine Frage ein, mit der Heiss meine religiöse Unvernunft bespötteln wollte. Wir hatten über seinen philosophisch fundierten Atheismus gesprochen. Er fragte, wie ich mir den Himmel vorstelle. Ich schilderte ein Bild, in dem ich an Jesu Brust gelehnt im Chor der Engel das Sanctus und Halleluja sang und fing bei Heiss und entsprechend auch bei Balint mit einem kleinen Gesang an. Heiss war offensichtlich gerührt, ein von mir nicht beabsichtigter Effekt. Ich meinerseits fragte Heiss, wie man denn überhaupt ohne so etwas leben könne. Und er antwortete sehr ernst, und nunmehr ohne jeglichen Spott oder seine übliche Kühle: »Dafür habe ich ja mein Trüdchen«, einer von Meistermanns Kosenamen für mich, den Heiss noch nie benutzt hatte.

Diese Episode erzählte ich Balint, um dessen unvollständige Vorstellung über Heiss etwas weniger professoral zu machen. Monate später, in einem unserer zahlreichen Gespräche über Judenverfolgung, stellte ich Balint die Frage, wie man ohne Gottes Hilfe leben könne, und er erwiderte ganz leicht, aber ernst: »Es hat halt jeder sein Trüdchen!«

Balints liebenswürdige, Vertrauen schaffende Gedächtnisleistung ist mir immer wieder eingefallen, vor allem dann, wenn ich versucht habe, aus Abstinenzgründen in meinen Therapien kühl und unerreichbar zu bleiben. Seine Antwort war die gelungene Liebeswahl eines distanzierten Analytikers, ein herrliches Beispiel von Projektion, Identifikation und projektiver Identifikation unter Beibehaltung seiner psychischen Einheit und gleichzeitiger Enthüllung der Kraft und der Sicherheit seiner Gegenübertragung; ohne Scheu vor der Nähe, in Gestalt der Liebe.

Damals begann ich, die Liebesidee seiner drei Bereiche zu verstehen, die schon im Narzißmusaufsatz im ersten Jahrbuch angedeutet war (2) (4) und konnte sie später formulieren in meinem Buch zum Fokaltraining (12).

Zwar schloß ich 1958 meine Lehranalyse ab, verbrachte aber fast jedes kommende Jahr bis zu Balints Tod 1970 ein oder zwei Monate in London. Einmal zu Fallkontrollen bei ihm, später, als ich an ein Fokalseminar in Köln dachte, zu theoretischen Diskussionen seiner Grundmangel-Idee, seiner Typenlehre und der von den drei Bereichen. Die einfachste und folgenschwerste Frucht dieser Diskussionen war die Entscheidung, im Fokaltraining nur und ausschließlich positive Übertragungsdeutungen zu geben und jede negative Übertragungsdeutung zu vermeiden; so Balints Vorschlag.

Ich hatte die ältere Londoner Generation der Psychoanalytiker durch die Mittwochabende kennengelernt, bei Anna Freud in ihrer Kinderklinik zweimal wöchentlich hospitiert, bei Willi Hoffer meine alten und neuen Fälle kontrolliert und jede Möglichkeit wahrgenommen, um von Melanie Klein und ihren Mitarbeitern zu lernen. Alle diese Beziehungen hielt ich aufrecht, wenn ich zu Balint ging.

Gründung und Arbeit des Kölner Instituts für Familiendiagnostik und

Familientherapie standen von Anfang an unter dem theoretischen Schutzmantel meiner Londoner Freunde. Der analytische Bereich meines Lebens wuchs und gedieh. Mein Zuckerunternehmen hatte ich liquidiert, der Ertrag war die erste Grundlage meines Londoner Projekts.

Aber das Geld reichte nicht aus. Noch im Laufe des ersten Lehrjahres wechselte ich von der Familienpension in ein kleines Hotel, das viel Geld kostete. Balints Lehrstunden waren immens teuer, so teuer wie gut. Das teuerste war aber das Telefon. Ob von London oder Köln, Meistermann und ich telefonierten jeden Tag mindestens einmal, gründlich die Tagesabläufe besprechend. Natürlich mußten auch die Kinder zu ihrem Recht kommen. Alles war entsetzlich kostspielig, aber ich konnte das Fernsein so besser ertragen und die Spaltung des Familienclans aufhalten. Ich hatte kein Einkommen und war doch in meinem ganzen Leben von niemandem abhängig gewesen. So beging ich die einzige finanzielle Dummheit meines Lebens: Ich verkaufte aus meiner Bildersammlung zwei relativ große Gemälde von Max Beckmann für insgesamt 25.000,– DM. Beckmanns Marktwert stieg kurz darauf, noch im gleichen Jahr, auf das Zehnfache. Heute sind seine Bilder für einen Privatsammler unerschwinglich. Auf diese Weise verdanke ich meine analytischen Künste der kostspieligsten Analyse aller Zeiten.

Die langen Universitätsferien – damals waren es noch fünf Monate pro Jahr, erlaubten Meistermann und mir ein einfaches, glückliches Miteinandersein. Seine Berufung von der Düsseldorfer zur Karlsruher Akademie im Jahre 1961 zwang uns zu einem zweiten Wohnsitz, eigentlich war es schon der dritte. Denn wir hatten schon seit 1953 eine Ferienwohnung in einem alten, kleinen Schloß in Montagnola, nahe bei Lugano. Dort war es geräumig, großzügig und altmodisch. Wir verbrachten hier einen großen Teil unserer freien Zeit; Meistermann malend – hier hat er die berühmten Fastentücher gemalt und die Ähnlichkeit des Kreuzes mit der Schwinge entdeckt. Ich lesend und schreibend. Ich habe dort die großen Gastarbeiterforschungen für die EWG in Brüssel entworfen. Dort waren wir beide mit vielen Freunden, mit den Kindern, den Enkelkindern. In jedem Jahr gab es eine Psychoanalytische Tagung für die sich in Köln langsam entwickelnde Begleit- und Nachfolgegruppe meiner Arbeit an der Universität und der Tätigkeit als Psychoanalytiker. Ausgehend von dem sogenannten Freitagsseminar, einer universitären Gruppenbildung, vereinigten sich die Interessierten in der Deutschen Gesellschaft für Sozialanalytische Forschung, deren Gründung mir die Mißbilligung der DPV und den Verlust der Redaktion des von mir mit Scheunert, Dräger und Richter gegründeten Jahrbuchs der Psychoanalyse eintrug: Die beiden ersten Bände hatte Meistermann finanziert.

Die acht- bis zehntägigen Montagnola-Tagungen bildeten von 1963 bis 1972 die theoretische Lernquelle für alle Kölner analysebegierigen Studenten und meine späteren neun Lehranalysanden der DPV. Sie verfestigten deren analytisches Denken, das im Freitagsseminar vorgeformt wurde. Die Themen der Tagungen waren 1963: Antisemitismus; 1964: Tod; 1965: Geisteskrankheiten; 1966: Glaube; 1967: Traum; 1968: Vater; 1969: Gruppenanalyse; 1970: Perversionen; 1972: Utopie.

Danach setzte ich in der Kronenburger Woche die Ausbildung meiner Hörer fort. Die Teilnahme an den Montagnola-Tagungen war kostenlos. Die von mir dazu eingeladenen analytischen, psychologischen und philosophischen Vortragenden, teils aus England, wurden von mir bezahlt, eine Großzügigkeit, die von Balint immer beanstandet wurde.

Das Freitagsseminar ging aus einem normalen Übungsseminar für Studierende aller Fakultäten der Universität hervor. Es wurde zu einem fast elitären Team, als die Teilnehmer begannen, über die Zulassungen neuer Mitglieder an diesem Unternehmen abzustimmen und zu entscheiden. Die höchstens 35 Teilnehmer bearbeiteten aufgrund von Teamentscheidungen alle klassischen Bereiche der Psychoanalyse und deren Anwendung: So die Kinderanalyse nach Melanie Klein und nach Anna Freud, die Sozialanalyse, die Gruppendynamik und alle damals existierenden Formen der Gruppentherapien. Aber auch analytisch-fundierte Testmethoden wie die von Szondi, Pfister und Rorschach und die empirischen Methoden der Soziologie waren Arbeitsthemen des Freitagsseminars und der Montagnola-Tagungen.

Die Art der Gruppenarbeit, ausgehend von einer Idee von Langer, Grinberg, Rodriguez, war meine Erfindung und ist meines Erachtens immer noch die effektivste Form einer Lerngruppenarbeit. Die Gruppensitzungen und der Arbeitsverlauf wurden nämlich außer von dem üblichen Protokollanten noch von einem der Mitglieder wechselweise »beobachtet«. Das Protokoll der Beobachtungen wurde dann in der nächsten Sitzung vorgetragen. Inhalt der Beobachtungen waren die abgelaufenen unbewußten Prozesse der Teilnehmer des Seminars: Körperhaltungen, Zwischenrufe, Themenwechsel, Versprecher, untergründige Querverbindungen etc., stets im Zusammenhang mit dem Arbeitsthema. Die mitgeteilte und diskutierte

Beobachtung unbewußter Prozesse, ohne Rücksicht auf die Gruppenstruktur und deren Wertmuster ist eine einfache und wirkungsvolle Methode, einerseits um bei Gruppenmitgliedern gegenseitige Toleranz und Offenheit ohne Schärfe zu etablieren: Das Geradeausgehen ins Unbewußte wird möglich. Andererseits entsteht langsam ohne intellektuell anstrengende Diskussion ein psychoanalytisches Setting oder auch ein Ritual, das Auseinandersetzungen über unbewußte Prozesse erlaubt.

Meine sinnvollste psychoanalytische Anwendung, die mich auch heute noch mit Stolz und Lust erfüllt, ist die Kurztherapie, die Fokaltraining heißt, und in ihrer Folge die Kronenburger Woche. Das Fokaltraining beruht auf den Anregungen aus Balints Buch *Fokaltherapie*. (3) Wir, das Fokalseminar in Köln, befolgen alle Anweisungen, die Balint gegeben hat, vor allem die des strikten Vermeidens negativer Übertragungsdeutungen. Wir gebrauchen die Entwürfe seiner »Formulare«, haben den Fragenkatalog erweitert und die Zeit der Therapie auf 25 Stunden fixiert. Dem Training von 25 Stunden folgt eine Gruppentherapie nur mit Fokalpatienten von 20 Stunden.

Wir begannen das Fokaltraining im Jahre 1973 und haben bis heute 163 Fokalfälle abgeschlossen, elf Analysen wurden abgebrochen. Es gibt einige Katamnesen und eine große Einzelfall-Darstellung. Unser Team, das Fokalseminar, besteht aus zehn bis zwölf Analytikern und drei Protokollanten. Der größte Teil der heutigen Fokaltrainer sind Teilnehmer des früheren Freitagsseminars. Wenn ein Analytiker zur Ausbildung in die DPV geht, was mindestens einmal jedes Jahr passiert, muß er aufgrund der Bestimmungen der DPV seine Teilnahme am Fokalseminar aufgeben. Doch gibt es eine ständige Bemühung um die Ausbildung zum Fokaltrainer. Das Kölner Fokalseminar versucht zur Zeit, das Training für Personalberatung und Personalschulung des oberen Managements fruchtbar zu machen.

Über die Theorie und die überaus erfolgreiche Arbeit des Fokalseminars kann hier nicht viel mitgeteilt werden. Ein Faktum aber ist für eine angewandte psychoanalytische Tätigkeit einzigartig, so daß es erwähnt werden sollte:

Wir haben uns in den 17 Jahren unseres Miteinanderseins – und wir treffen uns mit Ausnahme der allgemeinen Ferienzeit jeden Mittwochabend – niemals über irgendeine Angelegenheit gestritten. Die Notwendigkeit, seine wöchentliche Tätigkeit mit dem Fokalpatienten möglichst wortgetreu in aller Offenheit wiederzugeben und in aller Schärfe diskutieren zu lassen, ist für uns alle keine Zumutung, sondern eine Quelle des Lernens, des Glücks über das Gelingen der Therapien. Sie gibt uns die Sicherheit, auf dem richtigen Wege zu sein. Die Idee der primären Liebe, die Balint immer wieder vorgetragen hat, haben wir hier zu einem Instrument der Therapie gemacht, das so gut wie nie versagt. Die Kronenburger Woche ist ein nach den Leicester Kursen der Tavistock-Klinik entwickeltes Modell, an der nur Personen teilnehmen können, die eine psychoanalytisch fundierte Therapie oder Gruppentherapie oder aber ein Fokaltraining absolviert haben. Die Kronenburger Woche steht jeweils unter einem Thema. In verschiedenen Gruppenformen wird das Problem des jeweiligen Themas als unbewußter Prozeß nacherlebt. Die Prozesse führen zu einer Gemeinschaftsleistung der Teilnehmer und des Teams, die jeden einzelnen befriedigt. Die Kronenburger Woche existiert seit 1978. Die Themen der 14 Tagungen waren: Interaktionen; Traum und Phantasie; mobilisierte Umwelt; Vertrauen und Autonomie; Gegensatz und Erwartung; Risiko und Härte; Grund zur Eigenheit; Entdeckung des Schuldigwerdens; Rivalität und Vergeblichkeit; Kinder des Neids; Gier, der Bilder Freund; Mißbrauch und Dankbarkeit; Bilder der Neugier; der innere Saboteur; ...

Mein Mitstreiter von Anbeginn in dem Unternehmen des Fokaltrainings und der Kronenburger Woche war mein Sohn Buja Bingemer, dessen Tod im Jahre 1989 beinahe das Ende dieser beiden Institutionen bedeutet hätte.

Die Kinder

Die Erinnerung an ihn bewegt mich dazu, zum Ende der Biographie von dem glühendsten Interesse meines Lebens zu sprechen: von Claus, Buja, Donate, Monica. Bis auf Donate waren sie, wie ich selbst, rothaarig. Für mich als Kind eine Ursache von Verspottung und Isolierung. Keines meiner Geschwister hatte dieses Stigma, nur der Vater war in Bart und Schnurrbart leicht rot verfärbt. Meine Kinder waren alle dementsprechend zarthäutig und körperlich anfällig. Als Claus nach der grausigen Hausgeburt nach 48 Stunden Wehentätigkeit und ständig drohendem Herzstillstand künstlich geboren wurde, war für ihn die lebenslange, schwere Erkrankung programmiert, ein Bronchialasthma, das zehn Tage vor Bujas Geburt mit einem ersten schweren Asthma-Anfall ausbrach. 1927 hatte man mit Allergien und Krampfanfällen wenig Erfahrung; das Asthma wurde auf die schwere Geburt zurückgeführt. Claus hat bis heute eine Tierhaarallergie, die bei ihm das Asthma auslöst. Tatsächlich stießen wir mit unserem Garten an die Zwinger des Zoologischen Gartens, Abteilung Wildtiere. Aber dies sind zweifelhafte Erklärungen. Trotz vieler Kuren und einer langen Analyse gab es keine endgültige Heilwirkung. Wir, Claus und ich, müssen uns damals schon auf eine irrationale Weise verständigt haben, ohne Wahrnehmungen, die mit den Sinnesorganen zu tun haben. Ich hatte diese Art außersinnlicher Wahrnehmung mit jedem meiner Kinder. Für sein Asthma mag meine Angst vor Wiederholung der ersten Geburt ausgereicht haben, mit der ich ihn ansteckte, die ich selbst nicht äußern konnte; denn »Tapferkeit« war das Gebot der Stunde und die Forderung meiner Eltern und F. B.s.

Der bei diesem ersten Anfall herbeigerufene Notarzt diagnostizierte eine Diphterie. Meine Mutter protestierte heftig, da sie mit Diphterie bei ihren Kindern Erfahrung gesammelt hatte. Ich war völlig erstarrt, bis der Hausarzt kam und Asthma erkannte. Es verschwand bei Claus nach vier Tagen, tauchte aber danach immer wieder regellos in vielen Situationen auf.

Ihn hatte sein Grundmangel früh erwischt. Die Unvereinbarkeit der in ihm auf immerdar verbundenen und untrennbaren Gene seiner Eltern ist zum Dauerstreß im Asthma geworden. Doch diese Überlegungen stellte ich erst 40 Jahre später an.

Er war, obgleich neun Monate gestillt, von Anfang an ein Milchschorf-Kind. Mit neun Monaten war der Ausschlag so katastrophal, daß in der Universitätsklinik ein Versuch der Heilung unternommen wurde. An der Pforte wurde mir das Kind abgenommen, und ich durfte ihn erst nach acht Tagen, ganz den damaligen Vorschriften entsprechend, wieder abholen.

Als ich Kinderanalytikerin wurde, verstand ich Claus' Reaktion nach dem Krankenhausaufenthalt, seine kalte, hilflose Abwehr, die tagelang anhielt. Er wollte einfach nicht mehr zu mir. Ich war darüber völlig verzweifelt. Professor Thomas, der bayrische Chefarzt der Kölner Kinderstation, eröffnete mir zudem, der Schorf sei nicht schlimm, aber das Kind sei geistig nicht normal, es sei mongoloid und bliebe schwachsinnig. Claus hatte wie ich, wie mein Vater, wie alle meine Kinder und Nachkommen leichte Schlitzaugen. Ich habe keinen Moment diese Diagnose auch nur erwogen, aber Claus' Vater glaubte diesem Scharlatan und quälte mich bei jeder Gelegenheit, etwa als Claus sehr spät sprechen lernte, indem er auf die Diagnose des Schwachsinns verwies. Claus, das einzig lebende meiner Kinder, wurde ein glücklicher und erfolgreicher Boß in der Wirtschaft und in seiner Familie.

Bujas Geburt war unerwartet einfach. Vielleicht, weil die Mutter sie vorsichtshalber und mächtig wie sie war, in das Bett ihres Ehemanns verlegte und dieses Mal die Hebamme bestimmte. Seine ersten Lebensjahre waren problemlos, seine Gesundheit hervorragend, sein Liebreiz überwältigend. Aber für ihn war das Fortgehen des Vaters im Jahre 1932 ein nicht zu bewältigendes Trauma. Er hielt ihm die Treue, besuchte ihn, liebte und begriff ihn. Er hat es mir nie verziehen, daß ich F. B. so vollständig aufgab, und daß er für seinen Protest auch später keine Unterstützung bei den Geschwistern fand.

Er war mir von allen Kindern am ähnlichsten. Er glich mir nicht nur in Physiognomie und Bewegung, er hatte wie ich die Bildersucht, die Liebe zur Naturwissenschaft und zur Psychoanalyse. Schon mit 16 Jahren wollte er die Schule verlassen und Maler werden. Er malte nach seinem Abitur mit frühem und stabilem Erfolg. Das letzte Jahr vor seinem mit Sicherheit zu erwartenden Tod benutzte er dazu, um ein Buch zu schreiben über Zeit und Geist mit dem Titel *Ausdehnung*.

Als er wegen eines Rückenleidens das Malen vollständig aufgeben mußte, machte er die Ausbildung zum Sozialanalytiker, später zum Psychoanalytiker. Als Sozialanalytiker leitete er alle Forschungen unseres Institutes in diesem Bereich. Er war der beliebteste Gruppenanalytiker von uns allen und der Mitbegründer des Fokalseminars und der Kronenburger Woche. Mit ihm habe ich am liebsten von all meinen Denk-Partnern diskutiert. Er reiste viel und hatte in der ganzen Welt Freunde. Eine Weile lebte er in Indien. Mit 21 Jahren heiratete er und bescherte mir meinen ersten Enkel. Er bekam 1950 mit 22 Jahren den ersten Preis für junge Maler in Deutschland nach dem Kriege und mit 24 Jahren einen Lehrauftrag der Düsseldorfer Akademie. Doch irgendwo trieb ihn die Unruhe nach neuen Feldern für die Vielfalt seiner Begabung.

Meine Verbindung zu Meistermann irritierte ihn vom Anfang bis zum Ende, obgleich er bei ihm ein ganzes Jahr als Malschüler arbeitete und sie sich gegenseitig bewunderten. Meistermann und mir war er Kollege und Konkurrent, von uns beiden vielleicht auch beneidet. Das Gespräch mit ihm erweiterte mir die Welt und förderte meine psychologischen Ideen. Er war es, mit dem ich die Abenteuer der großen Gastarbeiterforschung für die damalige EWG unternahm. Er vermied Kompetenzkämpfe und Führungsprobleme bei den fast 200 Mitarbeitern, die wir damals für die Studie benötigten. Ich denke, daß ich ihn am tiefsten und bittersten von meinen Kindern geliebt habe. Ihm war es nie genug.

Donate, die Schönste, die Klügste, die Heiterste, die Zarteste. Mit ihr habe ich die meiste Zeit verbracht, nachdem die Kinder erwachsen waren. Die drei anderen lebten entfernt. Als sie heiratete, ging ich nach London. Aber sie baute mit ihrem Mann ganz in unserer Nähe ein Haus, nicht weit vom Stadtwald. In diesem Park sind wir fast täglich spaziert und führten Gespräche. Anders als mit Claus, der nur wenig Geduld hatte, lange zuzuhören, ruhte sie nicht, bis sie alles verstand in dem Feld, das sie oder auch ich anschnitt. Wir hatten beide mit großem Feuer Philosophie studiert. Ich hatte noch Nicolai Hartmann, wir beide Heidegger gehört. In diesem Feld konnte uns kein anderes Familienmitglied folgen. Wie im Vorbeigehen lernte sie fremde Sprachen. Sie war im Hauptberuf Romanistin und empfand Mathematik als etwas Verwerfliches, ein Kinderquäl-Unternehmen. Sie war eine große Erfinderin von Kose- und Necknamen und sehr poetisch in ihrer Arbeit. Ihren Ehemann hatte sie, wie Claus und Buja ihre Ehefrauen, auf dem gleichen Karnevalsfest 1947 kennengelernt.

Noch vor ihrer tödlichen Erkrankung erhielt sie einen Ruf an eine Fachhochschule, konnte ihm aber nicht mehr folgen. Ihre Ausbildung als Psychoanalytikerin hatte sie einige Jahre vorher begonnen. Ihre ersten therapeutischen Bemühungen gelangen; sie war für ihre Patienten unvergeßlich und sah diese auch noch während ihrer vierjährigen Krankheit regelmäßig. Sie hatte zwei Kinder, bei ihrem Tode zehn und acht Jahre alt. Diese zu verlassen, war ihre größte Pein.

In der Leidenszeit ihrer letzten drei Monate in einem Kölner Krankenhaus konnten wir immer bei ihr sein, auch in der Nacht. Sie mußte in einem Gipsbett liegen, sie klagte nie, es gab keine Tränen, außer wegen der Armut der Kinder durch ihren Tod. Ihr Bedürfnis war zu lieben. Sie bemühte sich nicht darum, geliebt zu werden, aber sie wurde geliebt und angebetet, nicht nur von mir und Meistermann, dessen Lieblingskind sie war. Es war so, als ob wir sie beneideten, da es ihr immer wieder gelang, sich in einen unangreifbaren seelischen Zustand zurückzuziehen, den wir alle früher gekannt, ihn aber irgendwann aufgegeben hatten. Wir sahen ihn jetzt in kindlich unbefangener Form vor uns, sie zeigte ihn in ihrer zarten, offenbar unvergänglichen Schönheit. Ihre Freunde bemühten sich darum, teilzuhaben am täglichen Stundenablauf ihrer Krankheit und bei ihr zu sein, mit ihr sprechen zu können. Ich glaube, am liebsten hatte sie Meistermann im Krankenzimmer. Ihrer beider Frömmigkeit hatte etwas Unbeschwertes, ganz Leichtes, Unpathetisches. Unvergessen Meistermanns Wort zu ihr: »Wenn du ankommst, sind wir schon da!« – gemeint waren der Himmel und die zu ihm und ihr gehörige Zeitlosigkeit. Ich kann mir keinen Menschen vorstellen, jedenfalls kenne ich niemanden, der über eine solch unberührbare Großmut verfügte.

Es muß so aussehen, als ob ich ein völlig unsinniges und unrealistisches Bild von meinen Kindern hätte. Das kann zwar sein, aber es kann sich wirklich auch so verhalten haben, wie ich es sehe. Außer einer schweren Auseinandersetzung mit Buja über einen Fehler in einem sozialanalytischen Projekt, in der ich nicht nachgab und in der sich seine Meinung schließlich als die richtige erwies, haben wir uns nie gezankt, weder wir, die Kinder und ich, noch sie untereinander. Wir waren im Krieg zu einer Einheit mindestens im Wertedenken und in den Ansprüchen an uns selbst und an andere geworden. Die Todesgefahr der Bomben und der Nazi, die zweimalige Verschüttung, die klaglos, eher mit Heiterkeit ertragene zeitweise Armut, unsere Freunde, meine Ehemänner, meine Arbeitskraft, – ich glaube, sie vertrauten mir – und doch haben die drei mich verlassen.

Auch Monica starb, die Kleinste, die man mir wegen der TBC ungeboren wegnehmen wollte – für mich eine völlig undiskutable Zerstörung des Teuersten und Kostbarsten, trotz aller Nöte. Sie hat es mir vergolten, sie teilte meine körperliche Erregung beim Anblick von Bildern, beim Hören von Musik, in dem Einströmen der »Urgüter der Natur«. Mit ihr war ich einig über Gott und sein Wohlgefallen an den Menschen und uns beiden.

Zu meinem 80. Geburtstag trug sie mir mein Lieblingsgedicht »par coeur«, den *Rhein* von Hölderlin vor. Sie hatte dieses Ungeheuer auswendig gelernt, sie erlaubte mir, es dreimal zu hören und strahlte über mein Glück, als ob sie ein Geschenk bekommen hätte. Sie war das dritte meiner Kinder, das starb. Aber sie kehrte vorher in unser Haus zurück und starb bei uns.

Sie war Malerin, auch Lehrerin, auch Schülerin von Meistermann. Er liebte und bewunderte ihre Bilder, mehr als die des erfolgreicheren Buja. Sie war auffallend schön mit ihren langen, feurigen Locken, das genoß sie auch in ihrer Jugend. Später in ihren letzten Jahren wendete sie sich der asiatischen Esoterik zu. Da sie nicht heiraten wollte, aber wie wir alle die Kinder liebte, adoptierte sie den Sohn einer 16-jährigen Schülerin sofort nach seiner Geburt. Er, David, wurde Meistermanns bevorzugter Liebling unter allen Enkeln.

In den Wochen, in denen sie bei uns krank und sterbend lag, und wir miteinander über die nicht verstehbaren Tode der Kinder sprachen, widerfuhr uns beide der Schock einer Entdeckung. Sie hatte nicht nur durch eine eigene Analyse und die ihres Sohnes, sondern auch als Folge des Familieninteresses viel über Melanie Klein gehört und gelesen. Sie kannte Kleins Theorie, welch schwerwiegende und ungünstige Folgen eine Trennung von Mutter und Kind vor dem Ablauf des ersten Lebensjahres haben würde. Obgleich ich oft und selbstsicher meine Patienten im Erstgespräch zu der ersten Trennung von ihrer Mutter verhört hatte, fiel mir erst wenige Tage vor Monicas Tod ein – und ich sagte es ihr sofort – daß ich im November 1930 eine Blinddarmoperation gehabt hatte. Sie war im Mai 1930 geboren, sie war also fünf Monate alt, als ich sie zum ersten Mal verlassen hatte.

Ich hatte nie mit jemandem darüber gesprochen, außer mit ihr jetzt viele Male bis zu ihrem Tode. Sie nahm mir damit die schrecklichste Verzweiflung. Auch heute noch sehe ich meine Entscheidung vor ihrer Geburt für sie als ein Glück, eine Seligkeit für uns beide an und meinen Blinddarm nicht als einen Fluch, der die frühe Entscheidung zu ihren Gunsten falsch machte. Oder wenn doch: Danach hatte sie für sich und uns beide ihr Leben gewollt und wahrlich ihre unvergleichliche Eigenheit gefunden. Was wäre, wenn ich erst nach ihrem Tode entdeckt hätte, unter welchem Fluch wir gelebt hatten!

Vor 23 Jahren, fünf Monaten und 16 Tagen starb Donate; vor drei Jahren, sieben Monaten und 24 Tagen starb Buja; vor drei Jahren, sechs Monaten und einem Tag starb Monica; vor einem Jahr, sechs Monaten und drei Tagen starb Georg.

Ich lebe und arbeite, ich esse und schlafe, ich liebe und werde geliebt, aber:

»Mein Anwesen ist ausgepflockt, mir abgedeckt wie Hirtenzelt. Tagaus, nachtein machst Du mir den Garaus. Wie ein Löwe zerbrichst Du all mein Gebein. Durchschreiten soll ich all meine Jahre trotz meiner Seele Bitternis ...« (Isaias 38).

Dennoch: ein anderes Leben?

Literatur

(1) Augustinus: Gottesstaat, XIX, 1. Freiburg 1928.
(2) Balint, M: Primärer Narzißmus und Primäre Liebe. In: Jahrbuch der Psychoanalyse I, Opladen 1959.
(3) Balint, M., Ornstein, P. & Balint, E.: Fokaltherapie. London 1972, Frankfurt/M. 1973.
(4) Balint, M.: Therapeutische Aspekte der Regression. Stuttgart 1970.
(5) Bion, W. R.: The Dawn of Oblivion. Clunie Press, 1979.
(6) Blazy, H.: Frühgeburt im Spiegel von Übertragung und Gegenübertragung in der Kindertherapie. In: International Journal of Perinatal Psychology and Medicine, 2, 1991.
(7) Fairbairn, W. R. D.: Synopsis of an Object – Relation Theory of a Personality. Duylestown, Pennsylvania 1962.
(8) Freud, S.: Gesammelte Werke, Band X, London 1946, S. 370ff.
(9) Freud, S.: Gesammelte Werke XIII, London 1946, S. 281f.
(10) Heiss, R.: Die Lehre vom Charakter. Berlin 1936, (Walter de Gruyter).
(11) Laplanche, J. & Pontalis, J.-B.: Wörterbuch der Psychoanalyse. Frankfurt/M. 1972, S. 349 ff., (Suhrkamp).
(12) Meistermann-Seeger, E.: Kurztherapie Fokaltraining. Die Rückkehr zum Lieben. 2. Aufl., München 1988.
(13) Mennekes S.J., F.: Religion als Gegenstand, Frankfurt/M. 1976.
(14) Theweleit, K.: Objektwahl. Frankfurt/M. 1990, (Stroemfeld-Roter Stern).
(15) Kempen v., Th.: Nachfolge Christi. Kevelaer 1990.
(16) Watanabe, K.: Die ad'e Vereidigung anläßlich der Thronfolgeregelung Asarhaddons bir MAN. Berlin 1987.

Bibliographie

I. Monographien

Meistermann, E.: Das Märchen von Alinda der Puppe, Köln 1932, illustriert von Georg Meistermann 1948.

Meistermann, E.; Das Märchen vom Riesen, der sein Herz in der Papiertüte trug, 1932, illustriert von Georg Meistermann 1952.

Lindner, Edt.: Keine Welt für Frauen, 1947 (Roman unveröffentlicht).

Lindner, Edt.: Die Kleine Heilige (über Thérèse von Lisieux) Köln 1948.

Seeger, E.: Leitfaden der Bilder. Versuch einer neuen Grundlegung der Persönlichkeitserfassung durch den Rorschachtest, Diss. Phil. Fak. Universität Köln 1949.

Buckley, M.: Homosexualität und Moral. Ein aktuelles Problem für Erziehung und Seelsorge. Hg. und Nachwort E. Meistermann-Seeger, Düsseldorf 1964.

Bingemer/Meistermann-Seeger/Neubert: Leben als Gastarbeiter. Geglückte und mißglückte Integration, Köln 1970.

Meistermann-Seeger, E., Bingemer, K.: Psychologie des Automatenspiels, Köln 1971.

Bingemer, K., Meistermann-Seeger, E.: Struktur und Strukturveränderungen ausländischer Arbeitnehmer der Europäischen Gemeinschaften von 1960-1970. Auf den Gebieten: Staatsangehörigkeit, Wirtschaftsbereiche, Berufe, Beschäftigungsdauer, weibliche ausländische Arbeitskräfte, Integration. Köln 1972, EWG-Drucksache Nr. V/342/72-D.

Meistermann-Seeger, E.: Gestörte Familien. Familiendiagnose und Familientherapie, München 1976.

Meistermann-Seeger, E.: Psychoanalyse, Beiträge zu klassischen Themen der Psychoanalyse, Kastellaun 1976.

Meistermann-Seeger, E.: Kurztherapie Fokaltraining, die Rückkehr zum Lieben, München 1986, 2. Auflage 1988.

Meistermann-Seeger, E.: Poesiealbum, Köln 1986.

Meistermann-Seeger, E.: Kunst und Psychoanalyse, 1996

Meistermann-Seeger, E.: Die Sozialanalyse. In: Berk, H.-J./Meissner, H.-G./Stelzner. W.D. (Hg.): Gute Arbeit – Schlechte Arbeit. Sozialanalytische Zugänge zum Begriff der Arbeit, Frankfurt/M. et al. 1998 (Peter Lang)

Meistermann-Seeger, E.: Was ist das Kunst? Ein interdisziplinäres Symposium. Kriterien – Positionen – Zusammenhänge. Akademie der Diözese Rottenburg-Stuttgart 1998

Mackscheidt, K.: In memoriam Edeltrud Meistermann-Seeger (6.4.1906 – 9.10.1999) In: Kölner Zeitschrift für Soziologie und Sozialpsychologie 52, 1, 2000, 185-188.

Juszczak, M., Kallwass, W., Meissner, B., Reinecke, K., Schmidt, M.: Nachruf auf Edeltrud Meistermann (6.4.1906 – 9.10.1999). In: Jahrbuch der Psychoanalyse 43, 2001, 259-266.

II. Aufsätze, Artikel, Rezensionen

Unter dem Namen Edt. Lindner:

Auflösung der Malerei, 1947.

Bild und Ur-Bild, Kölner Universitätszeitung, Nov. 1947.

Grund zum Bilde, in: Kunstwerk 1948.

Farben und Licht, in: Kunstwerk 1951.

Einführung zu Georg Meistermann – Ölbilder, Glasfenster, Graphik. Kunstverein Freiburg i. Br. 1954.

Unter dem Namen Edeltrud Seeger:

Der Schlüssel zum Innern, Köln 1946.

Widerstand einer Wissenschaft, Köln 1946.

System der Eigenschaften. Unveröffentl., maschinenschr. geb., o.J. Persönlichkeitstest und Verifizierung der Testergebnisse.

Zu einem Testverfahren von Max Pfister, Psyche VII, 12, 1954.

Zahl, Ziffer und Symbol, Jahrbuch der Psychoanalyse, Bd. I, 1960, S. 240-252.

Die Arbeit der Psychoanalyse (Sammelbesprechung zu fünf Büchern über Psychoanalyse), Frankfurter Hefte, 16. Jg., 5, 1961.

An den Grenzen der Psychoanalyse (Sammelbesprechung zu vier Büchern über die Grenzbereiche der Psychoanalyse), Frankfurter Hefte, 16. Jg. 12, 1961.

Unter dem Namen Edeltrud Meistermann-Seeger:

Wie sehe ich Deutschland. Zeichnungen ausländischer Kinder in Deutschland.

Die dominante Bildform, Psychologische Rundschau Bd. IV/2, Göttingen 1953.

Das Problem des Funktionalen der Intelligenz, Psychologische Rundschau Bd. V/2, Göttingen 1954.

Lüge, Selbsttäuschung und Selbstentlarvung, Ausdruckskunde, 2. Jg., 6, 1955.

Angst vor der Offenheit, Köln, 1956.

Sozialpsychologische Aspekte eines psychodiagnostischen Tests, Kölner Zeitschrift für Soziologie und Sozialpsychologie 14. Jg., 1, 1962.

Bericht über den 23. Internationalen Psycho-Analytiker-Kongreß vom 29. Juli bis 1. August 1963 in Stockholm, Kölner Zeitschrift für Soziologie und Sozialpsychologie, 14. Jg. 4, 1963.

Freunde der zeitgenössischen Malerei, Baden-Baden 1963.

Metaphysische Strukturen der Person. Besprechung zu J. Evola: Metaphysik des Sexus (1962), Frankfurter Hefte. 19. Jg., 3.

Einige Zusammenhänge kindlicher Sprachstörung mit Familienstruktur und Umwelt. KZfSS XVI, 1964.

Bilder des Todes. Staatstheater Braunschweig, 5, Spielzeit 1964/65.

Spieltherapie und Therapiespiel. Staatstheater Braunschweig, 7, Spielzeit 1964/65.

Sprachgestörte Kinder im Szondi-Test. Szondiana VII, 1967.

Rundfunkhören und Fernsehen als Funktion früher Objektbeziehungen, Köln KZfSS XIII, 1969.

Der Beitrag der Psychoanalyse zur Sozialpsychologie. Die Psychologie des 20. Jahrhunderts, Zürich 1977.

Eheleben als Schöpfung, Bonn 1984.

Erste Begegnungen oder Ursachen, und: Zeugung und Geburt. In: Renate Frühmann: Frauen und Therapie, Paderborn 1985.

Objektbeziehung, von Ferenczi bis Meistermann, Köln 1989.

Nachruf auf Georg Meistermann in: Georg Meistermann, herausgegeben von Karl Rurberg und Werner Schälke, Köln 1990, (Wienand).

Warnung vor den Savonarolas, Köln 1990, (Wienand).

Retrospektive Meistermann, Köln 1991, (Wienand).

Lajos Székely (1904 – 1995)

Themen meines Lebens

Ich bin am 20. Oktober 1904 in Budapest geboren, als der Ältere von zwei Brüdern. Wir waren eine Mittelklassen-Familie und waren assimilierte Juden. Es gab keine lebendige religiöse Tradition in unserem täglichen Leben, kein Tischgebet; Sabbate und die Feiertage feierten wir nicht. Meine Eltern hielten nur den großen Fasttag »Jom Kippur«. Auch nach der Feier meiner Bar Mizwa mit 13 Jahren wurde ich nicht gezwungen, am Fasten teilzunehmen. Am Freitagabend zündete meine Mutter zwei Kerzen an und begrüßte den Sabbat mit »Broche«. Wie ich später erfahren habe, erfüllte meine Mutter damit ein Gelübde. Mit sieben Jahren war ich schwer an Scharlach erkrankt, und der Oberarzt des Kinderkrankenhauses hatte meinen Vater schon auf einen Verlust vorbereitet.

Die erste Begegnung mit dem Antisemitismus

Mit dem Antisemitismus wurde ich erstmals durch Mitteilungen meiner Eltern konfrontiert. Mamas Bruder, Onkel Felix – Mama war die jüngste unter drei Geschwistern – war der Stolz der Familie und sehr bewundert wegen seiner Begabung. Obwohl noch sehr jung, kaum über 30 Jahre, bekleidete er eine sehr hohe Stellung innerhalb der juristischen Hierarchie. Er war Privatdozent an der Universität und wissenschaftlicher Mitarbeiter an dem höchsten Gericht. Die Fakultät befürwortete seine Ernennung zum Ordinarius. Die Ernennung wanderte in die Schublade des zuständigen Ministers, des Grafen Apponyi und blieb da liegen. Er sabotierte die Ernennung, weil Onkel Felix jüdischer Herkunft war. Dieser ließ sich zwar taufen, aber das half auch nichts. Das Weihwasser der katholischen Kirche war wirksam genug, um die ewige Seligkeit zu sichern, nicht kräftig genug jedoch, um einen antisemitischen Minister daran zu hindern, einer Professorenernennung ein Bein zu stellen.

Zu Onkel Felix werde ich im weiteren Verlauf meiner Selbstdarstellung noch wiederholt zurückkehren. Er repräsentiert einen Knotenpunkt in meiner Entwicklung. Idealbildung, meine Hingabe an Forschen, frühe Proteste gegen Schule und Antisemitismus und Familienstolz schöpfen von da wichtige Impulse. Aber das gehört zur Latenzperiode und zum Jugendalter. Vorher sollen noch einige Mitteilungen über meine präödipale Periode kommen.

Ich war 14 Monate alt, als mein Bruder Gyuri geboren wurde. Ich war fürchterlich eifersüchtig auf ihn, und wir vertrugen uns schlecht. Ich entwickelte den üblen Charakterzug, ihn nicht zu schlagen, sondern zu provozieren, bis er mit Schlägereien begann. Dann konnte ich ihn mit gutem Gewissen verprügeln. Auch erinnere ich mich an meine brennende Neugierde darauf, wie Frauen aussehen und an meine Versuche, eine Tante in der Umkleidekabine nackt zu ertappen. Meine Frechheit wurde nicht bestraft. Unsere Kinderfrau, genannt »Daduschka«, küßte mich lachend ab.

Ich war zwischen vier und fünf Jahren, als ich mich in Cousine Lulli – sie wohnte in Wien – verliebte. Sie erfüllte meine Tagträume und Sehnsüchte. Wir trafen uns bloß ein- bis zweimal im Jahr bei unseren mütterlichen Großeltern über Weihnachten oder in den Osterferien. Die Liebe zu Lulli blieb erhalten bis ins Erwachsenenalter.

Ein mißglückter Versuch, es Vater gleichzutun. Eintritt in das Latenzalter und die infantile Neurose

Meine infantile Neurose, Angst vor dem Dunkeln, Angst vor Gespenstern, Angst einzuschlafen wegen böser Träume, begann mit einem Traum. Es war vor meinem fünften Geburtstag, im Sommer, in der Villa, wo wir die Ferien verbrachten. Der Traum:

Ich war im Rosengarten, mein Vater war weiter weg, vor mir, links. Weiter rechts vorne war ein Eisbär, der sich drohend meinem Vater näherte. Ich wollte ihn warnen, es kam aber kein Laut aus meiner Kehle. Ich strengte mich an, und endlich kam ein unartikulierter Angstschrei, von dem meine Eltern erwachten.

Einige Tage vor dem Traum hatte sich im Rosengarten folgendes zugetragen: Gyuri, mein Bruder, und ich durften im Blumen- und Gemüsegarten frei herumlaufen, der Rosengarten war aber verbotenes Gebiet. Eines Tages, als ich allein im Garten war und unbemerkt sein konnte, schlich ich in den Rosengarten. Meine Absicht war, die schönste Rose zu pflücken und meiner Mama zu verehren. Ich hatte es oft gesehen, daß Papa mit Blumen, meist Rosen, zu Mama kam. Die Rose, die ich ausersehen hatte, saß zu hoch. Ich hüpfte, um sie zu erreichen und mußte wiederholt höher und höher hüpfen, bis ich den Stengel ergreifen konnte. Als ich aber mit dem Stengel in der Hand auf dem Boden landete, knickte der ganze Ast. Ich begann zu weinen, und die Besitzerin, Tante Domokos stürzte heraus. Unter Tränen bekannte ich meine Sünde. Tante D. streichelte meinen Kopf, versprach, das Geschehene niemandem zu verraten und gab mir die Rose und sagte, ich solle sie Mama geben und sagen, Tante Domokos schickt die Blume.

Das Traumszenario war in diesem Rosengarten. Der Eisbär war weiß wie mein Nachthemd.

Auf diesen Traum folgte eine ganze Serie von Angstträumen, aus denen ich mit Angstschreien aufwachte. Ich bin ängstlich geworden. Angst, im Dunkeln einsam zu sein, Angst, einzuschlafen, denn dann kommen die bösen Träume. Ich hatte Einschlafschwierigkeiten. Aus Angst hielt ich mich bis zum Hals unter der Decke versteckt, schwitzte, war häufig erkältet und durfte nicht ausgehen und im Park spielen. Ich wurde vielen Einschränkungen unterworfen, von welchen Gyuri frei war. Ich beneidete ihn ganz gewaltig und rächte mich dadurch, daß ich ihm streng verbot, mit meinen Spielsachen zu spielen, provozierte Streitigkeiten und schlug ihn mit reinem Gewissen.

Besser geglückte Versuche:
Die ersten Keime des zukünftigen Forschers

In der Nähe unserer Wohnung gab es einen großen Park. Dieser war die Stätte meiner ersten physikalischen Experimente. Ich hörte von irgendwoher – ich war zu der Zeit noch nicht in der Schule – daß die Erde sich dreht. Ich wunderte mich darüber, daß ich, wenn ich hochspringe, genau an derselben Stelle lande, wo ich hochgesprungen bin. Warum ist das so, wenn die Erde sich dreht? Ich begann, Versuche mit einem Ball zu machen. Stand still und warf den Ball hoch. Er fiel zurück in meine Hände. Ich lief und warf den Ball im Laufen. Ich warf den Ball vertikal, aber er fiel zurück in meine Hände. Weshalb folgte der hochgeworfene Ball meinem Weg? Andere Versuche. Ich warf den Ball und lief weg. Der Ball fiel dorthin, wo ich gestanden hatte. Kontrollversuch. Ich lief, warf den Ball und blieb stehen. Der Ball landete am Boden mehrere Schritte vor mir. Nun verstand ich, warum die Erde nicht wegrollte, wenn ich sprang.

Schulbeginn

Die erste Volksschulklasse absolvierte ich als Privatschüler. Meine Lehrerin war meine Mutter. Sie hatte keine Lehrerinnenausbildung und eignete sich mit großer Mühe den notwendigen Unterrichtsstoff an. Sie war ängstlich, mich aus ihrer Obhut ziehen zu lassen. Ihr Unterricht tat mir nicht gut. Ich sollte alles auswendig lernen, und Mutter war sehr pedantisch. Etwas sinngemäß herzusagen, fand keine Gnade vor ihr. Das verdarb mir die Schule für meine ganze Schulkarriere. Erst die Universitätsstudien, und was ich selber mir auswählen konnte, interessierten mich wieder. Mutters Unterricht und meine Auflehnung dagegen, in Onkel Felix' Spuren zu gehen als Musterschüler, der sich brav hervorgetan hatte in allem, was die Schule forderte, verstärkten sich gegenseitig. Der frühe Ansatz zum Ideal des selbständigen Denkers begann seine Embryonalentwicklung.

Im Herbst, als ich die zweite Klasse beginnen sollte und Mutter sich dazu durchgerungen hatte, mich in die Schule zu entlassen, erkrankte ich an Scharlach. Vor Schulbeginn war ich voller Schuldgefühle und bedauerte, daß ich während des Unterrichts so trotzig gegen Mama gewesen war und wegen des Lernens so viel Krach gemacht hatte. Ich hätte es gerne wiedergutgemacht. Auf Veranlassung des Stadtarztes wurde ich in das Krankenhaus eingeliefert. Ich kam in ein Einzelzimmer, und Mama blieb bei mir. Erst später habe ich erfahren, daß Mama Vater vor einen Fait accompli gestellt hatte. Er billigte das nicht, so daß Mama einen Teil ihrer Schmucksachen verpfänden mußte, um die Extrakosten zu decken. Nach einer Woche forderte der Oberarzt Mama auf, das Krankenhaus sofort zu verlassen. Er hatte eine Rötung ihrer Tonsillen bemerkt und wollte nicht die Verantwortung dafür tragen, wenn sie auch an Scharlach erkrankte. Für einige Tage kam ich in den allgemeinen Saal mit acht oder zehn Kindern. Ich war sehr traurig, hatte Sehnsucht nach Mama und weinte sehr viel. Einer der Mitpatienten, Pali, bemühte sich rührend, mich zu trösten und zum Lachen zu bringen. Er sprang herum und entblößte seinen Hintern. Aber ich konnte nicht lachen. So verging eine Woche. Dann kam als Mutterersatz Großmama, die ich heiß liebte. Ich war glücklich. Als die Schwester mich dann wieder in ein Einzelzimmer verlegte, merkte ich mit großer Enttäuschung, daß ich nicht dorthin zurückgebracht wurde, wo ich mit Mama gewesen war, sondern in ein anderes Zimmer. Laut brüllend quittierte ich die Veränderung, akzeptierte sie aber nach sehr kurzer Zeit.

Meine Krankheit war sehr schwer. Der zugezogene Ohrenarzt incidierte mehrmals mein Trommelfell. Als ich mich weigerte, meine Ohren hinzuhalten, wurde ich auf einen Mitpatienten mit einem verbundenen Kopf aufmerksam gemacht, dessen Brüllen ich beim Verbinden mit angehört hatte. Es wurde mir erklärt, man hätte seinen Knochen hinter den Ohren aufmeißeln müssen, und wenn ich dem Ohrenarzt nicht gehorchte, dann könnte es auch mir so ergehen. Während dieser Krankheit stand ich viele Qualen aus. Meine Nieren versagten, gaben nur ein paar Tropfen blutigen Urin her. Was die Nieren nicht ausscheiden konnten, sollte ich ausschwitzen. Die warmen Bäder und die Packungen waren grausig, und ich jammerte und flehte die Schwester an, mich zu befreien.

Magda. Ein besser geglückter ödipaler Vorstoß

Es kam der Tag, wo ich nach Hause heimkehren konnte. Als ich an Papas Arm die Treppen hinaufgetragen wurde, erblickte ich Magda, unser neues deutsches Fräulein. Mein erster Eindruck war, daß sie sehr häßlich sei. Ich war an schöne Frauen gewöhnt. Meine Mutter, ihre Schwester Tante Linka, ihre Cousine Karolinka, Tante Irene, usw. Aber kurz darauf entwickelte ich für Magda eine innige Liebe und verehrte ihr zum Geburtstag eine Rose. Aus meinem ersparten Geld mußte ich dafür zwanzig Heller abzweigen. Dann kamen die Gewissensbisse, daß ich Mama keine Rose geschenkt hatte. Also ging ich zurück in den Blumenladen und kaufte eine zweite Rose.

Im Schatten des Antisemitismus

Ein Jahr später, ich war noch keine acht Jahre alt, mußte Magda entlassen werden. Die Erklärung war, daß Papa nicht mehr so viel Geld wie früher verdiente. Ich war verzweifelt, versuchte die Außentüre zu versperren und den Schlüssel zu verstecken. Dann übersiedelten wir aus der großbürgerlichen Gegend in eine kleinere Wohnung, in einen Bezirk, wo hauptsächlich Arbeiter, Handwerker und subalterne Angestellte wohnten. Auf der Straße, auf dem Weg zur oder von der Schule oder bei Einkäufen, wurde ich dort oft als »Stinkjude« beschimpft oder angerempelt. Ich war feige, wich vor Streitigkeiten aus, tat, als ob ich nichts gehört hätte. Als Kompensation entwickelte ich den Stolz, der Intelligentere zu sein und aus einer besseren Familie mit intellektuellen Traditionen zu kommen. Von da an begleitete die *Furcht* vor Antisemitismus meinen Lebensweg. Als Kind fürchtete ich mich, auf der Straße verprügelt zu werden, nach 1933 trieb mich die Furcht vor den Nazis von Land zu Land.

Neugierde

Ich war ein sehr neugieriges Kind, kann mich gar nicht an eine Zeit erinnern, wo ich nicht dauernd auf etwas neugierig war. Aber schon sehr früh unterschied ich Eigenschaften, Zustände, wie etwas ist, und wie etwas vor sich geht, wie etwas wird. Ich war brennend neugierig zu sehen, wie das Küken aus dem Ei herauskommt. Mit meinem Bruder wollten wir hinter dem Dorfklo heimlich beobachten, wie die Kotstange aus dem Anus herauskommt. Ein Ereignis, mit dem wir durch eigene Körperempfindungen wohlvertraut waren, wollten wir mit eigenen Augen sehen. Nachdem ich durch Blättern in unserer Bibliothek die Stellung des Embryos erblickt hatte, war ich brennend daran interessiert, zu wissen, wie das Kind herauskommt. Ich komponierte die üblichen infantilen Sexualtheorien, durch den Nabel, zwischen den Schenkeln, usw. Einmal in Érd, bei den Großeltern, veranstaltete die Magd ein großes Zeter und Mordio. Im Wäscheschrank hatte sie eine Katze mitten bei der Geburt aufgestöbert. Das eine Kätzchen war schon geboren, das andere hing noch an der Nabelschnur. Ich lief natürlich hin und war enttäuscht, da ich zu spät war. Ich konnte sehen, wo das Kätzchen herauskam, aber nicht den Geburtsvorgang selbst. Das Interesse an dem *Unterschied von Sein und Werden hat mich nie verlassen*. Das kam meiner analytischen Tätigkeit zugute.

Meine Neugierde verschob sich bald auf die Frage, wie das Kind in die Mutter hineinkommt. In meiner persönlichen Umgebung hatten nur verheiratete Frauen Kinder. Das Heiraten selbst war aber kein biologisches Geschehen. Mit meiner Vernunft konnte ich es nicht akzeptieren, daß der Akt der Eheschließung einen biologischen Vorgang wie die Entwicklung des Embryos in Gang setzen könnte. Und was hatte der Ehemann mit dem biologischen Vorgang zu tun? Ich hatte nur sehr vage Vorstellungen davon. Daß der Penis damit etwas zu tun hatte und merkwürdige Sensationen in der Perineum-Gegend ließen mich ahnen, daß da etwas geschah, was mir Angst einflößte. Mit der Tatsache der Denkangst kam ich früh in Berührung. Mit dem Ausdruck Denkangst will ich die Erscheinung bezeichnen, daß eine logische Denkkette weiterverfolgt wird, auch dann, wenn sie Angst erweckt. Die Neugierde darauf, woher das Kind kommt und was der Papa tut, verknüpfte sich bald mit der Neugierde auf das Verborgene, Geheimnisvolle und Ungesehene. Resultat war mein Interesse für die Biologie. Die Sublimierung hatte bereits eingesetzt. Mit 13 Jahren erwarb ich ein kleines Mikroskop mit 80facher Vergrößerung und suchte mit einem selbstgemachten Netz die Pfützen der Umgebung nach Plankton ab. Es war jedesmal wie eine Offenbarung, wenn ich unter dem Mikroskop ein einzelliges Tierchen oder dergleichen zum ersten Mal erblickte, von dessen Existenz ich vorher nur durch Bücher Kenntnis gehabt hatte. Neugierde und Schaulust trugen so beide zu meinem Interesse für Biologie bei.

Warum Psychologie – und eine Versteck spielende Erinnerung

Mein ungefähr gleichzeitig erwachtes Interesse für Psychologie hat einen – man könnte sagen – grauenhaften Ursprung. Ich war noch keine zwölf Jahre alt, es war 1916. Meine Mutter litt an einer schweren Depression und weinte viel. Papa schickte sie in ein Sanatorium nach Österreich, sie kehrte bald wieder heim. Nach kurzer Zeit versuchte es Papa mit einem anderen österreichischen Sanatorium, ohne Resultat. Mama wollte nicht bleiben, sagte, wir könnten uns die Kosten nicht leisten. Mama flehte mich eindringlich an, ich sollte ihr erlauben, aus dem Leben zu scheiden. Sie wollte sich von mir, von Papa, Gyuri, den Großeltern und von allen verabschieden, die sie liebte und ihr nahestanden. Ich war in großer Seelennot. Manchmal fühlte ich mich verführt, ihr nachzugeben. Zum Glück siegte das Nein-Sagen.

Mama studierte eifrig ein Buch von J. Kollaritsch: *Charakter und Nervosität*. Es waren die Universitätsvorlesungen des Autors. Ich nahm mir das Buch auch vor und war unzufrieden damit. In dieser Notlage, zwischen dem Schwanken, Mutter nachzugeben und dem siegreichen Nein-Sagen, erwachte mein Interesse für Psychologie und ist seitdem nicht erloschen.

Die Erinnerung an diese schwere Periode ruhte im Clair-obscur meiner Seele. Plötzlich tauchte sie eines Nachts, vor einigen Tagen, (wir schreiben Februar 1991) wieder auf. Im Halbwachen war ich damit beschäftigt, mit dieser Erinnerung meine Selbstdarstellung zu ergänzen. Morgens hatte ich das Gefühl, daß etwas aus meiner Erinnerung herausgefallen sei. Neulich war eine Bekannte bei uns und erzählte, daß sie sich an keine Eigenschaft ihrer Mutter erinnere. Plötzlich war die Erinnerung da: an eine Eigenschaft meiner Mutter hatte ich eine klare Erinnerung. Nach einigen Minuten hatte ich das Gefühl, eben war etwas da in meinem Gedächtnis. Nun war es wieder weg. Was war das nun? Es war ein wichtiges Stück zu meiner Selbstdarstellung. Gestern Nacht hörte ich im Bett liegend Mozarts Flötenkonzerte und strengte mich an, diese flüchtige Erinnerung wieder zurückzugewinnen. Und sie ist da. Gerade in diesem Augenblick kam Edith herein, und ich erzählte ihr davon und sie machte mir eine schriftliche Annotation. Es wurde mir auch verständlich, warum, wieso, wozu diese Erinnerung ein so flüchtiges Dasein in meinem Gedächtnis gefristet hatte. Wir lauschten aufmerksam auf jede TV- oder Radiosendung über Saddam Husseins Fuchsspiele. Verführerische Versprechungen und hinter dem lächelnden Antlitz die Totenmaske, für uns *Juden*. Ich gestand es nicht gerne, nicht einmal mir selbst: Mutters verführerisches Anliegen, ich sollte ihr die Erlaubnis erteilen, sich von uns allen zu verabschieden ... Ich fragte mich noch: einmal war ich diesem Thema so »verführerisch« nahe, und es war mir nichts eingefallen. Als ich Thomas Manns *Tod in Venedig* analytisch beleuchtete. Dort sind Mutter und Todessehnsucht innig verknüpft.

Meine zu Wissensdurst sublimierte infantile Neugierde und der Triumph und die Revanche über Ignoranz reichten sich bei dem erniedrigten und benachteiligten Juden die Hand. Resultat war das Überlegenheitsgefühl und die Hochnäsigkeit des Intelligenteren, wodurch ich mich von vielen meiner Gleichaltrigen entfremdete.

1923 absolvierte ich die Reifeprüfung mit mittelmäßigen Noten. Nach einem halbjährigen kläglichen Dasein in der Buchführung einer großen Firma kündigte ich, ermuntert von unserem Hausarzt Dr. A. Gábor, und begann die Universitätsstudien. Durch Nachhilfe an schwachen Gymnasiasten konnte ich zur Familienökonomie beitragen.

Auf die Universität zu kommen, war gar nicht einfach. Seit 1919 herrschte in Ungarn eine antisemitische Politik, und für Juden gab es einen Numerus Clausus. Juden benötigten die Protektion von hohen staatlichen oder kirchlichen Würdenträgern. Ich hatte keine. In meiner Not wandte ich mich an Sándor Gorka, der Privatdozent für Zoologie war. Ich erinnerte ihn an Geschehnisse während des Winters 1918. Es herrschte Heizmittelmangel, die Schulen waren geschlossen. Ein 14-jähriger Junge mit kurzen Hosen und Matrosenbluse erschien bei seinen Vorlesungen. Der war ich, ich begleitete meinen Cousin zweiten Grades Imre Kinszki. Es gab nur drei Hörer. Tres faciunt Collegium. Der Dozent kam oft zu mir und demonstrierte anatomische Specimen.

Ich wurde auf die Universität aufgenommen und studierte Biologie, Philosophie und Psychologie. Die Universität wurde zur Zeit der Gegenreformation gegründet, und es herrschte ein katholischer Geist. 1930 wurde ich mit Summa cum laude zum Dr. phil promoviert.

Die wichtigsten intellektuellen Anregungen erfuhr ich durch die Freundschaft mit Imre Kinszki und dem Psychoanalytiker Imre Hermann und durch Lektüre. Mein Interesse für die Psychologie des Denkens, namentlich für Kreativität wurde durch Imre Hermann geweckt. Er war sehr ernst, wie mir schien, scheu zurückgezogen. Es war nicht leicht, mit ihm vertraut zu werden, im Gegensatz zu Ferenczi, der ein »Begabungsjäger« war und mir sehr entgegenkam und unter die Arme griff.

Während meiner Studienzeit schloß ich viele Freundschaften. Nachdem ich aus Sowjetrußland in den Westen zurückgekehrt war und in Schweden Fuß gefaßt hatte, konnte ich die Freundschaft mit vieren aus jener Zeit weiter pflegen: mit den drei Dènes Mädeln Magda, Klári und Anna und mit Vera Roboz. Heute ist keine von ihnen mehr am Leben.

Ich war ein begeisterter »Allesfresser«. Außer den Fächern meiner

Hauptinteressen besuchte ich Vorlesungen über Kunst- und Literaturgeschichte und Soziologie. Die Vorlesungen des frisch habilitierten Karl Kerényi machten einen nachhaltigen Eindruck auf mich. Nun konnte ich nicht mehr sagen, daß während der Ära des Kultusministers Graf Klebelsberg kein begabter Dozent habilitiert worden sei: denn Kerényi war ja Dozent geworden.

Mein Interesse für Biologie und Naturwissenschaft im allgemeinen ist durch zwei sehr auffallende weiße Flecke begrenzt: Botanik und Chemie. Onkel Zsiga, der älteste Bruder meines Großvaters, war ein namhafter Botaniker. Er pflegte auf botanische Exkursionen zu gehen und sein Enkel, Imre, war sein ständiger Begleiter. Imre und ich waren sehr gute Freunde, ich bewunderte ihn sehr. Er war vier Jahre älter. Ich wollte mich an die botanischen Exkursionen anschließen und sprach darüber mit Imre. Er versprach, mit seinem Großvater darüber zu reden. Onkel Zsiga ließ mir sagen, wenn er auf botanische Exkursionen ginge, wollte er keinen ganzen Kindergarten um sich herum haben. Der ganze Kindergarten war ich, 16 Jahre alt war ich damals. Ich verlor mein Interesse für Botanik. Das war einer der Augenblicke, wo ich mich von etwas zurückzog, weil ich eine Erniedrigung erlitten hatte.

Der weiße Fleck für Chemie hat die folgende Geschichte. Ich besuchte die Vorlesungen für experimentelle Chemie bei Professor Buchböck. Während der Horthy-Zeit war es üblich, daß während jedes Vorlesungsjahres ein- oder zweimal die Ausgänge durch schlagende Studenten (und andere zugezogene Gesellen) verstellt waren. Beim Verlassen des Universitätsgebietes wurden alle aufgefordert sich auszuweisen. Die Juden bekamen Prügel. Meines Wissens kam es zu keinen körperlichen Verletzungen. Die Absicht war, zu demütigen und die Juden ihre Unterlegenheit fühlen zu lassen. Polizei griff niemals ein. Als ich das Chemiegebäude verließ, trat ein blonder Student auf mich zu und fragte sehr höflich, ob der Herr Kollege seinen Ausweis vorweisen wollte. Als es sich herausstellte, daß ich Jude bin, schlug er mich plötzlich mit einem dünnen Stöckchen auf den Schädel. Der Kontrast zwischen der höflichen Anrede und dem frechen Angriff verblüffte mich, und ich versäumte, mich zu verteidigen. Der Angreifer zog sich danach zurück und ließ mich gehen. Ich schämte mich jedoch meines feigen Benehmens, und viele Jahre danach habe ich mir in Phantasien einen würdigeren Abschluß erdichtet. Aber ich ging nie mehr in die Chemievorlesungen. Als mein Freund Karl Lamprecht, der im selben Haus wohnte und Privatdozent für Paläontologie in Pécs war, mir riet Biochemie zu studieren, da dieser die Zukunft gehöre, wollte ich auf seinen Rat nicht hören. Oft habe ich meine Dummheit bedauert. Einen anderen Rat befolgte ich jedoch: »Verlassen Sie dieses Land so bald wie möglich. Hier wird nichts aus Ihnen. Hier werden Sie zugrunde gehen.« Im Herbst 1930, nach meiner Promotion zum Dr. phil., ging ich mit nur 80 Kronen in der Tasche nach Frankfurt a. M. Dort waren M. Wertheimer und A. Gelb, die Gestaltpsychologen und Karl Mannheim, der Soziologe. Er war ein persönlicher Bekannter von Hermann und G. Révész.

Wenn ich an meine Studienzeit an der Universität in Budapest zurückdenke, wird mir etwas klar, dessen ich mir damals nicht bewußt geworden war. Ich betrachtete die meisten nicht-jüdischen Studenten als Antisemiten und lehnte den Umgang mit ihnen ab. Viele mit Unrecht. Es waren nicht so wenige, die meine Gesellschaft, vielleicht auch Freundschaft gesucht hatten. Ich erlag der aggressiv-politischen Atmosphäre, welche uns Juden als minderwertigen Fremdkörper aus der ungarischen Gemeinschaft ausgeschlossen hatte. Freuds Bemerkung über diese Frage war mir *ein* Wegweiser.

Der ungarische Antisemitismus der zwanziger Jahre hatte ganz besondere Züge. Der Ausschluß aus dem Berufsleben z.B. war selektiv. Die Ausübung von Tätigkeiten im kaufmännischen Leben, im Bank- und Finanzwesen, wurde den Juden nicht untersagt. Der Ausschluß aus den intellektuellen Tätigkeitsbereichen war strikt, wenn auch nicht lückenlos. In der Nähe unserer Gegend gab es einen Delikatessenladen, dessen Besitzerin Dr. phil. in klassischen Sprachen war und von ihrer Stellung an einem Mädchengymnasium entlassen wurde. Beim Einkaufen konnte ich da sitzen und mich mit der Besitzerin unterhalten. In Bücherläden waren viele Verkäufer aus Schulen entlassene Akademiker, meistens Humanisten, und es gab nicht nur Handel, sondern auch feine Konversation.

Hier ist der Ort, wo ich mich über mein Verhältnis zum Judentum äußern will. Ich war mir früh dessen bewußt, daß ich Jude bin und daß diese Tatsache Einfluß auf meinen Lebensweg haben würde. Ich hatte aber sehr wenig Anteil an der jüdischen Tradition und sah diese als eine rein religiöse Angelegenheit an. Im 14. Lebensjahr, als ich Freud, Darwin und Bertrand Russel gelesen hatte, sagte ich mich von dem religiösen Glauben los. Bewußt jedenfalls. Aber ich konnte mich nicht dazu entschließen, das abendliche Gebet »Schema Israel ...« nicht zu sagen. Das hatte mir meine Mutter, als ich sechs bis sieben Jahre alt war, eingebleut, und irgendwie befürchtete ich, wenn ich nicht betete, passiere ein Unglück. Erst nach dem Holocaust und der Gründung des Staates Israel erwachte mein Interesse für die kulturelle Erbschaft unseres Volkes in mir. Ich begann diesbezügliche Schriften zu lesen, trat in die jüdische Loge B'nai B'rith ein und fühle mich zu Hause im Kreis der Brüder und Schwestern, obgleich die Verhandlungen dort mich zuweilen langweilen. Meine Ehefrau Edith ist seit ihrer Kindheit in der jüdischen Tradition viel inniger verankert. Die religiösen Feiertage wurden, wenn auch nicht streng gehalten, zumindest markiert.

Im weiteren werden meine Darlegungen zwischen den beiden Achsen, daß ich Jude bin und mich zum Psychoanalytiker entwickelt habe, hin- und herpendeln.

Werdegang zum Psychoanalytiker

Mein bewunderter Cousin und Freund Imre Kinszki, Onkel Zsigas Enkelsohn, hatte mit 21 Jahren seine ersten Essays in deutschen Zeitschriften veröffentlicht. Es war mein Traum, in seine Fußstapfen zu treten und gleichfalls mit 21 Jahren etwas gedruckt zu haben. Die Gelegenheit dazu ergab sich. Imre und mehrere Freunde planten eine Essaysammlung unter dem Titel *Szintezis* (Synthese) herauszubringen, und ich wollte mit einem Beitrag »Psychoanalizis es Törtenetfilozofia« (Psychoanalyse und Geschichtsphilosophie) dabei sein. Mein Unternehmen war eine jugendliche Überheblichkeit, wofür ich mich später geschämt habe. Ich war weder ausgebildeter Psychoanalytiker noch hatte ich Geschichtswissenschaft studiert.

Für die Herausgabe dieser Schrift sollte man im voraus Abonnenten werben, um die Kosten tragen zu können. Auf mich fiel das Los, bei Ferenczi zu werben. So kam ich mit ihm in persönliche Bekanntschaft. Er fragte mich sofort, ob ich Analytiker werden wollte.

Ich gab zur Antwort, ich interessiere mich sehr für Analyse, erstens als Wissenschaft, zweitens als Therapie. Ich sei Zwangsneurotiker und wisse, daß ich Analyse benötigte, bloß meine ökonomischen Umstände erlaubten es nicht. Aber für meinen zukünftigen Beruf wählte ich Biologie. Zu dieser Zeit veröffentlichte Ferenczi sein Buch *Versuch einer Genitaltheorie*, welches Zusammenhänge zwischen Psychoanalyse und Biologie behandelte. Er verehrte mir ein Exemplar mit Widmung, worüber ich mich sehr freute. Wenn ich es gelesen hätte, sollte ich zu ihm kommen und ihm meine Gesichtspunkte als Biologe mitteilen. Zwei Abende saß ich bei ihm, und wir diskutierten sein Buch. Danach sagte Ferenczi, er könnte eine Analyse für mich arrangieren, welche meiner Zahlungsfähigkeit Rechnung trüge. Damals war es in Budapest, Berlin, Wien, Amsterdam und ich glaube auch London üblich, daß jeder Analytiker verpflichtet war, einen ökonomisch bedrängten Patienten in Analyse zu nehmen, falls man ihn für den analytischen Beruf für begabt hielt. Zu meiner Enttäuschung schlug Ferenczi vor, mich zu Frau Kovács, Balints Schwiegermutter zu schicken. Frau Kovács war mir aus der analytischen Literatur unbekannt. Ich war unzufrieden, konnte aber nichts dagegen tun. An dieser Enttäuschung scheiterte die erste Analyse frühzeitig. Ich hatte nicht den Mut dazu, meine Geringschätzung von Frau Kovács zu bekennen. Während der Analyse war ich monoton, gefühlsarm. Zu dieser Zeit wurde mit Ferenczis aktiver Technik experimentiert. Nach sieben Monaten teilte mir Frau Kovács mit, ich hätte keine Gefühlsübertragung entwickelt; vielleicht sei ich für Experimentalpsychologie begabt, aber nicht für Psychoanalyse.

Ich will vorwegnehmen, daß das Urteil, ich hätte keine Übertragung entwickelt, nicht stimmte. Als ich in Stockholm in Ausbildung war, hatte ich ein Heft der Internationalen Zeitschrift für Psychoanalyse ausgeliehen und darin in der Straßenbahn gelesen. Da stand die Todesanzeige von Frau Kovács. Ich hatte Schwierigkeiten, meine hervorbrechenden Tränen, dort in der Tram, zu unterdrücken.

Dieses Verdikt hat über ein Vierteljahrhundert über mir gelastet. Als 1946 Renée de Monchy in Stockholm mir vorschlug, einen Patienten in Analyse zu nehmen, protestierte ich voller Skepsis, ich sei noch nicht »fertig analysiert«. Damals hatte ich noch den Glauben, daß so etwas wie ein »fertig analysierter« Ex-Analysand vorkomme.

Ich befolgte also den Rat von K. Lamprecht, verließ Ungarn im Herbst 1931 und reiste nach Frankfurt a. M. Ich wählte diese Stadt, weil die Größen der Gestaltpsychologie, Max Wertheimer und A. Gelb, dort Professoren waren. Außerdem war Karl Mannheim, der Soziologe, auch Professor dort; ihn hatte ich noch in Budapest durch Imre Hermann kennengelernt. Obwohl ich sehr wenig Geld in der Tasche hatte, hegte ich doch Hoffnungen, mich irgendwie durchzuschlagen. Schon ein bis zwei Jahre vor meiner Promotion war ich durch Professor Péterffy, den ungarischen Biologen in Berlin-Dahlem, zum Mitarbeiter mehrerer Zeitschriften des Springer-Verlages geworden. Diese waren das *Zentralblatt für die gesamte Neurologie und Psychiatrie*, die *Berichte über die Wissenschaftliche Physiologie* und die *Zeitschrift für Kinderforschung*. Monatlich schrieb ich acht bis zehn Referate über Bücher und Aufsätze in diesen Fachzeitschriften, und Springer bezahlte leidlich gut. Es war ein sehr magerer Verdienst. Um meine Zimmermiete und Kost zu bezahlen, reichte es kaum. Während der sieben Monate in Frankfurt konnte ich mich nie satt essen. Nur wenn ich bei Mannheims oder bei dem Professor für Hirnpathologie, Philipp Schwarz, oder bei der Paläontologin Tilly Edinger eingeladen war, konnte ich richtig essen.

Ich bekam von der psychiatrisch-neurologischen Universitätsklinik in Heidelberg, durch Vermittlung von Philipp Schwarz, eine Einladung, als Forschungspsychologe dorthin zu kommen. Wohnung und Verköstigung wurden mir angeboten. So kam ich im Frühsommer 1931 nach Heidelberg und blieb, bis ich im April 1933 von der Klinik entlassen wurde.

Meine Lebensgefährtin und Mutter meiner Töchter, Edith, habe ich in Heidelberg im Sommer 1932 getroffen. Geheiratet haben wir in Amsterdam am 15. Mai 1935.

Zu Weihnachten 32 lud der Chef der psychiatrischen Klinik in Heidelberg, Professor Wilmanns, seine Mitarbeiter zum Abendessen ein. Er äußerte sich dabei sehr herablassend über Hitlers Heldentum. Nach dem Essen nahm er mich zur Seite und schlug vor, mir ein Stipendium von der Notgemeinschaft Deutscher Wissenschaftler zu verschaffen. Ich sollte eine psychologische Arbeit über die Folgeerscheinungen kortikaler Schäden schreiben und damit zum Privatdozenten habilitieren. Ich war sehr froh darüber, erwiderte aber, daß, bevor ich damit fertig würde, die Nazis die Macht ergriffen hätten und ich aus Deutschland herausgeflogen wäre. So ist es auch gekommen. Im April 33 wurde ich aus der Klinik entlassen und reiste nach Amsterdam, wo Géza Révész, ein alter Freund meiner Familie, Professor der Psychologie war. Edith reiste nach Basel, um dort ihr Medizinstudium abzuschließen.

Nachdem Edith ihr Studium in Basel mit dem Erwerb des Dr. med. beendet hatte, kam sie zu mir nach Amsterdam. Ihr Diplom berechtigte sie nicht, in der Schweiz eine medizinische Praxis zu beginnen, in Holland ebenfalls nicht. Ihr Bruder Ernst, ein Chirurg, kam auch nach Holland und konnte als unbezahlter Volontär im jüdischen Krankenhaus in Rotterdam arbeiten.

Übersiedlung nach Sowjetrußland

Die Übersiedlung erfolgte nach einem schweren Entschluß, dem verschiedene Überlegungen zugrunde lagen. Erstens beurteilten wir die politische Lage in Europa so, daß die liberalen, demokratischen Länder von den Nazis überrannt würden. Wir hatten keine guten Aussichten in Holland zu bleiben. Diese Beurteilung sollte sich als richtig erweisen. Zweitens war unser persönliches Verbleiben sehr unsicher. Ich arbeitete als Forschungspsychologe am Kinderforschungsinstitut der calvinistischen »Frije Universiteit«. Meine Aufgabe war es, neben der laufenden klinischen Arbeit die unerfahrenen holländischen Assistenten auszubilden. Mein Gehalt betrug nicht einmal die Hälfte von dem, was meine Schüler bekamen. Außerdem befragte die Ausländerpolizei alle sechs Monate den Chef des Instituts, wie lange er den emigrierten Assistenten noch behalten wolle und wann seine Schüler mit der Ausbildung fertig würden. Der Oberarzt des jüdischen Krankenhauses in Rotterdam erzählte Ernst, daß ein Seitenzweig des Joint, einer jüdischen Hilfsorganisation, der Agro-Joint, in Rußland arbeite. Es würden mit amerikanischen Mitteln jüdische landwirtschaftliche Siedlungen errichtet, mit Maschinen ausgerüstet und Kleinhändler umgeschult. Für diese Siedlungen würden aus Deutschland emigrierte jüdische Ärzte gesucht.

Ernst beantragte ein Visum und nach einer halbjährigen Prüfung erhielten er und seine Frau, Irène die Einreisedokumente. Die Reise wurde durch den Joint bezahlt. Angekommen in dem Hotel in einem Vorort von Moskau, wo die Ärzte untergebracht wurden, antichambrierten schon zahlreiche Gesundheitskommissare aus verschiedenen Unionsrepubliken, um die Ärzte für ihr Gebiet abzuwerben.

Ernst schrieb begeisterte Briefe. In Holland wären wir bloß geduldet. Hier würden wir in allerhöchstem Grade benötigt. Man reiße sich um jeden Arzt. Als Folge dieser Briefe bemühten wir uns, wie auch einige andere Ärztefamilien, die Einreise in die Sowjetunion zu bekommen.

Im Frühjahr 1936 kamen wir in Moskau an. In Wien nahmen wir Zwischen-Aufenthalt bei meinen Verwandten, den Laszkis. Da wurde ich darauf aufmerksam gemacht, daß es nicht ratsam sei, mit einem sowjetischen Visum nach Ungarn zu fahren, um meine Mutter und Gyuri zu treffen. Wir trafen uns in Wien, im Heim meiner Verwandten. Ich rechnete damit, daß wir uns eine unabsehbare Zeit nicht wiedersehen könnten.

Im Zug zwischen Warschawa und Nyegoreloje, der sowjetischen Grenze, hatte ich einen Angstanfall wie nie vorher und seither. Es war die Angst vor dem Verlust meines Ichs, resp. meines Selbst. Als ob die Sowjetunion ein Schmelztiegel wäre, wo ich umgeschmolzen werden würde zu einem anderen Menschen, mit anderen Erinnerungen, anderem Bewußtsein, anderen Wünschen, und dergleichen.

Ganz ohne Präliminarien war diese Angst nicht. So etwas wie eine radikale Änderung meiner Lebensziele und Berufspläne war schon vorbereitet in Amsterdam, bevor der Plan überzusiedeln aufs Tapet kam. Ich hatte darauf verzichtet, Biologe zu werden und wandte mich der Psychoanalyse zu. In Emigrantenkreisen hatte ich Fritz Perls kennengelernt. Er kam aus Berlin, war Schüler von Wilhelm Reich. Seine Frau war Psychologin und hatte in Berlin bei dem Gestaltpsychologen Köhler promoviert. Ich kannte ihre Dissertation. Ich fragte Perls, ob es möglich wäre bei ihm in Analyse zu gehen, obgleich ich nur wenig zahlen könnte. Er schlug vor, einige Spaziergänge zu machen, auf denen er sich nach meinen politischen Ansichten erkundigte. Mit der Begründung, daß wir beide Marxisten seien, nahm er mich an, und wir einigten aus auf ein sehr bescheidenes Honorar.

Perls hatte von Anfang an den Eindruck, ich wäre ein affektlahmer Zwangsneurotiker mit einem versteiften Charakterpanzer. Dieser sollte erst »zerschlagen« werden, bevor die Triebkonflikte der Analyse zugänglich würden. Er begann den Angriff auf meinen Charakterpanzer recht brutal. Er sagte, ich wäre eine eingebildete Scheinbegabung. Ich sei aufgeblasen, weil ich an der Universität arbeitete. Zu meinem Glück wurde diese Behandlung nach wenigen Monaten abgebrochen, als Perls nach Südafrika absegelte. Ich war an der Grenze eines Ich-Zusammenbruchs.

Danach placierte Karl Landauer mich bei einem jungen holländischen Analytiker, Carel van der Heide. Der war ein ausgezeichneter Analytiker. Gleich am ersten Tage überraschte er mich mit einer Übertragungsdeutung. Ich sprach, weiß nicht in welchem Zusammenhang, über meinen Wiener Cousin Wolf Laszki. Der Analytiker konstatierte, Wolf sei blond, wie er selbst. Ich war fürchterlich überrascht und fragte ihn, woher er das wüßte. In dieser Analyse konnte mein unbewußter Glaube an Allwissenheit und damit ein gutes Stück meiner Unangepaßtheit an die Realität durchgearbeitet werden. Diese Analyse wurde abgebrochen, als die Einreisedokumente für die Sowjetunion ankamen. Die Änderung meiner Lebensziele und Berufspläne trat im Zuge nach Rußland als eine harte Wirklichkeit an mich heran. Da war kein Zurückweichen mehr möglich.

Gleich am ersten Tag in Moskau nahm ich telefonisch zu A. R. Luria Kontakt auf, mit dem ich noch aus Heidelberg korrespondiert hatte. Er lud uns noch am gleichen Tage zum Mittagessen ein. Dieser international bekannte Neuropsychologe, Professor an der Universität, wohnte in einer winzigen Zweizimmerwohnung. Während des Essens fragte ich ihn, wie es um die Psychoanalyse stehe. Am Beginn der Revolution, noch zu Lenins Lebzeiten, hatte Luria eine psychoanalytisch orientierte Studie in der Zeitschrift *Psychologische Forschung*, dem Leibjournal der Gestaltpsychologen, veröffentlicht. – Luria wurde sehr ernst und antwortete wispernd: »Über so etwas spricht man hier nicht.« Ich verstand: Es gibt Abhörapparate.

Ich wußte auch, daß zwei Jahre zuvor die Psychoanalyse verboten worden war, weil sie mit dem dialektischen und dem historischen Materialismus nicht in Einklang gebracht werden konnte. Reich wurde aus der Kommunistischen Partei 1934 ausgeschlossen, weil er Psychoanalytiker war. Im selben Jahre erfolgte sein Ausschluß aus der analytischen Internationale, während Fenichel, Bernfeld und manche andere Kommunisten nicht ausgeschlossen wurden.

Luria sagte mir, Anstellung könnte ich in Moskau bekommen so viel ich wollte. Auch an seinem Institut an der Universität könnte er mir sofort eine Stelle anbieten. Es gäbe aber einen Haken, die Schwierigkeit, mir eine Wohnung zu verschaffen. Er schlug vor, bei Raissa Jakovlevna Golant in Leningrad anzufragen. Sie hätte eine Professur an der Universität und sei Chef des Bechterewschen Psycho-Neurologischen Forschungsinstitutes. Vielleicht könnte sie eine Wohnung anbieten. Raissa sagte sofort ja. Wir fuhren hin und bekamen eine Einzimmerwohnung in dem Gebäude der chirurgischen Abteilung. Die Küche sollten wir mit der Hauptkrankenschwester der Operationsabteilung teilen. Um mich den Mitarbeitern zu präsentieren, hielt ich einen Vortrag über eine gestaltpsychologisch orientierte experimentelle Untersuchung der psychischen Folgen kortikaler Schäden bei Kindern. Dem Vortrag lag das Material meiner geplanten Heidelberger Habilitationsschrift zu Grunde. Ich sprach auf Deutsch, Raissa übersetzte. Mit meinem Vortrag, den ich ohne Manuskript frei hielt, hatte ich so viel Erfolg, daß die Einzimmerwohnung in ein Zweizimmer-»Appartement« in demselben Gebäude umgetauscht wurde. Dieselbe Küche, WC in Holzverschalung, in der Küche ein Primuskocher, Verköstigung in der Kantine des Krankenhauses.

Forschung in Leningrad: Picksche Krankheit

Meine Aufgabe war, Störungen der Gehirnrinde, Aphasien, Agnosien, Akalkulien usw. psychologisch zu untersuchen, ähnlich der Gelb-Goldsteinschen »Psychologischen Analyse hirnpathologischer Fälle«. Die größte Arbeit widmete ich einer Patientin mit Pickscher Krankheit. Damals war es nicht leicht, Alzheimer und Pick differentialdiagnostisch zu unterscheiden. Während dieser Arbeit entwickelte ich eine neue Forschungsstrategie, welche Züge meiner wissenschaftlichen Heimat in der Gestaltpsychologie und der Psychoanalyse zeigte. Besonders lehnte ich mich an Freuds Idee der »Ergänzungsreihe« an, nach welcher »die fallenden Intensitäten des einen Faktors durch die steigenden des anderen ausgeglichen werden« (Aus den *Drei Abhandlungen*).

Die Patientin war eine Ärztin, etwas über 60 Jahre alt, eine vor ihrer Erkrankung sehr renommierte Internistin. Sie hatte in der Schweiz und Frankreich Medizin studiert, beherrschte in gesunden Tagen Französisch und Deutsch. Als ich sie zu untersuchen begann, war sie durch aphasische und agnostische Störungen sehr behindert. Ihre Urteilsfähigkeit war intakt, und sie hatte Krankheitseinsicht.

Es stellte sich heraus, daß ihre innere Welt sich auf drei Zonen erstreckte. Die erste umfaßte den Umgang mit Gebrauchsgegenständen, mit denen sie tägliche Berührung hatte: ihre Kleidung, Nähzeug, womit sie stets beschäftigt war, Eßbesteck, die Ärzte und das Personal, welches täglich auf der Station anwesend war. Diese erkannte sie, wußte ihre Namen. Nach kurzem Umgang wurde auch ich, Ludwig Simonowitch, zu den vertrauten Personen gezählt. Es gab eine dunkle Zone, zu der sie keinen Zugang mehr hatte. Und zwischen beiden die Zone des »clair-obscure«, wo Verwechslungen erfolgten. Ich gebe gleich ein Beispiel. Sie hatte einen Sohn, Mischa, ein Akademiker, der früher eine tuberkulöse Infektion gehabt hatte und davon geheilt worden war. – Eines Tages, als Mischa zu Besuch kam, wurde er aus irgendeinem Anlaß nicht in den Besuchsraum geführt, sondern in den Krankensaal. Um vor den anderen Patienten zu verbergen, daß es sich um einen Außenstehenden handelte, bekam er einen Ärztekittel. Die Patientin war agnostisch, erkannte ihren Sohn nicht, glaubte, er sei ein neuer Arzt. Als Mischa zu ihr sagte: »Ich bin Mischa, dein Sohn«, reagierte sie aphasisch und fragte: »Was ist Mischa?«, »Was ist Sohn?«. Als Mischa die mitgebrachten Früchte, Keks usw. vor ihr hinlegte, wurde sie verwirrt und fragte: »Warum das?« Nach einer kurzen Zeit ging ihr ein Licht auf: »Du bist Mischa, mein Sohn!« und sie freute sich.

Ausgehend von dieser Beobachtung plante ich nach dem Prinzip der Ergänzungsreihen meine Versuche. Die Patientin spielte sehr gerne Domino, Mühle und Dame. Ich spielte mit der Patientin Domino und bevor die Partie beendet war, ging ich unter einem Vorwand hinaus und kam ohne Kittel zurück. Die Patientin schaute mich an und fragte: »Warum so?« und deutete auf meine veränderte Kleidung. Machte ich dasselbe Experiment nach dem Abschluß der Partie, erkannte sie mich nicht und fragte nach Ludwig Simonowitch. Der Faktor »abweichendes Aussehen« konnte abgestuft werden und mit dem anderen, dem Wunsch, das Spiel mit derselben Person, d. h. mit mir weiterzuführen, nach dem Prinzip der Ergänzungsreihen auf seine kompensatorische Effektivität geprüft werden. Wenn die Ersatzperson beispielsweise die gleiche Haarfarbe hatte und Brillenträger war wie ich, war es am leichtesten, daß sie mitten im Spiel diese Person für Ludwig Simonowitch hielt. Der Wunsch, die Stärke der Situation, unterdrückte den Vektor »abweichende Person«. Am stärksten war der Vektor »abweichende Person«, wenn anstatt eines Mannes eine Frau hereinkam, um mit ihr zu spielen.

Mit Gegenständen konnte das Problem »Einzelgegenstand« und die »Einbettung eines Objektes in einen semantischen Zusammenhang« geprüft werden. Auf der Station beschäftigte sie sich viel mit Näharbeiten usw. Wenn ich ihr im Labor eine Schere zeigte, erkannte sie sie nicht. Wurde aber am Tisch eine Gruppe zusammengehöriger Objekte gezeigt, etwa Schere, Fadenspule, ein Polster mit Stecknadeln, dann erkannte sie die alle. Wurde in solch einer Gruppe ein nicht dazugehöriges Objekt präsentiert, etwa an Stelle der Schere zwei über Kreuz gelegte Gabeln, deutete sie darauf, war aber unsicher. Aufgefordert, diese (komische) Schere zu benützen, machte sie einen Versuch.

Mit solchen Versuchen mußte ich sehr vorsichtig und taktvoll sein. Unter sichtbarer Erschütterung wurde sie sich ihres Defektes bewußt. Sie hatte Krankheitseinsicht und wurde darüber sehr traurig. Da sie gerne mit mir Mühle oder Domino spielte, verwandte ich während der Sitzung lange Zeiten darauf und war sparsam mit Experimenten.

Ich mußte meine Untersuchungen leider zu früh abbrechen. Die »Grossen Reinigungen« begannen, Mitarbeiter wurden verhaftet, und ich wurde ins Fegefeuer geschickt. Ich konnte nichts davon veröffentlichen. Heute nehme ich mir die Freiheit, über diese Versuche und über meine Forschungsstrategie hier zu schreiben, weil die Alzheimersche Krankheit, die dem Morbus Pick teilweise ähnlich ist, inzwischen sehr beachtet wird.

Jetzt will ich über ein Ereignis berichten, das in Ediths und meinem Leben etwas Großartiges war.

Mirjams Geburt

Eines der bedeutendsten Ereignisse meines Lebens war die Geburt von Mirjam. Wir, die ungläubigen Juden, wollten ihr einen Namen aus dem Alten Testament geben, einen Namen, den die Großeltern verstehen konnten. Da es sowohl für meine Mutter in Ungarn und Ediths Eltern in Deutschland gefährlich war, Briefe aus der SU zu bekommen, wurden die Briefe in Amsterdam durch die Freunde Joachimsthal umkuvertiert. Wir nannten Mia »Glückskind«. Erst viele, viele Jahre später, habe ich aus der Analyse meiner Träume erraten, daß ich manche meiner Ambivalenzkonflikte mit meiner Mutter auf Mirjam übertragen hatte, insbesondere meinen Kummer mit ihrem Essen. Übrigens ging es mir mit Vera, die erst in Stockholm zur Welt kam, ähnlich: bei ihr spielten Ambivalenzen meinem Bruder Gyuri gegenüber eine Rolle.

Erst als ich Vater geworden war, fühlte ich mich richtig als Erwachsener. Meinen Vater kannte ich nur als Vater, ihm wollte ich unbewußt gleichen.

Mit Mirjam waren wir glücklich. Schwierig war es oft, das Essen, Milch, Grütze, usw. zu beschaffen. Schnaps konnte man ohne Schlangestehen kaufen. Aber nicht das, was ein Kind nötig hatte. Mirjams Entwicklung machte uns sehr viel Freude, und wir spielten mit ihr. Sie verstand ganz früh, lange bevor sie zu sprechen begann, schon so manches. Wenn ich sie fragte: »Sollen wir hoppa hoppa Reiter spielen?«, antwortete sie mit Körperbewegungen von der Art, wie ich sie beim Spielen mit ihr gemacht hatte. War das schon der Beginn des Mechanismus der Wendung von der Passivität zur Aktivität? Oder der Beginn der Identifikation mit mir? In Leningrad trafen wir gute Freunde aus der Heidelberger Zeit: Edgar Lederer und seine Frau Hélène. Edgar war Biochemiker, Spezialist für Vitaminforschung, seine Frau Mathematikerin, Tochter eines Professors an der Sorbonne. Sie waren linksgerichtete Intellektuelle wie wir und kamen aus ideologischen Motiven in die Sowjetunion. Die Lederers halfen uns mit vielen Sachen. Sie schenkten uns einen Kinderwagen, etwas was in der SU nicht existierte, und Kleidungsstücke für Mirjam. Sie waren bei uns, als Edith die Geburtsklinik verließ, und Hélène trug Mirjam auf ihren Armen, was ich mich nicht traute.

Sie verließen Rußland früher als wir und überlebten den Krieg in Paris. Seither haben wir uns manchmal getroffen und haben nahe beieinander Ferienunterkünfte in der Schweiz gemietet.

Die glückerfüllte Zeit währte nicht lange: Düstere Wolken beschatteten unser Firmament. Wir bekamen die Stalinsche Politik zu spüren.

Ich fuhr im Juni/Juli zu Ernst auf die Krim. Die Ärzte rieten uns davon ab, daß Edith mit dem halbjährigen Kind dorthin mitführe. Der Klimawechsel wäre zu hart für ein so kleines Kind. Während meines Aufenthaltes auf der Krim erschienen die ersten Zeitungsartikel über inneren Verrat, Spionage usw. Auf der Hinreise unterhielten sich alle Reisenden miteinander und mit mir über die Verhältnisse im Ausland. Während der 36-stündigen Heimreise waren alle Mitreisenden stumm. Nur einer wandte sich mit Fragen an mich. Er war so unglaublich blöde, daß er den Provokateur sofort verriet, und ich gab ihm Antworten, aus denen er nichts machen konnte.

Ein paar Wochen später rief Irène, Ernsts Frau, uns an. Ihre Stimme war düster. Des Nachts hatte der NKWD Ernst abgeholt. Irène versuchte sich selbst Trost und Hoffnung einzureden. Das könnte nur ein Irrtum sein. Er hätte ja nichts getan und hätte mehrere Auszeichnungen erhalten. Erst nach dem Kriege, während der Chruschtschow-Ära bekam Irène Nachricht: Ernst sei tot und rehabilitiert, und Irène erhielt ihre Bürgerrechte zurück, nach 25 Jahren. Wann er gestorben war, wo er begraben lag, wollte man ihr nicht mitteilen.

Um uns herum häuften sich die Unglücksfälle. Wenn jemand geholt wurde, sprach man nicht mehr über ihn. Wir lebten in großer Angst. Jedesmal, wenn wir des Nachts Schritte hörten, horchten wir mit Herzklopfen: kommt der NKWD, um mich zu holen? Ich wurde von meinen beiden Stellen, von der Universität und vom Bechterew-Institut, verabschiedet. Nur Edith durfte arbeiten und verdienen. Wir lebten knapp. Die Länge der Aufenthaltsbewilligung wurde von Mal zu Mal herabgesetzt: halbes Jahr, drei Monate, ein Monat ... Ein Beamter gab mir sehr höflich den Rat: Reisen sie weg. Er persönlich glaubte nicht, daß wir Spione wären, aber jeder Ausländer müßte durch zwei Polizisten überwacht werden. So viele hätte man nicht.

Wir hatten damals ungarische Pässe und bekamen die Ausreisegenehmigung ohne Zögern. Die Schikanen kamen mit der Zuteilung von Westvaluta. Als Ehepaar mit kleinem Kind hatten wir Anspruch auf 20 US-Dollar. Es wurde uns nicht abgeschlagen, »nur« verzögert. Die Aufenthaltsgenehmigung war bereits abgelaufen, das Geld noch nicht angekommen. Es dauerte eine geraume Zeit; bei der Fremdenpolizei mußte ich wiederholt antichambrieren und um Verlängerung bitten, bis das Geld kam.

Am Tag der Abreise waren Edith und ich in der Stadt, um letzte Besorgungen zu erledigen. Es schien unmöglich, ein Taxi zu bekommen, um in die Wohnung zu fahren und Mia zu holen. Edith jagte mit der Stärke der Verzweiflung einen anderen Passagier von dem einzigen Taxi weg und rief weinend: »Ich muß mein Kind holen.« Endlich saßen wir im Zug nach Helsingfors. Anfang November 1938 kamen wir in Finnland an. Die große Angst »lüftete« sich, es blieb nur die triviale Sorge: was nun?

Wir stiegen ab im christlichen Hospiz. Das erste, was uns auffiel, war die Reinheit überall und das gedämpfte Reden im Hospiz. Bald stellte sich die Lust zu witzeln wieder ein, und wir sagten: »Entweder werden wir vor der Synagoge betteln, oder ich werde zum Ehrenvorsitzenden der jüdischen Gemeinde gewählt.« Wir hatten aber ganz vergessen, daß es jüdische Solidarität gab.

Wir wandten uns an zwei Personen. Die erste war Yrjö Renquist-Renpää, Professor der Physiologie. Mit ihm hatte ich noch aus Heidelberg korrespondiert und Separata ausgetauscht. Er lud uns sofort zum Essen ein und eröffnete mir, daß ich an seinem Institut wissenschaftlich arbeiten könnte, aber nur ohne eine bezahlte Stelle.

Die andere Person war der Arzt Moses Pergament, der Vorsitzende der israelitischen Gemeinde. Von ihm erfuhren wir, daß in Helsingfors bereits eine Anzahl jüdischer Flüchtlinge aus Deutschland, Österreich, Ungarn und der Tschechoslowakei lebte. Die würden von der israelitischen Gemeinde unterstützt, und wir könnten ebenfalls darauf rechnen: Von November 1938 bis April 1944 lebten wir in Finnland von Unterstützung. Wir hatten kein Recht, Arbeit anzunehmen.

Es kam dennoch zu einigen Ausnahmen. Eine kurze Zeit arbeitete ich in der Druckerei der schwedischen sozialdemokratischen Zeitung als Fräserlehrling. Vor Pessach war ich in einer jüdischen Bäckerei, wo Matzes gebacken wurde und zeitweilig auf dem jüdischen Friedhof, wo das Gelände eingeebnet werden sollte. Außerdem führte ich den Rorschach-Versuch ein, der in Finnland unbekannt war. Für Studenten machte ich Rorschach-Tests und verdiente damit Geld. Später in Schweden hielt ich ebenfalls Kurse über Rorschach und stand Pate bei der Gründung einer Rorschach-Vereinigung.

Edith konnte zeitweilig auf der Milchkontrollstation, im Labor, einen finnischen Veterinär vertreten.

Das Wichtigste war Mirjam. Sie entwickelte sich gut. Unsere Versuche, uns Dokumente zu verschaffen, um nach Amerika auszuwandern, blieben erfolglos. Entsprechende Pläne, nach Palästina überzusiedeln, scheiterten ebenfalls. Wir waren so verzweifelt, daß wir eines Tages versuchten, Mia auf das letzte Schiff zu schmuggeln, welches nach Amerika gefahren ist. Warum? Wir sahen uns von zwei Seiten aus bedroht. Einmal von den Nazis. Die Deutschen hatten genügend militärische Kräfte in Finnland stationiert, um das Land besetzen zu können. Von der anderen Seite: Wenn die Sowjets das Land besetzten, wäre unsere Lage auch aussichtslos gewesen. Die Russen hatten uns als unzuverlässige Elemente schon vorher einmal aus ihrem Herrschaftsgebiet verjagt. Mirjam sollte leben, auch wenn wir untergehen mußten! Unser Plan mißglückte. Wir blieben zusammen bis zum ... Edith gelang es, aus dem Labor des Milchkontroll-Institutes Zyankalikapseln zu beschaffen. Wenn die Nazis oder die Russen Finnland besetzen sollten, dann ...

Damals betrachteten wir die Finnen als reaktionär. Heute wissen wir es besser. Uns Juden gegenüber waren sie human, vergleichbar den Holländern, Dänen und Norwegern. Die Hälfte unserer Zeit waren wir evakuiert bzw.»konfiniert« an verschiedenen ländlichen Orten, in der Nähe von Hämenlinna, später Jakobsstadt. Im Winter 1941/42 war ich in einem Arbeitsdienstlager in Kuusivaara, nördlich vom Polarkreis, bis Professor Kaila es durchzusetzen vermochte, daß ich von da befreit wurde und zu Edith und Mirjam zurückkehren konnte.

Zuletzt retteten uns humanistische Kräfte in Finnland und Amerika und die jüdische Solidarität. Im Frühjahr 1944 traf ein Flüchtlingskommissar aus Amerika in Stockholm ein. Dieser hatte es bei den schwedischen Behörden erwirkt, daß die Flüchtlinge nach Schweden einreisen konnten.

Der Tod von Gyuri und meiner Mutter

Während wir noch in Finnland lebten, hatte meine Mutter uns mitgeteilt, daß Gyuri am Weihnachtsabend des Jahres 1943 hingeschieden war. In dem Gödöllöer Lager hatte ein Pfeilkreuzler ihn zu Tode gequält. Sein Tod traf uns hart. Auch Mia, die meinen Bruder nie getroffen hatte, weinte und trauerte mit uns. Einige Monate später versuchten wir, Mia nach Amerika zu schicken.

Meine Mutter starb am 18. Januar 1945 in einem Bombenschutzkeller an Hunger, als die Russen in Budapest eingedrungen waren.

Die Nachricht vom Tod meiner Mutter erreichte mich im Psychologischen Institut. Als ich das Telegramm öffnete, es war nach dem Abschluß von Laborübungen und einige Studenten waren noch anwesend, wollte ich sagen: »Meine Mutter ...« aber ich bekam keinen Laut heraus, meine Kehle schnürte sich zusammen. Ich machte noch einen Versuch, blieb aber stumm. Katz sagte lakonisch: »Ich kann mir denken, was in dem Telegramm steht.« Eine Studentin begleitete mich nach Hause.

Ich bekam große Schuldgefühle. Ich hatte meine Haut gerettet, indem ich von Land zu Land gezogen war. Meine Mutter und Gyuri hatte ich im Stich gelassen. Die Schuldgefühle des Überlebenden wurden bei mir durch Mirjams Existenz gemildert. Es war doch wert- und sinnvoll für mein Leben zu kämpfen!

Nachdem mich Professor Kaila aus dem Lager hoch im Norden befreit hatte, ermöglichte er mir wichtige Forschungstätigkeiten in seinem Institut. Um die chronologische Ordnung herzustellen, soll hier vermerkt werden, daß die Experimente, über welche ich jetzt berichten werde, vor dem Aufenthalt im Lager durchgeführt wurden.

Experimentelle Denkpsychologie

Die Ergebnisse meiner Versuche habe ich in der *Theoria, Schweizer Zeitschrift für Psychologie* und *Acta Psychologica* veröffentlicht. Als Ausgangsmodell diente ein Vortrag des Mathematikers Poincaré, gehalten in der Psychologischen Gesellschaft in Paris. Er war Teilnehmer einer geologischen Exkursion, und während er den Fuß auf das Trittbrett eines Busses stellte, wurde ihm die Lösung eines mathematischen Problems klar. Der Einfall fiel nicht vom Himmel. Mit dem Problem hatte er sich schon seit vielen Monaten beschäftigt. In der Sekunde, als ihm die Lösung klar geworden war, hatte er mit anderweitigen Dingen zu tun. Und es war ihm vorher nicht gegenwärtig, wie nahe er der Problemlösung bereits gekommen war. Poincarés Beschreibung diente als Muster für den Grundplan meiner Versuche. Den Versuchspersonen (Vp) wurden Denkaufgaben gestellt. Bevor die Denkaufgabe gelöst war, wurde die Lösungsarbeit mit verschiedenen Begründungen abgebrochen und die Versuchsperson vor andersartige Aufgaben gestellt. Nach etwa einer Woche kam die Vp wieder ins Labor, und es wurde ihr Gelegenheit gegeben, die abgebrochene Lösungsarbeit zum Abschluß zu bringen. Die Frage war, ob die Spannung, welche der Abbruch verursacht hatte, in dem vorbewußten Teil des seelischen Apparates fortbestand und sich äußerte, dadurch, daß die Gelegenheit jetzt ergriffen werden konnte. Es wurden vier Variablen untersucht, welche die Lösungsarbeit mehr oder weniger begünstigen. Diese waren:

1. Das persönliche Interesse der Vp, zur Lösung zu kommen. Beispielsweise, wenn die Aufgabe als Denkproblem präsentiert war, ergriff die Vp die Gelegenheit gerne. Wenn die Aufgabe als Begabungstest präsentiert wurde, welcher innerhalb eines festgesetzten Zeitraums zu lösen war, hatten die Vp kein Interesse an der »mißglückten« Aufgabe mehr.

2. Die Bedeutungsnähe zwischen dem Problem, das zu lösen ist, einerseits und jene Beschäftigung, welche ganz fremdartig ist, aber bei deren Auftauchen sich eine Chance bietet, die vorher abgebrochene Lösungsarbeit weiter zu bringen, andererseits.

3. Das Ausgangsproblem war immer zusammengesetzt in dem Sinne, daß nacheinander mehrere Teilprobleme gelöst werden mußten. Jedes Teilproblem war die Voraussetzung für die Lösung des nächsten. Es wurde die

Abhängigkeit der Problemlösung von der Anzahl der Teillösungen vor der Unterbrechung untersucht.

4. Das optische Bild, das vor den Augen der Vp gegenwärtig war, als die Gelegenheit sich bot, konnte eine größere oder geringere visuelle Ähnlichkeit mit der Endlösung haben.

Die Versuche ergaben, daß alle diese vier Variablen, adäquat dosiert, das Erreichen der Endlösung begünstigt hatten. Optimal für die spontane Aufnahme der Lösungsarbeit nach der Unterbrechung war, wenn die Aufmerksamkeit der Vp »frei schwebend war« war, ähnlich wie in der analytischen Situation. So war es auch bei Poincaré. Maximal ungünstig war die starke Konzentration, der »Flow«, wie Csikscentmihályi diesen Zustand beschreibt.

Die Planung dieser Versuche zeigt schon deutlich meinen Übergang *von der Gestaltpsychologie zur psychoanalytischen Fragestellung.* Diese Versuchsserien habe ich in Helsingfors in Kailas psychologischem Institut an der Universität begonnen. Der größte Teil wurde in Stockholm, am psychologischen Institut der Hochschule durchgeführt.

In den Jahren 1944/45, als ich die oben beschriebenen Versuche gemacht habe, arbeitete ich als Assistent von Professor D. Katz. Von der Hochschule bekam ich kein Gehalt, sondern von einem speziellen Fond als sog. »Archivarbeiter«, wie viele andere Intellektuelle, welche durch Krieg und Verfolgung an die Strände von Schweden angespült worden waren. Katz versuchte meine Forschungsarbeit zu behindern, und es kam zu einem offenen Bruch zwischen uns. Wenn nicht Professor Einar Tegen, der den Lehrstuhl für praktische Philosophie und Soziologie innehatte, mir unter die Arme gegriffen hätte, hätte ich mein Einkommen aus der Archivarbeit eingebüßt. Ich wurde also Tegens Assistent bei seinen Seminaren und bekam sogar die Aufgaben eines Vorlesungsassistenten. So konnte ich langsam meine analytische Praxis aufbauen und höhere Einkünfte erreichen. Das kam zur rechten Zeit. 1946 wurde Vera geboren.

Veras Geburt

Die Freude war groß. Ich war viel ruhiger und nicht so ängstlich wie bei Mia. Weiter oben habe ich erwähnt, daß ich aus meinen Träumen erraten konnte, daß ich auf Vera eine Portion Bruderübertragung entwickelt hatte. Und zwar den Teil der Liebe zu Gyuri, welcher während der Kindheit hinter der manifesten Feindseligkeit nicht bewußt geworden war. Vera gab mir außerdem Gelegenheit, ein Stück infantilen Ödipus auszuleben: gleich meinem Vater der Vater zweier Kinder zu sein.

Der Werdegang zum Psychoanalytiker: Fortsetzung

Meine Aufnahme in die Schwedische Psychoanalytische Vereinigung erfolgte auf Anregung von de Monchy. Seitens der übrigen Mitglieder gab es keine Hindernisse. Es war das Jahr 1946, der Verein war sehr klein. Alfhild Thamm, Renée de Monchy, Tore Ekman, Gunnar Nycander, Nils Haak, Gösta Harding, Erik Reinius, Tora Sandström und Nild Nielsen waren die Mitglieder. Als ich auf de Monchys Vorschlag meine erste Kontrollanalyse begann, wurde Ekman mein Kontrollanalytiker. Anfangs ging unsere Zusammenarbeit sehr gut. Erst nachdem ich als ordentliches Mitglied vorgeschlagen wurde, in den Vorstand gewählt zu werden, war Ekman dagegen.

Das Leben im Verein war stürmisch, geladen mit Feindseligkeiten. Ekman war Sekretär; der Vorsitzende sollte immer ein Arzt sein. Das Steuerrad führte aber Ekman. Seine Hauptsorge war die Zusammensetzung des Vorstandes und das Bestreben, der ewige Sekretär und Steuermann zu sein. Zu diesem Zweck hatte Ekman die Wahlen zur ordentlichen Mitgliedschaft so arrangieren wollen, daß er stets das Übergewicht behielt. Die analytische Kompetenz trat für ihn in den Hintergrund. Das machte böses Blut.

Die Welt um uns herum war ruhiger geworden und gab Anlaß zum Optimismus. Als Mirjam geboren wurde, war Hitler an der Macht und bedrohte uns. Bald verdüsterte sich das Leben auch in Stalins Rußland, von dem wir vorher Sicherheit, Schutz und Arbeitsmöglichkeit erwartet hatten. Alles das war im Nachkriegsschweden eine Selbstverständlichkeit. Vera durchlebte ihre frühe Kindheit in einer viel günstigeren Familienatmosphäre als Mia. Nun nahmen die Stürme im analytischen Verein mich in Anspruch. Es bildeten sich zwei »Gefolgschaften«, Ekmans, und Oberhaupt der gegnerischen Gefolgschaft wurde ich. Auf das wissenschaftliche Leben, das sehr wenig originell war, hatte diese Spaltung wenig Einfluß.

Bei wissenschaftlichen Sitzungen war die Stimmung ganz angenehm. Die Außerordentlichen wagten es aber nicht, Aufnahmevorträge zu halten, aus Angst, Ekman würde sie durchfallen lassen. Die Zahl der Außerordentlichen stieg, die Anzahl der Ordentlichen, und damit die Anzahl der in den Vorstand wählbaren Mitglieder war begrenzt.

Ende der fünfziger/Anfang der sechziger Jahre erkrankte Ekman. Er erlitt einen Herzinfarkt, wovon er sich aber erholte. Seinen »Giftzahn« hatte er jedoch verloren, und er wurde weniger aggressiv und machthungrig im Verein. Da ich nicht weiter als Fraktionsleiter benötigt wurde und meine »Gefolgschaft« mich in Ruhe ließ, konnte ich beginnen, wissenschaftlich zu arbeiten und fing mit meinen analytischen Publikationen an.

Weiter oben erwähnte ich, daß Imre Hermann in Budapest mein Interesse für die Psychologie der Denkvorgänge und ganz besonders für das kreative Denken erweckt hatte. Kreativität habe ich niemals als »Eigenschaft« im Sinne der archaischen Vermögenspsychologie betrachtet. Kreativität ist das Ergebnis von sehr komplizierten und hoch organisierten Prozessen. Der Psychoanalytiker Hanns Sachs spricht von dem kreativen Unbewußten. Das war zu der Zeit, als die Psychoanalyse noch die Wissenschaft vom Unbewußten im Rahmen des topographischen Modells war. Nach Einführung des strukturellen Modells durch Freud im Jahre 1923 (*Das Ich und das Es*) hat man nicht mehr an das kreative Unbewußte geglaubt. Im Rahmen des strukturellen Modells herrschte die Auffassung, daß an der Entstehung eines jeden kreativen Produktes alle innerpsychischen Instanzen, Ich, Es und Überich beteiligt seien. Bei meinen eigenen empirischen Studien, welche auf kontinuierlichen, langzeitigen Beobachtungen von kreativ tätigen Analysanden basierten, ging ich durchgehend nach der Methode vor, die bei der Analyse von Träumen, Fehlleistungen, Symptomen, usw. gebräuchlich ist. So entstanden meine Studien über einen Plasmaphysiker (1972, 1976, 1983) und über einen technischen Erfinder (1967).

Neulich hat Csikszentmihályi »in Gegensatz zu der individuumzentrierten Auffassung« eine Sichtweise »entwickelt, welche die Systemeigenschaften in den Vordergrund stellt, die die Kreativität auszeichnen.« Wenn ich ihn recht verstanden habe, meint er, daß der kreative Prozeß nicht auf Vorgänge begrenzt sei, welche innerhalb der anatomischen Grenzen des kreativen Individuums sich abspielten, sondern ebenso in dem interindividuellen Raum der Wechselwirkung zwischen dem Individuum und dem kulturellen Symbolsystem. Ich muß gestehen, daß ich Cs's Theorie nicht verstehe. Keiner unter den zeitgenössischen Neuropsychologen, wie G. M. Edelman, E. R. Kandel, J. H. Schwartz, I. Kupfermann u. a., faßt das Individuum als eine Leibnizsche Monade auf, abgeschlossen, ohne Fenster und Türen gegenüber der Außenwelt. Wenn wir von »System« sprechen, denken wir das System äußeren Einwirkungen gegenüber offen. Der Ort der kreativen Prozesse ist jedoch das Cerebrum, glaube ich.

Bei meinen Studien führte ich den deskriptiven Begriff *kreative Werkstatt* ein. Bei den Fallstudien versuchte ich, sowohl die kognitiven Operationen im Sinne von Piaget als auch die aus der analytischen Erfahrung bekannten Prozesse der Identifizierung, der Abwehr, des Konfliktes usw. aufzuspüren, welche bei jedem einzelnen Detail der kreativen Arbeit beteiligt sind. Keiner dieser Detailprozesse läuft in einem interindividuellen Raum ab. Ohne das Mitwirken der kulturellen Einflüsse in Abrede zu stellen, vertrete ich die Auffassung, daß alle Vorgänge in der kreativen Werkstatt sich innerhalb der anatomischen Grenzen des individuellen Cerebrums abspielen.

Ich möchte jetzt die wichtigsten Ergebnisse meiner Fallstudien in einigen Punkten zusammenfassen. Die Vorgänge in der kreativen Werkstatt kann man so beschreiben, daß sie ein Geflecht bilden. Sie verlaufen auf verschiedenen Niveaus des Primär- und Sekundärprozeßdenkens mit wechselseitigem Austausch. Ein Beispiel: Der Plasmaphysiker, genannt Alpha, beschäftigte sich mit der mathematischen Beschreibung der Bewegung von Elementarteilchen im interplanetarischen Raum. Er wollte das *tiefer verstehen,* indem er in seinem eigenen Körper diese Bewegungen fühlen wollte. Er nannte das »intuitives Verstehen« im Unterschied zum »rein formalen Verstehen«. Mit anderen Worten: ein Ergebnis des Sekundärprozesses wurde in die Sprache des Primärprozesses überführt. Ginge das ohne weiteres, konnte Alpha weitergehen. Entstand aber eine Disharmonie, eine Unverträglichkeit, untersuchte er, woher die Unstimmigkeit käme, aus dem formalen oder dem intuitiven Verstehen. Es war sein Bestreben, beim kreativen Denken eine Harmonie zwischen intuitivem und formalem Denken zu erreichen. Ein Beispiel: Er entdeckte eine spezielle Wellenbewegung im interplanetarischen Raum – durch formale, mathematische Berechnungen –, wobei sein intuitives Verstehen mit gewissen Attributen dieser Wellenbewegung nicht einverstanden war. Es stellte sich heraus – als Folge der analytischen Deutung eines Zuges seiner aktuellen Objektbeziehung zu seiner Freundin – daß er einen persönlichen Wunsch von dem Mädchen auf die Welle übertragen hatte. Im Spaß hatte er dem Mädchen und der Welle denselben Kosenamen gegeben.

Aktuelle und infantile *Objektbeziehungen* hatten sich mit der kreativen Denkarbeit verwoben. Das soll noch an einem zweiten Beispiel illustriert werden.

Alpha war an einem Universitätsinstitut angestellt. Sein Chef, Professor X, und das übrige Personal hatten eine hohe Meinung von ihm. Er war aber wissenschaftlich unproduktiv und befürchtete, entlassen zu werden. Seine Kreativität entfaltete sich plötzlich in zwei vulkanischen Episoden von jeweils drei Monaten Dauer, vom Ende September/Anfang Oktober bis zur Silvesternacht. Diese Zeitdauer erwies sich als eine »Totengedächtnisfeier« für den Vater.

Eines Tages, Ende September, bekam Alpha den Auftrag von Professor X, ein mathematisches Theorem zu einer physikalischen Hypothese zu entwickeln. Alpha begann unmittelbar mit großer Erregung zu phantasieren, daß er mit seinem Theorem Professor X vor dem »wissenschaftlichen Tod« erretten würde. Es schien ihm, Prof. X sei in einer Krise. Gerade diese Hypothese wurde in der Fachpresse in Frage gestellt, und X hatte nichts zu seiner Rechtfertigung veröffentlicht. In seinem kreativen Rausch arbeitete er mehrere Tage unermüdlich. Einige Male verzweifelte er und glaubte, mit seinem Theorem X nicht retten zu können, sondern im Gegenteil den Gnadenstoß zu versetzen. Die Analyse seiner Ambivalenzkonflikte in Bezug auf X, den vor mehreren Jahren gestorbenen Vater und den Analytiker resultierte in der Entdeckung von logischen Fehlleistungen und deren Korrektur. Nach einigen Tagen war er fertig und präsentierte sein Opus in einer Seminarsitzung. Prof. X war sehr angetan, schlug einige Korrekturen vor und wollte die Arbeit in einer sehr renommierten physikalischen Zeitschrift veröffentlichen. Alpha sollte weitermachen und promovieren.

Die Konflikte in der Sphäre der *Objektbeziehungen* waren die folgenden. Alpha war 16 Jahre alt, als der Vater an einem Hirntumor starb. Die ersten Symptome der tödlichen Erkrankung manifestierten sich Ende September. In der Silvesternacht war der Vater tot. Bei dem Begräbnis erlitt Alpha seine erste kurz dauernde Depersonalisationsepisode.

Alpha war der mittlere Sohn unter drei Brüdern. Er hatte große Angst vor dem Vater gehabt, der – nach seinen Angaben – athletische Kräfte besaß, jähzornig und brutal war. Am Ende seiner Tage war der Vater kraftlos, halb blind, die Motorik unkoordiniert. Am Weihnachtsabend verhöhnte

Alpha seinen Vater, lachte ihn im stillen aus und dachte triumphierend: »Nun bist du fertig. Ich brauche nie mehr Angst vor dir zu haben.« In der Silvesternacht war der Vater tot. Alphas Phantasie, Professor X zu retten, entsprang dem unbewußten Wunsch, wiedergutzumachen, was er an dem Vater verbrochen hatte. In beiden Fällen wurde die Denktätigkeit von den Übertragungen der Objektbeziehungen mit ihren Konflikten »reingewaschen« und die kreative Tätigkeit konnte fortgesetzt werden. Bei alldem hatte Alpha Glück gehabt. Denken wir uns, es wäre in die kreative Werkstatt so etwas wie ein »Flow«-Zustand eingebrochen. Alpha, maximal konzentriert auf die Wellenbewegung, hätte nicht erkannt, daß etwas nicht stimmte, weil er Welle und Mädchen vermischt hatte. Kreative Arbeit erfolgt im Zustand der maximalen Offenheit des Geistes, nicht während des eingeengten Fixiertseins auf ein Moment.

Eine andere Komponente der kreativen Tätigkeit war Alphas *Angsttoleranz*. Wenn er sich einem Gebiet näherte, das neu war, wo sich bisher kein erkennender Geist herangewagt hatte, verspürte er starke Angst, als ob er weit weg von allen seinen Nächsten im leeren Raum herumschweben würde. Dabei konnte er oft einen ahnenden Blick auf das nicht Ergründete werfen und den nächsten Schritt planen. Vergleichbar einem Moses, der einen Blick auf das gelobte Land werfen konnte. Moses hatte jedoch die Gewißheit gehabt, daß Gott ihm nicht erlaubte, das Land zu betreten. Alpha konnte mit Mut weitergehen.

Alpha teilte mit vielen anderen kreativen Männern den bisexuellen Konflikt und den Neid auf die Frau, die ein Kind in ihrem Leib tragen und gebären kann.

Hier ist der Ort, einiges über die *kognitiven Instrumente* zu sagen. Während ihrer Betätigung können neue Instrumente erschaffen werden. Bei Alpha konnte ich deren zwei beobachten. 1. Das Bekannte und Vertraute unbekannt zu machen und umgekehrt, mit dem bisher Unbekannten vertraut zu werden. Alpha verspürte plötzlich ein Befremden, wie bei einer Depersonalisation, gegenüber einem wohlvertrauten mathematischen Satz. »Ist es wirklich so?« Durch intuitive Denkarbeit machte er sich dann vertraut mit dem Befremdenden. Diese Denkstrategie war der Abkömmling seiner Depersonalisation, die er zum ersten Mal bei dem Begräbnis seines Vaters erlebt hatte. 2. Das Abstrakte konkret und das Konkrete abstrakt zu machen. Das ist der Weg zum »tiefen Verständnis«, den Tanz der Elementarteilchen als kinästhetische Bewegung im eigenen Körper erleben zu können. Die Entwicklung dieser kognitiven Strategien zeigte einen weiteren Zug in Alphas kreativem Arsenal. Während der Betätigung der kognitiven Instrumente wurden *neue kognitive Instrumente* entwickelt, solche, die aus einem andersartigen Rohstoff gebildet werden.

Der Analytiker und sein kreativer Analysand

Die Analyse von Alpha war mit einem wichtigen Stück Selbstanalyse verbunden. Ich erkannte meinen eigenen Neid auf die Frau, d. h. auf Edith, die Kinder gebären konnte. Ich verstand, woher meine Ungeduld Edith gegenüber kam, und warum ich oft geglaubt hatte, ich wüßte besser, wie für die Kinder gesorgt werden sollte.

Für Alpha diente ich als eine Art von »Muse«. Indem er zu mir über die theoretischen Überlegungen und seine Gedankenketten sprach, seine Zweifel und Befürchtungen mir anvertrauen und über seine Erfolge vor mir jubeln konnte, wurde ich für ihn ein Begleiter auf seinen Irrwegen im unbekannten, unerforschten Land. Er war nicht gottverlassen allein, und das vergrößerte seinen Mut. Daß ich seine Muse war, ermöglichte es mir, viel von den innerpsychischen Prozessen bei der Beschäftigung mit Plasmaphysik zu erlernen. Dabei kam mir zu Hilfe, daß ich während der Universitätsjahre Naturwissenschaften studiert hatte.

Die Tätigkeit in der Schwedischen Psychoanalytischen Vereinigung

Meinen Bericht über das Leben im Verein habe ich an dem Punkt unterbrochen, als es nicht länger notwendig war, gegenüber Ekman als Fraktionsoberhaupt zu dienen. Die »Stürme im Wasserglas« nahmen ein wissenschaftliches Gepräge an. Es scheint so zu sein, daß ich ohne Gegnerschaft, ohne Kampf nicht leben kann.

Es begann, wenn ich mich recht erinnere, in den sechziger Jahren. Es tauchte unter der Mitgliedschaft ein wissenschaftstheoretischer »Guru«

auf, Carl Lesche. Er verkündete, Psychoanalyse sei keine Natur- sondern eine Geisteswissenschaft. Was daran so aussieht, als ob sie naturwissenschaftliche Züge hätte, sei nichts anderes als »Quasinaturwissenschaft«. Um unseren Guru herum kristallisierte sich eine sehr kompakte Gefolgschaft. In Diskussionen und einigen gedruckten Schriften stellte ich seine These in Frage und erntete mit der Art meiner Argumentation einigen Beifall. Eine Gefolgschaft hatte ich jedoch nicht.

Aus dem Kreis der Wissenschaftstheoretiker ist in mehr als einem Vierteljahrhundert kein einziger Beitrag geliefert worden, welcher die Kenntnisse über seelische Prozesse, etwa Abwehr, Konflikt, Entwicklungsetappen usw. weiter gefördert hätte. Die Suche nach »wissenschaftlicher Wahrheit« steht unter den Wissenschaftstheoretikern nicht hoch im Kurs.

Eine große Anzahl unserer Mitglieder investierte eine beträchtliche Portion ihrer Zeit und intellektuellen Kraft in administrative Angelegenheiten. Viele Sitzungen vor den Jahresversammlungen wurden dazu verwendet, Bestimmungen und Gesetze zu ändern, neue zu konzipieren usw. Die Suche nach »wissenschaftlicher Wahrheit«, nach Erkenntnis wurde dadurch in den Hintergrund gedrängt. Ich fand keinen Geschmack an diesen Verwaltungsangelegenheiten und beteiligte mich nicht an den Tüfteleien.

Meine Tätigkeit im Verein verteilte sich auf drei Hauptgebiete: analytische Praxis, Supervision von Kandidaten, Lehranalysen und Kurse. Kurse habe ich auch außerhalb des Vereins an der Stockholmer und der Lunder Universität gehalten. Kurse zu geben bereitete mir viel Freude, dabei konnte ich mein theoretisches Wissen schärfen, bessere Klarheit über Probleme gewinnen und lernen, Fragen besser zu stellen. Ich gewann den Eindruck, daß die Kursteilnehmer meine Arbeit schätzten.

Kurz soll noch erwähnt werden, daß in den fünfziger und sechziger Jahren die Stellung der Psychologen-Analytiker gegenüber den Ärztekollegen viel Unruhe geschaffen hat. Für viele Psychologen war es eine Prestigeangelegenheit, daß sie gezwungen waren, Patienten nur nach ärztlicher Überweisung annehmen zu können.

Analytische Freundschaften

Zu den frühesten Freunden in Schweden rechnen wir Annastina Rilton. Die Freundschaft begann Ende der fünfziger Jahre, als ich noch im psychologischen Institut gearbeitet hatte. Auf sie konnten wir uns verlassen, als wir 1951 unser Reihenhaus, wo wir auch jetzt noch wohnen, erworben hatten. Sie garantierte für uns bei der Bank, als wir eine Anleihe aufnehmen mußten. Jahre später, als ihre Wahl zum ordentlichen Mitglied anstand, war sie ein Dorn in Ekmans Augen. Er sagte offen, daß er nicht an Annastinas Kompetenz zweifelte. Er würde aber nur unter der Bedingung für sie stimmen, wenn vorher eine andere Person gewählt würde, so daß seine Fraktion die Stimmenmehrheit behielte.

Zum Kreis der analytischen Freunde in Schweden rechne ich auch Licy Breuer, mit der wir schon früh bekannt wurden, Esther Lamm und Stefi Pedersen, die gleichzeitig bei de Monchy in Analyse waren. Esther gehörte zum Kreis der sozialistischen Intellektuellen und war die Tochter eines Universitätsprofessors, Martin Lamm, der im Gegensatz zu ihrer Mutter Jude war. Mit ihr zusammen reisten wir zu Kongressen, hatten in der Nähe voneinander unsere Ferienunterkünfte und zum Krebsfest, welches mit ihrem Geburtstag zusammenfiel, waren wir eingeladen. Ros Derestad war meine Schülerin am psychologischen Institut bei D. Katz. Sie vertraute mir mit Stolz an, daß einer ihrer Großeltern Jude sei, und daß in ihrer Geburtsgegend, in Nord-Schweden, die Juden als ein aristokratisches Volk angesehen würden. So etwas hatte ich vorher nie gehört. Später kamen Kjell Öhrberg und Kató Vértes aus Ungarn dazu.

Mit warmem Herzen und Liebe denke ich an einige Freunde in der analytischen Community zurück. Mit Barbara Lantos und Edith Ludowyk-Gyömröi wurden wir beim Züricher Kongreß 1949 bekannt. Ich kam gerade von einer Vorlesung aus dem Gebäude heraus und hörte zwei Damen sich ungarisch unterhalten. Sogleich ging ich zu ihnen, stellte mich vor, und es begann eine langjährige Freundschaft mit gemeinsamen Reisen in die Sommerfrische und Besuchen in Ediths Landhaus. Edith trafen wir zuletzt in Budapest, bei ihrer Nichte, einige Monate vor ihrem Tod. Barbara war damals schon über zehn Jahre nicht mehr unter uns.

David Rapaport begegnete ich nur einmal während seines Besuches in Schweden, Ende der fünfziger Jahre. Es entwickelte sich sofort eine gegenseitige Sympathie. Er schickte mir viele seiner Publikationen im Manuskript zu und bat mich um Kommentare, bevor das Opus zum Verleger ging.

Anne-Marie Sandler und Jo Sandler gehören auch zu unserem Freundeskreis. Während der Weihnachtstage 1969 wohnten wir in ihrem Haus in London. Dort vertraute uns Mirjam an, daß sie schwanger sei, und im August nächsten Jahres gebar sie Benjamin. Anne-Marie hielt bei uns sehr anregende Seminare Ende der achtziger Jahre. Sie wohnte bei uns, und es gab herzliche und intime Gespräche am Frühstückstisch.

Mit Rosmarie Berna-Glantz und Jacques Berna in der Schweiz wurden wir während eines Sommeraufenthaltes näher bekannt. Es wird mir immer warm ums Herz, wenn wir uns wieder begegnen und einige Stunden zusammen verbringen können. Rosmarie und Jacques sind mit der *Zeitschrift für Psychoanalytische Theorie und Praxis* verbunden, in der ich mehrere Arbeiten veröffentlicht habe. Brigitte und Helmut Thomä gehören ebenfalls zu den Freunden, mit denen wir bei Kongressen bekannt geworden sind, und denen wir in den Ferien wiederbegegnen und die Freundschaft aufblühen lassen. In Arosa war ich sehr überrascht, als Helmut unerwartet die Hände auf meine Schulter legte. Es waren angenehme Tage in Schnee und Wintersonne. Mit Wehmut denke ich an Gerhard Maetze. Mit ihm hatten wir uns auch angefreundet. Zur 50-jährigen Gedenkfeier des Berliner Psychoanalytischen Institutes 1970 hatte er mich zu einem Vortrag eingeladen. Ich nahm Hanns Sachs' Artikel über die Verspätung des Maschinenzeitalters zum Ausgangspunkt und behandelte die Veränderung der Über-ich-Tätigkeiten. Anläßlich eines früheren Berlin-Besuches erwähnten wir bei einem Mittagessen, daß wir bei Loewenthals wohnten. Rix Loewenthal war unser Freund seit der Heidelberger Zeit. Er war Professor an der Freien Universität Berlin und einer der engsten Ratgeber von Willy Brandt. Da erzählte uns Maetze, daß er besorgt wäre über die Zukunft der Psychoanalyse in Deutschland. In dem geplanten System der Krankenversicherungen wäre die DPV nicht berücksichtigt. Da machte es Klick bei Edith. Sie erklärte, wir könnten mit Rix sprechen, er sollte Brandts Aufmerksamkeit auf die prekäre Lage der DPV lenken. So geschah es dann auch. Ein Jahr später wurde das 50-Jahresjubiläum des Berliner Institutes gefeiert. Rix wurde als Gast eingeladen.

Tätigkeiten außerhalb des Schwedischen Analytischen Vereins

In den fünfziger Jahren war ich Hauptlehrer an dem Sozialinstitut, wo Kuratoren und Sozialarbeiter ausgebildet wurden. Viele meiner damaligen Schüler sagen mir, wenn wir nach vielen Jahrzehnten uns wiedertreffen, daß sie gerne an unsere gemeinsame Arbeit zurückdenken.

In den Jahren, als ich noch bedeutend besser bei Kräften war, betätigte ich mich als Berater an der Child Guidance Klinik der Stadt Stockholm und der Provinz Stockholm. Ich hielt Vorträge auf psychoanalytischen Kongressen sowie in den psychoanalytischen Gesellschaften von Finnland, Dänemark, Norwegen, Israel, Deutschland und Ungarn. Einige Auszeichnungen sind mir zuteil geworden, die meiner Eitelkeit geschmeichelt haben. 1986 wurden Edith und ich von der DPV zu Ehrenmitgliedern gewählt. 1988 hat die Budapester Universität mir das Diamantdoktor-Diplom, 60 Jahre nach Abschluß meiner Studien, verliehen. Auch erhielt ich die Ranschburg-Medaille von der ungarischen psychologischen Gesellschaft.

Der Sohn seines Vaters

Die ödipale Rivalität mit meinem Vater äußerte sich auf sehr verschiedene Weisen, je nach den Umständen: die Angst, dem Vater gleich zu sein, vor dem 50. Geburtstag, die tiefe Befriedigung und jubelnde Freude, so wie er, der Vater zweier Kinder geworden zu sein und schließlich der Triumph, länger zu leben als er und mehr erreicht, Größeres geschaffen zu haben als mein Vater.

Ich war ein sehr kränkliches Kind. Tonsillitiden mit Fieber, Husten usw. zwangen mich oft ins Bett. Jedesmal, wenn Vater nach Hause kam und mich im Bett liegend antraf, wurde er böse und beschimpfte mich sehr verächtlich als »Elendiger«. Ich glaube nicht, daß ich ein besonders empfindliches und hinfälliges Kind war. Ich hatte Angst vor der Dunkelheit und zum Schutz deckte ich mich bis zur Nase zu. Das hatte zur Folge, daß ich erbärmlich schwitzte und die Decke herunterwarf. In unserem Heim gab es keine Zentralheizung, die Temperaturunterschiede waren im Haus beträchtlich. Nachts war das Schlafzimmer sehr kalt. Wenn ich mit durchschwitztem Nachthemd die Decke heruntergeworfen hatte, erkältete ich mich. Daß ich den Vater überlebt habe, und jetzt beim Schreiben dieser Zeilen 36 Jahre älter und gesund bin, erfüllt mich mit dem Gefühl des Triumphes.

Während der sechziger und siebziger Jahre waren die äußeren Umstände günstig. Es gab keine politischen Bedrohungen, und unsere ökonomische Lage war zufriedenstellend. Wenn es trotzdem in der Familie Stürme gab und Anlaß zu unglücklichen Perioden, so waren diese Lajos made. Ich näherte mich und erreichte das siebte Dezennium meines Lebens und machte Versuche, mich zu verjüngen. Mit unzulänglichen, und Edith viel Schmerz bereitenden Methoden. An diesem Punkt will ich jedoch halt machen, diskret sein auch mir selber gegenüber.

Pensionär

Mit 70 Jahren wurde ich Pensionär. Es wurden mir seitens der Vereinigung keine neuen Lehranalysen, Supervisionen und Seminare mehr anvertraut. Ich konnte das ohne Bitterkeit ertragen. Es fiel mir nicht schwer; ich empfand es eher als Erleichterung, daß ich zu vielen Zusammenkünften des Ausbildungsinstitutes nicht mehr zu kommen brauchte. Es war bequem, den Abend zu Hause zu verbringen, zu lesen oder TV zu sehen. Einige Analysen setzte ich zu Hause fort. Wissenschaftlich bin ich noch weiter tätig. Ich habe mehr Zeit an den Zusammenkünften von B'nai B'rith teilzunehmen, der Jüdischen Loge, bei der auch Freud Mitglied war in Wien. Außerdem nehme ich mehr Anteil an anderen jüdischen Angelegenheiten, hauptsächlich an Hilfsaktionen für Israel, zur Unterstützung der Einwanderung der russischen Juden. In dieser Sphäre ist Edith ganz besonders aktiv, und ich teile mit ihr die Sorge.

Weiter oben habe ich mich gerühmt, in meinem hohen Alter gesünder zu sein als mein Vater. Ohne Altersgebrechen bin ich nicht. Ich habe grauen Star an beiden Augen und eine langsam progrediente Makuladegeneration und beim Hören verwechsle ich die Konsonanten. Vor zwei Jahren habe ich eine schwere Kolostomieoperation durchgemacht. Mit der Folge, daß meine alltägliche Lebensweise daran angepaßt werden muß. Ich finde diesen Umstand sehr verdrießlich und füge mich nur unter heftigen Schimpfereien, auf Ungarisch. Es ist wohl ein Zeichen altersgemäßer Regression auf die analsadistische Stufe, daß ich, wenn ich infolge ungenauer Handkoordination Gegenstände umwerfe oder fallen lasse, diese beschimpfe, als ob sie durch eigene böse Absichten mir zuwiderhandeln würden.

Großvater

Als Mirjam uns an Weihnachten '69 ankündigte, daß sie ein Kind erwartete, begrüßten Edith und ich die Nachricht mit großer Freude. Mirjam war schon lange verheiratet und bisher ohne Kind. Benjamin wurde am 4. August '70 geboren. Ich denke sehr gerne an die Jahre von Benjamins Entwicklung, an zahlreiche alltägliche Episoden zurück. Spaziergänge in Wald und Wiese zur warmen Jahreszeit, wo ich abwechselnd mit Lennart, Edith und Mirjam Benjamin auf dem Rücken trug. Wo die junge Familie bei uns oder wir in deren Heim übernachteten und in den verschiedenen Sommeraufenthaltsorten mit Benjamin und unserem Colliehund zusammen waren. Benjamin war kein besonders gesprächiges Kind, fragte man ihn etwas, gab er kurze, einsilbige und wenig auskunftsreiche Antworten. In der Schule pflegte er Freundschaften, und unter Altersgenossen ist er sehr gesprächig.

Im vorigen Jahr hat er die Reifeprüfung bestanden und hat sich noch nicht entschlossen, was er studieren und wie er sein Berufsleben gestalten will. Zur Zeit leistet er seinen Wehrdienst ab und ist voll Unwillen und Hader gegen den Militarismus. Er findet es moralisch unverantwortlich, sich dazu ausbilden zu lassen, wie man töten soll. Dieser Tage habe ich unter vier Augen ein Gespräch mit ihm gehabt und ihn darauf hingewiesen, daß das Leben seiner Großeltern mütterlicherseits im Schatten des Dritten Reiches in 14-jähriger Flucht vor Gefahren verlaufen ist. Es hat eine wichtige Bedeutung, wenn junge Juden, jetzt, da der Antisemitismus neuerlich beginnt, seinen Schatten zu werfen, erlernen, wie man mit der Waffe in der Hand, sich und die Seinen verteidigen kann. Er hat zwar nichts geantwortet, hörte aber meine Worte mit Tränen in den Augen an.

Benjamin ist sehr verantwortungsbewußt und hat einen guten Charakter. In seiner Freizeit verdient er sich Geld dazu. Er hat Ansprüche, gut gekleidet zu sein, gute Apparate, Uhr, Radio, TV, Fotoausrüstung usw. zu haben, dazu braucht er Geld.

Als Großvater bin ich nicht besessen von der eifersüchtigen Konkurrenz, der bessere Erzieher zu sein, wie es bei der Erziehung unserer Töchter der Fall war.

Die Begegnung mit der antisemitischen Welle der 80er Jahre: Die Forschung, zu der mich der Antisemitismus anregt

»Was haben wir Juden getan, daß wir überall gehaßt werden?« fragt mich Edith oft. Diese Frage, wie viele Fragen, enthält schon eine Behauptung und mahnt zur Selbstkritik. An dem Antisemitismus sind wir auch schuld. Daß Völker auf das auserwählte Volk Gottes eifersüchtig sind, das kann offenbar eine der Ursachen sein, ist aber nicht unsere Schuld.

In meiner Forschung, über die ich weiter unten referieren werde, habe ich Ediths Frage umformuliert: »Was haben wir Juden nicht getan? Welches sind unsere *Unterlassungssünden?*« Im 20. Kapitel von Moses' Zweitem Buch steht:

»1. Und Gott redete alle diese Worte und sprach:

2. Ich bin der Ewige, dein Gott, der ich dich geführt habe aus dem Lande Mizrajim, aus dem Knechthause;

3. Du sollst keine fremden Götter haben vor mir;

4. Du sollst dir kein Bild machen, kein Abbild dessen, was im Himmel droben und was auf Erden hierunter und was im Wasser unter der Erde;

5. Du sollst dich nicht niederwerfen vor ihnen und ihnen dienen; denn ich der Ewige, dein Gott (bin) ein eifervoller Gott, der die Schuld der Väter ahndet an den Kindern am dritten, vierten Glied, die mich hassen ...«

Der strikte Gehorsam diesen Geboten gegenüber hatte die Konsequenz, daß wir Juden uns stets geweigert haben, die Gottheiten der umgebenden Bevölkerung anzuerkennen und anzubeten. Selbst wenn wir durch eine stärkere Militärmacht besiegt und unterworfen wurden, haben wir uns hartnäckig geweigert, uns in Fragen des Glaubens zu fügen. Das erweckt Haß beim Sieger, löst aber auch Angst aus. Es läßt die Vermutung aufkommen, daß der militärisch Unterworfene eine geheime, mystische, unsichtbare Macht besitzt. Das Problem der geheimen, unsichtbaren und mystischen Macht der Juden ist Gegenstand der Untersuchung, die hier folgt. Historische Erfahrungen, wie die von der geheimen mystischen Macht der Juden, schaffen Traditionen und leiten Affekte in Kanäle, die tief in den vor- und unbewußten seelischen Systemen eingegraben sind, vergleichbar einem »Grand Canyon«.

Kurz will ich hier noch bemerken, daß in den breiten Strom des Antisemitismus auch andere Nebenflüsse einmünden. In früheren Zeiten haben alle Juden, seit der Aufklärung immer noch eine Gruppe, die religiösen Vorschriften des »koscheren« Essens befolgt. Man weigert sich, Einladungen zu Tisch anzunehmen bzw. angebotenes Essen zu genießen. Die meisten Menschen erleben ein solches Benehmen als unfreundlich und beleidigend. Ist denn unser Essen nicht gut genug? Das rührt an tiefliegende triebhafte und affektbeladene Kräfte, wo Nahrung, Mutterbrust und Mutter noch nicht getrennt sind.

»Göttinnen thronen hehr in Einsamkeit,
Um sie kein Ort, noch weniger eine Zeit;
Von ihnen sprechen ist Verlegenheit,
Die Mütter sind es!«

Goethe

Der Antisemitismus im Wandel der Zeiten: der religiöse und der politische Antisemitismus

Die neue Welle des Antisemitismus, verkleidet als Feindseligkeit gegen den Staat Israel, ist nach dem Jom-Kippur-Krieg in den Vordergrund getreten. Dieser Antisemitismus ist politisch, nicht religiös. Es kann aber nicht in Abrede gestellt werden, daß er ein neuer Zweig auf einem alten Stamm ist.

1. *Religiöser Antisemitismus*
Während der ersten Jahrhunderte nach Christus sind die Juden für die Kirche ein Mysterium tremendum und fascinosum geworden. Sie wurden für ihre eschatologische Funktion als unvermeidlich erachtet. Der Messias wird wiederkehren, wenn alle Juden sich bekehrt haben. Die Kirche hat für die Juden eine größere Toleranz gehabt als für die christlichen Häretiker. Als im IV. Jahrhundert die Kirche im Römischen Reich zur Staatskirche geworden war, befürchteten die Kirchenfürsten, daß die Armen, Unterdrückten und Verfolgten sich dem Alten Testament zuwenden würden. Als Bollwerk gegen diese Möglichkeit wurde das Dogma des eschatologischen Schemas kanonisiert. Von da an entstand das Mosaikbild des Juden: als das Satanische, welches die Wiederkehr des Erlösers verhindert, und als das Mächtige, von dem die Geschicke der Völker abhängen.

»Einstmals – ich glaub, im Jahr des Heiles Eins –
Sprach die Sibylle, trunken sonder Weins:
›Weh, nun geht's schief!
Verfall! Verfall! Nie sank die Welt so tief!
Rom sank zur Hure und zur Huren-Bude,
Roms Caesar sank zum Vieh, Gott selbst – ward Jude!‹«

Nietzsche

2. *Politischer Antisemitismus*
In meiner Studie habe ich Material aus individuellen Analysen präsentiert, um die tiefliegenden infantilen Quellen, Konflikte und Abwehrmechanismen zu illustrieren, die zum »Mosaikbild« des Juden, zum Antisemitismus und zuweilen zur Auswahl der Juden in positivem Sinne beitragen.

Der moderne politische Antisemitismus ist eine paradoxe Begleiterscheinung der Aufklärung. Ich stütze mich dabei ganz besonders auf zwei Werke: Norbert Elias: *Der Prozeß der Zivilisation*, (2 Bde., 1939) und auf Hannah Arendt: *Elemente und Ursprünge totaler Herrschaft* (1955). Wie einst, im frühen Mittelalter im Rahmen des christlichen Glaubens die *Macht* der Juden – in der Vorstellung der Kirchenfürsten – zum Motiv des Judenhasses wurde, so stand auch während der Konsolidierung der europäischen Nationalstaaten deren geheime politische *Macht* im Zentrum. Die kleinen Fürsten, die miteinander um die Hegemonie kämpften, um Söldnerscharen zu werben und auszurüsten, benötigten Geld. Woher bekamen sie Geld?

Sie nahmen Kredite bei den Juden auf. Woher verfügten die Juden über finanzielle Mittel? Es war die Folge der mittelalterlichen Verbote für die Christen, Geldhandel zu betreiben und die Einschränkung für die Juden, Handwerk auszuüben, da sie aus dem Gildenwesen ausgeschlossen waren. Die Juden waren sozusagen dazu gezwungen, sich mit finanziellen Geschäften zu beschäftigen. Die Diaspora trug dazu bei, daß weitverzweigte Verbindungen entstanden. So kam es zur Institution der *Hofjuden,* mit den wohlbekannten Häusern der Rothschild, Oppenheimer usw. Den weitverbreiteten Glauben an die Macht der Juden möchte ich an einer Anekdote vergegenwärtigen.

Vor einem Fleischerladen in Moskau sammeln sich schon am Vorabend die Käufer, um am Morgen, bei Öffnung des Ladens, vorne in der Schlange stehen zu können. Das Wetter ist rauh, es bläst der Wind, schneegeeister Regen fällt auf die Leute. Um neun Uhr morgens sollte der Laden eröffnet werden. Aber schon um Mitternacht erscheint ein Angestellter, schaut sich die Schlange an und verkündet: »Es reicht nicht für alle. Die Juden können nach Hause gehen!« – Um sieben Uhr morgens kommt der Geschäftsführer und sagt: »Es reicht nicht für alle. Nur Parteimitglieder werden bedient!« – Nach elf Uhr wird endlich verlautbart: »Es ist ein Unglück passiert. Der Lieferwagen ist in eine Grube gestürzt.« Der örtliche Parteivorsitzende und der Sekretär schauen sich verdrossen um und der eine spricht: »Tovaritsch! Wir stehen hier die ganze Nacht in Wind und Regen und Kälte. Die Juden sitzen zu Hause in ihren warmen Stuben und trinken Tee. Ist das gerecht?« – Der andere: »Ich habe schon immer gesagt, Kamerad, die Partei soll die Macht der Juden brechen.«

Es gibt zweifellos einen exaltierten Glauben in bezug auf die Juden bei einem mehr oder minder großen Teil der Bevölkerung. Was mit den Juden geschieht, davon hängt – nach dem Dogma des politischen Antisemitismus – die Weltgeschichte ab.

In der europäischen Kulturtradition wird der Jude als *Drohbild* repräsentiert, ausgerüstet mit besonderen Kräften und mit *Macht.* Die Tradition liefert aber nicht die Stoßkraft für den intensiven Judenhaß. Die Stoßkraft kommt von anderswo her, die Tradition weist nur den Weg und lenkt zum Ziel. Die Stoßkraft entspringt der individuellen Hilflosigkeit des Kindes zu Beginn seiner seelischen Entwicklung, seiner Hilfsbedürftigkeit, seinen Enttäuschungen und Haßregungen. Als illustrierende Beispiele will ich Bruchstücke aus zwei Psychoanalysen vortragen. Bei einem dieser Fälle führte die Sehnsucht nach einem mächtigen Beschützer nicht zum Antisemitismus, sondern zu einem Überglauben an die benevolente Kraft der Juden. Bei dem anderen Fall werden wir eine besondere Denkstrategie, das auswählende Denken, kennenlernen.

1. *Achilles* soll der Name des einen Analysanden sein. Als er zur Analyse kam, war er schon verheiratet und hatte eine höhere akademische Stellung inne, welche seiner Begabung entsprach. Er kam aus einer armen, proletarischen Familie. Der Vater war periodisch arbeitslos. Die Wohnung war eng und die tägliche Sorge war, genug für Essen und Kleidung zu beschaffen. Mit 14 Jahren schloß Achilles die Schule ab, und es begann eine traurige Wanderung von einem Arbeitsplatz als Lehrling zum nächsten. In keiner Werkstatt konnte er es aushalten. Er hatte Angst, mit Werkzeug umzugehen, aus einem ihm verborgenen Grund. Er konnte keinen Beruf erlernen. Ein Onkel, der Lehrer war, erkannte die Begabung des Jungen und half ihm beim Lernen, trotz des milden Unwillens der Eltern.

Als Externer legte er die Reifeprüfung ab, studierte, erwarb den Doktorgrad und habilitierte sich.

Dieses Bruchstück aus einem Lebenslauf ist nur eine Chronik, ohne Kohärenz, innere Logik und Notwendigkeit. Die psychoanalytische Arbeit hat die innere Logik, die Phantasietätigkeit aufgedeckt.

Achilles entwertete und »entidealisierte« den Vater zu früh. Damit war aber sein Bedürfnis, jemanden zu bewundern nicht erloschen. Zwischen fünf bis neun Jahren entwickelte er eine infantile Neurose. Er hatte eine phobische Angst, mit scharfen und spitzen Gegenständen wie Messer und Gabel umzugehen, aus Angst, er könnte sich selbst oder anderen Schaden zufügen. – Eines Nachmittags ereignete sich folgendes: Ein Scherenschleifer, ein Zigeuner oder Jude kam ins Haus. Der kleine Junge hat mit Faszination betrachtet, wie der Fremde angstlos mit dem gefährlichen Zeug umgeht. Als er zum Schluß die Schärfe ausprobierte, indem er die Klinge am Daumen entlanggleiten ließ, gewahrte Achilles mit Beben, daß der Zigeuner oder Jude nicht blutete. Daraus schloß er, daß jener eine *geheime Kraft besäße, die ihn unverletzbar mache.*

Andere kleine Jungen hätten verstanden, daß der Scherenschleifer geschickt war. Die Weise, wie Kinder Ereignisse in der Außenwelt verstehen, ist von den Ängsten, den inneren Nöten und dem Wunsch, etwas zu bewundern oder zu verachten, abhängig. So war das mit Achilles' besonderem Verstehen. Die Phantasie, es gäbe unverletzbare Menschen, erfüllte ihn mit Hoffnung in seiner verborgenen Not. Seine innere Logik war *Hoffnung in der Not.* Wir können da die Frage aufwerfen: Wie ist es, *machen unsere Erfahrungen uns* – wie allgemein angenommen wird – oder *machen wir unsere Erfahrungen selbst?* Die Erfahrung mit dem Scherenschleifer war wegweisend für Achilles' Lebensschicksal, Studien, Berufswahl. Aber die Erfahrung, daß es so etwas wie Unverletzbarkeit gibt und daß es möglich ist, sie zu erwerben, machte er selber, und sie führte u.a. dazu, daß er zu einem jüdischen Analytiker ging.

2. *Der Befreier.* Dieser Analysand war ein sehr begabter Flüchtling aus dem Baltikum. In seiner Vorstellung war er eine Art von Christusgestalt, dazu berufen, sein Vaterland durch seinen Opfertod zu befreien. Der Befreier war manifest homosexuell. Von der Psychoanalyse erwartete er, seine periodischen Depressionen loszuwerden. Die Homosexualität wollte er behalten. Homosexualität bedeutete für ihn den Besitz einer *geheimnisvollen Macht,* die er für sein patriotisches Werk benötigte: Mit ihrer geheimnisvollen Macht konnten die homosexuellen Geheimagenten die streng bewachten Frontlinien zwischen kriegführenden Mächten in beiden Richtungen überschreiten, sie konnten ihre Opfer in ihr Garn wickeln, wegen ihrer homosexuellen Praktiken erpressen und somit zwingen, dem Feind zu dienen.

Hier soll auf einen eigentümlichen *Denkfehler* aufmerksam gemacht werden. Warum glaubt der Befreier daran, daß die Homosexuellen eine besondere Macht haben? Die armen Teufel, die im Netz zappeln und Angst davor haben, aufzufliegen und sich daher erpressen lassen und machtlos sind, die sind nämlich gleichfalls homosexuell.

Der Befreier *wählt aus der großen Gruppe der Homosexuellen einzelne Individuen heraus und nimmt diese einzelnen Individuen als Repräsentanten der ganzen Gruppe,* als Träger geheimnisvoller Kräfte.

Der Mathematiker G. Cantor hat das auswählende Denken beim Aufbau der Mengenlehre verwendet. D. Hilbert formulierte das »Auswahlaxiom in seiner allgemeinlogischen Gestalt« (I. Hermann). Hermann beschreibt die Rolle dieser Denkstrategie bei der Konstruktion von Verfolgungsideen und beim Entstehen von kollektiven Wahngebilden, Haß und Mißtrauen fremden Völkern und Menschengruppen gegenüber.

Der Unterschied zwischen dem Mathematiker und dem Paranoiker ist der folgende: Der Mathematiker verwendet das auswählende Denken, um nicht offenkundige Eigenschaften der Dinge der Welt ausfindig zu machen. Der Paranoiker verwendet diese Denkstrategie, um etwas Offenkundiges zu verschleiern und zu verbergen und damit zu verneinen. Der Befreier kann an die außerordentliche Macht seiner Homosexualität glauben und das Gefühl der eigenen infantilen Hilflosigkeit vor seinem eigenen Bewußtsein verbergen. Sein Glaube ist eine Lebenslüge wie in Ibsens *Wildente*.

In dem Dogma des politischen Antisemitismus wird die verschwindend kleine Gruppe der »Hofjuden« als Repräsentant des Juden ausgewählt.

Das Schicksal des Einzelnen und die Geschichte der Nationen wird von dem Zusammen- und Gegenspiel von Kräften gelenkt, die das gemeine Volk nicht erfassen kann. Im großen und ganzen erlebt man sich nicht als »Macher« der Geschichte, sondern als ihre Schöpfung. Es kann leicht glaubhaft gemacht werden, daß jeder Kampf in der Welt zwischen geheimen Gesellschaften ausgefochten wird, und daß die Juden, die Freimaurer und die Jesuiten solche Gesellschaften bilden. Sie sind es, welche von »hinter den Kulissen aus« die Welt lenken. Vorurteile, Glaube und Tradition werden leicht zu Schlupfwinkeln, in denen die infantilen Phantasien sich einnisten können.

Zum Abschluß möchte ich die Themen meines Lebens, über die meine Selbstdarstellung gehandelt hat, kurz zusammenfassen. Die wichtigsten Menschen meines Lebens sind meine Eltern, mein Bruder Gyuri, Edith, meine Töchter Mirjam und Vera, die Großeltern, mein Onkel Felix (sowohl als positives als auch als negatives Vorbild) und mein Freund und Cousin Imre. Meine Wünsche, Enttäuschungen, Ambivalenzkonflikte und Schuldgefühle sind mit ihnen innigst verknüpft.

Themen, die nachhaltig meine Entwicklung, den Lebenslauf und die Berufswahl bestimmt haben, sind meine Identität, Jude zu sein und mein Wissensdurst. Im Zentrum stehen zwei Wissensgebiete, die Psychoanalyse und die Biologie.

Abschließend möchte ich aufzeichnen, wann und wo mein Weg zur Psychoanalyse einen Kreuzweg passiert hat.

Auf dem Kreuzweg

Der erste kam, als ich ermuntert von unserem Hausarzt, Dr. Armin Gábor, meine Anstellung als Buchhalter kündigte und die Universitätsstudien begann. Ich war 19 Jahre alt. Zur Ökonomie der Familie trug ich nur unzulänglich bei, indem ich Privatunterricht erteilte.

Meine Wahl bereitete mir Schuldgefühle, da mein Vorbild Imre Kinszki, unter ähnlichen Umständen darauf verzichtet hatte, Biologe zu werden und die Laufbahn eines Bureauangestellten angetreten hatte. Anstatt Forscher wurde er in seiner Freizeit ein ausgezeichneter Naturfotograf. Er blieb in Ungarn und beendete sein junges Leben, zusammen mit seinem Sohn, in Auschwitz.

Der zweite kam, als Ferenczi dem 21-Jährigen vorgeschlagen hatte, Psychoanalytiker zu werden. Obwohl mir das schmeichelte, lehnte ich dankend ab. Ich erklärte, ich wolle Biologe werden. Analyse interessiere mich als Wissenschaft und wegen meiner persönlichen Neurose. Nach einem Umweg von einem Vierteljahrhundert bin ich zu diesem Kreuzweg zurückgekehrt und habe unter der Leitung von de Monchy den Weg zur Psychoanalyse angetreten. Nach Beendigung der Analyse bei ihm sind wir Freunde geworden.

Der dritte Kreuzweg kam, als mir der Paläontologe Koloman Lamprecht geraten hat, innerhalb der Biologie die Biochemie zu meinem Spezialgebiet zu wählen. Die Zukunft gehöre diesem Zweig der Biologie. Später habe ich es manchmal bedauert, daß ich seinem Rat nicht gehorcht habe. Seinen anderen Rat, Ungarn bei der erstbesten Gelegenheit zu verlassen, weil »hier wird nichts aus Ihnen«, habe ich befolgt.

Bibliographie

Pszichoanalizis és történetfilozofia. Tanulmányok a szellemi tudományok köréböl. (Psychoanalyse und Philosophiegeschichte. Untersuchungen aus dem Kreis der Geisteswissenschaften.) Herausgegeben von Alexander Nagy. Bd. I. Budapest 1926, (Amicus).

A pszichológiai megismerés utjai. (Wege des psychologischen Erkennens). Magyar pszichológiai szemle. I. Budapest 1930.

Prinzipielles zu der Frage, ob die Tiere menschliche Wörter »verstehen« können. Z. Psychol. 126, 1932.

Über den Aufbau der Sinnesfunktionen, Z. Psychol. 126, 1932.

Zur Frage der sog. Psychometrie, insbesondere der Testmethode in der Intelligenzforschung. Erkenntnis, 11. 1936.

Uppfostran och arv. (Erziehung und Vererbung) Hjälpskolan. XVII, Stockholm, 1939.

Studien zur Psychologie des Denkens: Zur Topologie des Einfalls. Acta Psychologica, V, 1940.

The Dynamic of Thought Motivation. Amer. J. Psychol. LVI, 1943.

Die Bedeutung der Situation für das Denken. Ansätze zu einer Feldtheorie des Denkens. Theoria IX, Stockholm 1943.

Zur Psychologie des Geistigen Schaffens. Schweiz. Z. Psychol. IV, 1945.

Lära och förstå. (Lernen und verstehen) Folklig Kultur, Stockholm 1945.

Tänkande och vetande. Jämte ett bidrag till förståendets psykologi. (Denken und Wissen. Ein Beitrag zur Psychologie des Verstehens). Tidskrift för psykologi och pedagogik. 111, 1946.

Fortsatta försök rörande inlärning, vetande och tänkande. (Fortgesetzte Untersuchungen über Lernen, Wissen und Denken). Tidskrift för psykologi och pedagogik. 111, 1946

Productive processes in learning and thinking. Acta Psychologica. VII, 1950.

Knowledge and thinking. Acta Psychologica. VII, 1950

Grundlage der Persönlichkeitsdiagnose vermittels projektiver Tests. Acta Psychologica. VIII, 1951.

Die Realität in der Auffassung Freuds, Theoria XVII, 1951.

Biological remarks on fears originating in early childhood. Int. J. Psycho-Anal. XXXV, 1954.

On the origin of man and the latency period. Int. J. Psycho-Anal. XXXVIII, 1957.

Deckerinnerung als erfüllte »Vorahnung«. Psychol. Beiträge 111, 1957.

A screen memory and myth formation in a case of appearent precognition. Int. J. Psycho-Anal. XXXIX, 1958.

Some comments on problem-solving availability and test-magic. Acta Psychologica XIV, 1958.

The problem of experience in the Gestalt Psychology. Theoria, XXV, 1959.

Success, Successneurosis and the Self. Brit. J. Med. Psychol. 33, 1960.

Das Denken im Rahmen der psychoanalytischen Theorie, Jahrb. d. Psychoanalyse, II, 161.

The creative pause, Int. J. Psycho-Anal. 48, 1967.

La signification, les schémas de la signification et les schemas corporels de la pensée. Rev. Franc. Psychanal. XXVIII, 1968.

Die schöpferische Pause. Schweiz. Z. Psychol. XXVII, 1968.

Comment on Dr Haas' paper. Int. J. Psycho-Anal. 49, 1968.

Über den Beginn des Maschinenzeitalters: Psychoanalytische Bemerkungen über das Erfinden. Schweiz. Z. f. Psychol. 29, 1970.

Über den Beginn des Maschinenzeitalters (In vieler Hinsicht veränderte Neuauflage des Aufsatzes von 1970), in: Psychoanalyse in Berlin. Beiträge zur Geschichte, Theorie und Praxis, Meisenheim 1971, S. 106-115.

Sur le debut de l' ère de la machine. Le Coq Héron, 22, 1971.

Observations psychanalytiques concernant les périodes de créativité d' un jeune savant. Le Coq Héron. 20-21, 1971.

Psychoanalytic observations on the creative spell of a young scientist, Isr. Ann. Psychiatr. 10, 1972.

Thomas Manns »Tod in Venedig«. Mit Anmerkungen über psychoanalytische und marxistische Literaturinterpretation. Psyche 27, 1973.

Sinn, Deutung und Selbsterkenntnis in der Psychoanalyse. In: Die Psychologie des 20. Jahrhunderts, Bd. II., Zürich 1976 (Kindler).

Denkverlauf, Einsamkeit und Angst. Experimentelle und psychoanalytische Untersuchungen über das kreative Denken. Bern 1976 (Huber).

Ein Diskurs über Sophokles: Freud und der Determinismus. Jahrbuch der Psychoanalyse XII, Bern 1981 (Huber). Scand. Psa. Rev. 1978, I.

Anniversaries, unfinished Mourning, Time and the invention of the Calendar. A psychoanalytic »apercue«. Scand Psa. Rev. I, 1978.

Psychoanalysis: Its tragic vision of »Conditio Humana« and the ideological Drama. Int. Rev. Psycho-Anal. 8, 1981.

Gatlykta ach fyrverkeri – reflexioner kring ett honnörsord. (Straßenlaterne und Feuerwerk – Reflexionen über eine Ehrenbezeichnung). Psykisk Hälsa, Stockholm, 1981.

Plaidoyer för osäkerheten, (Plädoyer für Unsicherheit). Psykisk Hälsa, Stockholm, 1981.

Förståelse ach insikt. (Verstehen und Einsicht). Psykisk Hälsa, Stockholm, 1982.

Plaidoyer ach avståndstagande. (Plädoyer für Distanzierung). Psykisk Hälsa, Stockholm, 1982.

Discourse on van Gogh. Understanding and explanation in psychoanalysis. Scand. Psa. Rev. 5, 1982.

Some observations on the creative process and its relation to mourning and various forms of understanding. Int. J. Psycho-Anal. 64, 1983.

Der Libanonkrieg und die Zuschauer. B'nai B'rith Journ. 1984.

Linné and Freud. Scand. Psa. Rev. 9, 1986.

The initiation of the creative process and the Oedipal challenge. Scand. Psa. Rev. 10, 1987.

Brain storming omkring drift, moderlighet ach högre själsliv. (Gedanken über Triebe, Mütterlichkeit und höheres Seelenleben). Psykisk Hälsa, Stockholm, 1987.

Tradition and infantile fantasy in the shape of modem antisemitism. Scand. Psychoanal. Rev. 11, 1988.

The dawning of a thought and the Tale of play and trauma. Scand. Psa. Rev. 12, 1989, S. 116-125.

Die Geburt eines Gedankens und die Funktion von Trauma und Spiel. Zeitschr. f. psychonal. Theorie und Praxis 4, 1989.

Tradition und infantile Fantasien in den Gestalten des modernen Antisemitismus. Zeitschr. f. psychoanalytische Theorie und Praxis, 4, 1989.

Ångest, depression ach kreativitet. In: Om kreativitet och flow. Stockholm 1990 (Bromberg).

Danckwardt, J. F.: Zum Tode von Lajos Székely. DPV-Informationen Nr. 18, November 1995, 1.

Johansson, M.: Fleeing from one place, searching for another. International Forum of Psychoanalysis, 12, Nr. 2/3, 2003, 157-163.

Frederick Wyatt (1911 – 1993)

Warum ich Psychoanalytiker wurde – überdeterminiert![1]

Der Gedanke, eine Biographie zu schreiben, ist mir nicht neu. Ich habe viel erlebt und miterlebt – als Zuschauer wie auch als Opfer dieses schrecklichen Jahrhunderts. Ich habe viel erlebt auch in dem Sinn, daß ich darüber reflektiert habe. Natürlich habe ich, wie jeder andere Mensch, verdrängen müssen, womit ich anders nicht fertigwerden konnte; aber soweit es möglich war, habe ich es aufzubewahren versucht und es nicht verworfen, nur weil es schmerzlich oder beschämend war. Diese Erinnerungen bilden das Fundament des eigenen Selbst. Sie verlangen immer wieder, nicht nur festgehalten und aufbewahrt, sondern auch artikuliert zu werden – einer der Gründe, warum Leute Autobiographien schreiben. Pirandello hat dieses Bedürfnis in seinem Stück *Sechs Personen suchen einen Autor* deutlich gemacht. Daneben habe ich viele interessante Menschen kennengelernt, darunter einige, die weithin berühmt geworden sind oder es schon waren; und viele, die jedenfalls in ihren Fächern bekannt sind und deren Namen in unseren Diskussionen und Schriften immer wieder auftauchen. Ich habe mir oft gedacht, ich sollte aufschreiben, wie ich diese Begegnungen erlebt und was ich von ihnen mitgebracht und behalten habe.

Der Auftrag für diesen biographischen Essay setzt noch einen besonderen Akzent: Er soll nicht eine Biographie schlechthin, sondern eine psychoanalytische Biographie sein, soll beschreiben, wie ich dazu gekommen bin, Psychoanalytiker zu werden. Die Aufgabe hat mich angezogen, obwohl ich gleich merkte, daß ich aus Platzgründen vieles würde aussparen müssen. Ich hätte gern auch über andere Aspekte meines Lebens geschrieben. Schließlich hat aber gerade die Analyse mein Leben manifest und noch mehr in subtiler, weniger deutlicher Weise beeinflußt und mitgestaltet. Es ist darum ebenso sinnvoll, über diesen Aspekt meines Lebens und meiner Erfahrung zu berichten wie über irgendeinen anderen. Natürlich stellt sich die Frage nach der Wichtigkeit eines Segments, verglichen mit dem Ganzen. Aber

---

[1] Diese Arbeit ist dem Andenken an Fritz Redl gewidmet.

die Ganzheit auch eines an sich gar nicht so spektakulären Lebens erfassen zu wollen, könnte nur zu einer Art unendlicher Biographie führen, durchaus analog zu der »unendlichen Analyse« Freuds. Im folgenden kann und will ich nicht über alles schreiben, aber doch einiges über eine Karriere, die tatsächlich mit der Psychoanalyse eng verbunden ist.

Wenn man mich fragte, was meine ersten Kontakte mit der Psychoanalyse waren, so würde ich ohne Bedenken sagen: Sie müssen durch Fritz Redl zustandegekommen sein; ihm verdanke ich sie. Denn er, der vorher ein Jahr lang mein Lehrer am Realgymnasium gewesen war, hatte mich nachher, als sich die Lehrer-Schüler-Beziehung in Freundschaft umwandelte, in mehrere Bereiche der Erkenntnis eingeführt, die für mein Leben wichtig werden sollten. Da war chronologisch gesehen erst die Philosophie, die lange vor der Psychoanalyse für mich große Bedeutung hatte. Das kam so: Redl übernahm als Junglehrer meine Klasse im Gymnasium, um sie in Deutsch und Englisch zu unterrichten – ein Jahr nach seiner Staatsprüfung, die er, als musterhafter Student, schon mit 23 oder 24 abgelegt hatte. Im damaligen Österreich bezeichnete »Quarta« den vierten Jahrgang des Gymnasiums. Es ist mir stets absonderlich vorgekommen, daß man im deutschen Gymnasium von hinten nach vorn zählt, noch dazu Tertia, Sekunda und Prima in eine untere und eine obere Stufe teilt. Aber die Ordnung der Dinge war eben in Österreich anders als im »Reich«. Das Festhalten am Mythos der Vergangenheit und den damit häufig verbundenen kompensatorischen Größenphantasien unterschied die beiden Länder freilich nicht. Beide waren außerstande, nach den Niederlagen des Ersten Weltkriegs den Hunger nach der entschwundenen Größe aufzugeben und zu versuchen, es mit den ungeheuren Veränderungen in der Welt, sozial, politisch, technologisch, aufzunehmen. Auch in der kurzlebigen wirtschaftlichen Erholung der Jahre vor der ökonomischen Katastrophe von 1928 steuerten beide, im Rückblick deutlich erkennbar, schon auf die viel größere politische Katastrophe von 1933 zu, die Größenphantasien und den kollektiven Frevel. Fazit: Ich wuchs auf in einer Atmosphäre von willkürlicher, verbissener und wohl auch verzweifelter Realitätsverleugnung und kam aus ihr und, wie mir jetzt scheint, *ihretwegen* zur Psychoanalyse, um mich gegen die endemische Tollheit der Zeit mit ihren Spannungen und ihrem damals nur dunkel erahnten psychotischen Kontagium zu schützen.

Redl, ebenso an den Menschen wie an der Dienstleistung interessiert, behielt mit einigen seiner Schüler auch später Kontakt, nachdem er an ein

anderes Gymnasium versetzt worden war. In unserer kollektiven Phantasie haben wir, die von ihm Geförderten, ihn damals wegen seines Wohlwollens, das für uns einen Schein von Heiligkeit hatte, mit Aljoscha Karamasow verglichen. Das stimmt natürlich nur mit Einschränkungen, zeigt aber, wie überrascht, wie tief beeindruckt wir von seiner Fähigkeit zur generösen und zugleich immer sachlichen Zuwendung waren. Wir mögen ihm wegen unserer einseitigen intellektuellen Dispositionen aufgefallen sein, hinter denen sich unsere unerledigten Entwicklungsprobleme kaum verbergen konnten. Nachdem Redl vom Floridsdorfer Gymnasium an ein anderes, das in der Diefenbachgasse, versetzt worden war, hielt er zu einigen seiner früheren Schüler die Beziehung aufrecht, mag sein, weil er eine gewisse Affinität zu ihnen empfand. Nur bei mir allerdings hat sie sich bis in die späten Universitätsjahre und darüber hinaus erhalten. Nach einer Unterbrechung von mehr als einem Jahr trafen wir uns in den Vereinigten Staaten wieder, wohin Redl ein Jahr vor der Usurpation Österreichs aufgrund eines Rockefeller-Stipendiums und ohne jede politische Voraussicht gegangen war. Vor seiner Abreise lag eine Zeit, in der Redl mich und meine spätere Frau Gertrud mit den Bettelheims bekanntgemacht hatte. Wir trafen uns häufig. Peter Blos, ursprünglich aus Stuttgart, studierte damals Biologie in Wien, und Erik Erikson aus Karlsruhe hatte nach einigen Versuchen, Malerei zu studieren, angefangen, sich als Psychotherapeut zu betätigen. Beide lernte ich aber erst viel später in den Vereinigten Staaten kennen.

Aber zurück zu den Anfängen. Redl lag gewiß nichts daran, Proselyten zu machen und Anhänger für seine eigenen Ideen zu gewinnen. Vielmehr wollte er uns helfen, unsere eigenen Wege zu finden. In der Adoleszenz, mehr als zu jeder anderen Zeit, sucht man nach Führern und Vorbetern, und Redl ließ sich in einem vorsorglich begrenzten Maß auch dazu gebrauchen. Anders aber als die echten Trommler und Rattenfänger lehnte er es geduldig, aber entschieden ab, mehr von dieser Rolle auf sich zu nehmen, als sich mit seinem tiefen und intuitiven Verständnis für junge Leute vertrug. Er hat das Vertrauen, das wir in ihn setzten, nie enttäuscht, und als wir begannen, unseren eigenen Weg zu gehen, fand er das selbstverständlich, ja wünschenswert. Aus dem Kontakt mit ihm entwickelte sich im Laufe der Jahre eine der wichtigsten Freundschaften meines Lebens.

Die Motivation für die Psychoanalyse muß ich noch um ein Geflecht von Antrieben und Anlässen erweitern. Von solchen Entscheidungen wissen wir, wenn sie wirksam werden, nur ganz wenig. Erst viele Jahre später rekonstruieren wir dann aus vielerlei Erfahrungen, wie wir zu der Stelle im Leben gekommen sein mögen, die wir jetzt einnehmen. Dieser Prozeß ähnelt dem der Analyse, wie wir sie jetzt verstehen. Wir schreiten keineswegs von oben nach unten fort, wie bei der Ausgrabung einer archäologischen Stätte, obgleich es Tradition in der Psychoanalyse hat, das zu behaupten. Es entspricht aber längst nicht mehr der Erfahrung: In Wirklichkeit arbeiten wir gleichzeitig von oben nach unten und umgekehrt, wir machen ständig unvorhergesehene Sprünge aus der Gegenwart in die Vergangenheit und zurück. Wir stellen nach Rankes prägnantem, aber unhaltbarem Wort Hypothesen darüber auf, »wie es denn wirklich gewesen«. Denn vieles von dem, was in unseren Analysen früh zur Sprache kommt, verstehen wir erst viel später. Die Vielschichtigkeit der Bewegungen und Motive einer Lebensgeschichte ist in Wirklichkeit unerfaßbar. Erst wenn wir das begriffen haben, ahnen wir, wieviele Umstände schon an den kleinen, noch viel mehr an den größeren Wendungen und Wandlungen eines Lebens mitgewirkt haben.

Daß man später eine Gelegenheit ergreifen würde, wenn sie sich bietet, dafür gab es Zeichen schon viel früher – nur konnte man sie damals noch nicht verstehen. Man greift auf, wonach man schon lange gestrebt hat, ohne es zunächst zu merken. Ich weiß nicht mehr genau, wann ich der Psychoanalyse zum ersten Mal wirklich begegnet bin, nicht mehr, wann ich das erste analytische Buch aufschlug. Immerhin habe ich heute plausible Vermutungen, was mich dazu geführt, darauf vorbereitet hat. Wie schon berichtet, die Freundschaft mit Fritz Redl, obwohl sie in ihren frühen Stadien nur wenig mit der Psychoanalyse zu tun hatte. Erst später, als sich ein anderer und neuer Freundschaftskreis gebildet hatte, begann Redl häufiger von der Analyse, auch von seiner eigenen Lehranalyse zu reden, die sich über lange Zeit hingezogen zu haben scheint, ohne ihm zu bringen, was er von ihr am meisten wünschte. Aus diesen Schilderungen und meinen eigenen Phantasien erschien mir die Analyse damals wie eine Mischung aus Heilslehre und Schwarzkunst. Dazuzugehören war wie die Mitgliedschaft in einem exklusiven Geheimbund. Schon an ihren Ideen teilzunehmen, verlieh den besonderen Status der Avantgarde, mehr noch, wenn man zu ihren Probanden gehörte, d.h. in der psychoanalytischen Ausbildung war. Rolle und Erscheinung des Psychoanalytikers, wie ich ihn mir vorstellte, faszinierten mich; ebenso die Analyse als Theoriengebäude, das es vermochte, Probleme des Lebens anscheinend mühelos zu erklären. Wer sich dieses Wissen angeeignet hatte, nahm an ihrer Macht teil, einer Macht in der Ohnmacht des einzelnen, die gerade in dieser Zeit einschneidend erlebt wurde.

Heute muß ich über diese Phantasien lächeln, freilich ohne sehr überrascht darüber zu sein. Analytiker sein ist eben nicht nur ein Beruf, ein Lebensunterhalt oder sagen wir: damals war es das noch viel weniger, als es das heute ist. Jetzt bilden wir immer mehr Analytiker aus, die vor allem nach einer sicheren, lukrativen und bequemen Beschäftigung suchen und daneben gerne das Prestige des Analytikers, des säkularen Priesters dieser Zeit haben möchten. Kein Wunder, daß die so zur Analyse Gekommenen sich wenig um die Weiterentwicklung der Analyse, des analytischen Gedankens kümmern. Daher neigen sie auch dazu, spektakuläre Tricks aufzugreifen, die ihnen den Erfolg versprechen, den sie mit der analytischen Methode nicht erzielen konnten, nicht zuletzt wegen ihres ungenügenden Verständnisses, wegen ihres Mangels an innerer Nähe und Vertrautheit mit der analytischen Anschauungsweise. Zu meinen sauertöpfischen Bemerkungen muß ich freilich auch hinzufügen, daß, wie *figura* zeigt, auch der gestandene Analytiker der Tendenz des Alternden ausgesetzt ist, zum *laudator temporis acti* zu werden. Wie dem auch sei, bei der Wahl der Analyse als Beruf schien wenigstens bei einigen eine grundsätzliche Wahlverwandtschaft mitzuwirken. Man ging wie magisch angezogen schon von früh auf sie zu. Ich erinnere mich noch genau an das Gefühl, wenn auch nicht an die Gelegenheit: *Das* ist das Richtige für mich, das ist genau, was ich gesucht habe!

Wie kommt man also zur Psychoanalyse, abgesehen von den Menschen, die einen dazu geführt haben? Welche Bücher zum Beispiel haben dazu beigetragen? Denn die Bücher, die einem während der Entwicklung besonders wichtig waren, enthalten auch *cues* für die Charakterentwicklung des jungen Lesers, wie übermalte Bilder *(pentimenti)*, in denen das ursprünglich Gemalte durchscheint und sich unter günstigen Umständen wiederherstellen läßt. Warum es gerade diese Bücher waren, die mir tiefe Eindrücke hinterließen, müßte sich jetzt nach einem langen, reflektierten Leben erkennen lassen. Sie müssen eigenen Vorstellungen, Bildern, Wünschen entsprochen haben, die unmerklich nach Ausdruck verlangten. Im Buch kam mir all das entgegen, wunderbar geordnet, und nahm auf vielen Seiten vorweg, wonach ich suchte. Die Wechselwirkung der drei, der Phantasie, der sie fördernden Bücher und der sich indes entfaltenden Lebensgeschichte, weist auf den Charakter, wie er sich unvermerkt bildet. Es ist daher nicht ganz unrichtig zu sagen: Diese Bücher, dieser Autor haben mich geschaffen.

Das erste wichtige Buch in meinem Leben, das ich selbst lesen konnte, war der *Struwwelpeter*. Seiner Wirkung im einzelnen nachzugehen, hieße das eigene Unbewußte verpetzen. Da die meisten Leser dieses Berichts ohnedies ähnlichen Bekenntnissen tagaus, tagein ausgesetzt sind, so wollen wir die Wirkung dieses Klassikers auf mich und meine Entwicklung für einen Sonderbericht zurückstellen. Das erste literarische Buch in meinem Leben, das mir wichtig wurde, war aber Kiplings *Dschungelbuch*. Zeitlich muß es dem *Struwwelpeter* vorangegangen sein, denn ich erinnere mich, daß mein Vater mir daraus vorlas, als ich mit einer Kinderkrankheit zu Bett lag. Aus den Umständen folgt, daß ich damals drei bis höchstens vier Jahre alt gewesen sein muß, denn dann begann der Krieg, und mein Vater war bis auf die wenigen Besuche, die ihm als Soldaten zugestanden wurden, auch wenn er Offizier war, die nächsten fünf Jahre nicht mehr zu Hause. Später, als ich lesen gelernt hatte, las ich das *Dschungelbuch* selbst, zuerst viele Male in einer kleinen, mit Holzschnitten illustrierten Ausgabe. Später las ich dieselben Geschichten endlich auf Englisch, diesmal in einem Taschenbuch, um herauszufinden, wie sie mir jetzt gefallen würden, wie ich es mit Büchern oft gemacht habe. Damals war Kipling im Nadir seines Ansehens, verschrien als Imperialist und Unterhaltungsschriftsteller. An ersterem läßt sich nicht zweifeln, nur daß Kipling doch verantwortlicher und kritischer war als die meisten seiner imperialen Zeitgenossen. Was er zu der Politik seiner Epoche zu sagen hatte, erscheint auch mir als zeitgebunden, beschränkt sowie oft ungebührlich sentimental. Das *Dschungelbuch* dagegen, frei von alldem, hatte seinen Charme, seinen Kindersinn und seine naiv-poetische Qualität durchaus behalten. Fast alles, was ich sonst von Kipling las, war, von der Tendenz abgesehen, als Erzählung beispielhaft, ebenso wie sein Stil, der eines mustergültigen Berichterstatters und unprätentiösen Erzählers.

Was blieb von der Kipling-Rezeption des Dreijährigen? Die Romanze der anthropomorphisierten Tiere, der Zauber ferner Länder und die Anspielung auf die Einsamkeit des Einzelkindes; das Pathos dieser Einsamkeit, aber auch der Drang zu verstehen, die Sehnsucht, verstanden zu werden, und die Suche nach gleichgestimmter Kameradschaftlichkeit. Nicht zuletzt war da die Erfahrung, daß Bücher ein Grundbehagen vermitteln und damit zu einem elementaren Schutz gegen die Unbilden des Lebens werden können, zu den verläßlichsten Gefährten. Zwar sagt Rilke: »Vertrau' den Büchern nicht«, aber ganz so ernst kann er es auch nicht gemeint haben, denn, wie der folgende Vers bezeugt, wollte er nur vor jener fragwürdigen Kenntnis der Welt warnen, die bloß auf Büchern beruht. Damit hätte er sich auch an viele Analytiker wenden können.

Das zweite Buch meines Lebens erhielt ich zu Weihnachten, als ich etwa neun Jahre alt war. Wieder war es mein Vater, vor kurzem aus dem Krieg ins Zivilleben zurückgekehrt, der mir den *Lederstrumpf* von James Fenimore Cooper schenkte. Ich muß hinzufügen, daß er, unablässiger Sammler und Bücherfreund, eine große Bibliothek aufgebaut hatte. Er starb, als ich kaum elf Jahre alt war. Erst fünf oder sechs Jahre später begann ich, diese Bibliothek zu durchforschen und langsam in Besitz zu nehmen. Ich fand zwar Jensens *Gradiva*, schon damals durchaus *passée;* aber kein Buch von Freud, was mich angesichts der universellen, wenn auch ungezielten Interessen meines Vaters später sehr gewundert hat. – Nachdem ich also den *Lederstrumpf* offiziell in Empfang genommen hatte, zog sich zu meiner Enttäuschung der Geber damit in den eigenen Lesesessel zurück, offenbar um der wiedererweckten Nostalgie zu frönen. Ich erhielt das dicke Buch aber bald wieder zurück und las nun monatelang mit steigender Begeisterung darin. Ich war von allen möglichen offenen und geheimen Identifikationen mit den Personen dieser fünfbändigen *trapper- and frontiersman-saga* gebannt, nicht nur mit ihrem Helden Nathanael Bumppo, dessen scherzhaften Rufnamen im Sinne von »bump« (heftig anstoßen, niederschlagen, umlegen) ich aber erst in meinen anglophonen Jahren richtig verstand. Das Schöne an Bumppo war ja gerade, daß er niemanden willkürlich »umlegte«, wie seine vulgären Nachfahren, die großsprecherischen Typen der meisten Western. Er tat niemandem etwas zuleide, der ihn nicht ernstlich bedrohte; im Gegenteil, in seiner simplen unpathetischen Art bewies er sich immer wieder als verläßlicher Freund und Helfer. Bumppo war »fromm« im mittelhochdeutschen Sinn des Wortes, d.h. redlich und gut, in Harmonie mit der Natur und ihren Gesetzen.

Dem dritten, für mich noch bedeutsameren Buch begegnete ich in der Frühadoleszenz. Felix Dahns *Kampf um Rom* wurde damals noch viel gelesen. Ich weiß nicht mehr, wie ich dazu kam, aber ich las es mit der Gier und Besessenheit, wie sie einen nur in diesem Lebensalter mit überwältigender Macht erfaßt. Man fällt in Bücher hinein wie in ein Zauberland, wie die

Kinder im Märchen in einen Brunnenschacht fallen, als *rite de passage,* zu der natürlich die Wiedergeburt zu einem neuen Leben gehört. Heute ist mir schon klar, daß dieser dreibändige Schmöker nicht zur großen Literatur gehört; Dahn zeigt wenig Verständnis dafür, wie Menschen wirklich fühlen und denken. Er kommt aus einer bestimmten sozialgeschichtlichen Mentalität, an der wir heute mit Recht wenig Gutes finden können. Ebenso suspekt ist seine Heldenverehrung mitsamt der dazugehörenden Idealisierung des destruktiven Untergangs dieser Helden. Die Folgen dieser Mentalität haben wir als unfreiwillige Zeugen einer wildgewordenen Banalität miterleben müssen. Daß der *Kampf um Rom* kein »großes« Buch ist, tat ihm in jener Zeit freilich keinen Abbruch. Ich las die drei Bände mit Begeisterung, gewiß drei oder vier Male. So sonderlich es klingen mag, der erst dämmernde Sinn für das, was ein amerikanischer Kritiker viel später »Freud's tragic vision« genannt hat, begann für mich im *Kampf um Rom.* Von dort führte der Weg für mich über Nietzsche direkt zu Freud, erst zur Philosophie, dann zur Psychoanalyse. Beide Interessen ergaben sich aus den Umständen eines Einzelkindes, das, noch vor dem Krieg in der »guten alten Zeit« geboren, die Kriegsjahre allein mit seiner Mutter verleben mußte. Denn der Vater war natürlich eingerückt und für fünf wichtige Jahre aus meinem Leben abwesend, bis auf eben jene kurzen Heimaturlaube, aus denen sich ein Kind viel eher Wünsche und Verwirrungen holt als eine gesicherte Beziehung. Dann, als er endlich zurückkam, hatten wir eine kurze Frist von drei Jahren miteinander. Das waren die Hungerjahre nach dem Krieg, als wir monatelang nichts zu essen hatten als schlechte Polenta, die unter günstigen Umständen mit einer ranzig schmeckenden Margarine gefettet werden konnte; und als einzige Zutat Wruken, zähe Kohlrüben.

Vater lehrte mich in unvergeßlicher Weise, mit dieser Notlage umzugehen, so daß ich sie nur marginal als solche erlebt habe; vielmehr als etwas, mit dem man ohne große Anstrengung fertig wird. Wenn es wenig Polenta gab, führte er mir vor, wie man sie über den Teller ausstreichen konnte, »damit es nach mehr aussähe«. Er nahm diese Zeit der Not mit Gelassenheit hin und war mir damit ein wunderbares Vorbild, wie man klaglos mit dem Unabänderlichen zurechtkommt. Sein Verhalten in dieser Zeit hat mich mein Leben lang beeindruckt. Er lehrte mich, körperliche Bedürfnisse nicht zu ernst zu nehmen; aber er ließ mich auch mit einer lebenslangen Sehnsucht nach seiner inneren Ruhe und Bedürfnislosigkeit, von denen sich mein eigenes Temperament zu meinem Kummer deutlich unterschied.

Man redet viel über die Anfälligkeit des Einzelkindes, meistens, bevor man sich die Mühe genommen hat, das Leben von Einzelkindern mit all seinen Eigenheiten und seiner Variabilität mit eigenen Augen anzusehen. Mir scheint, ich habe aus der engen Bezogenheit auf die Erwachsenen viel gelernt. Ich stand den Eltern allein gegenüber, ohne die Möglichkeit, in die Kinderwelt von Geschwistern auszuweichen. Das machte es notwendig, in besonderer Weise auf die Erwachsenen einzugehen, woraus sich später psychologisches Verständnis entwickelte.

Wenn ich mich recht erinnere, las ich Freud zum ersten Mal mit 17 Jahren. Ich borgte mir aus der recht gut ausgestatteten Arbeiterbibliothek des 21. Gemeindebezirks in Wien ein paar Bände aus und begann ausgerechnet mit *Das Ich und das Es*. Der junge Bibliothekar gab mir die Bände, die ich bestellt hatte, mit unverkennbarem Widerwillen. »Wenn Sie glauben, daß Sie diese bourgeoise Pornographie lesen müssen ...«, sagte er verachtungsvoll. Aus ganz anderen Gründen gewann ich zunächst wenig aus diesem Buch. Noch heute wirkt es auf mich als einer von Freuds kühnsten, aber auch schwierigsten Texten wegen seiner weitgetriebenen Abstraktionen. Das Erlebnis mit dem Bibliothekar habe ich in Erinnerung behalten, weil es einen der frühesten Anstöße für meinen Widerwillen gegen Ideologie und zugleich auch gegen die »Ideologie-Kritik« enthielt. In dieser Bibliothek und mit diesem Bibliothekar fand also meine erste deutlich erlebte Begegnung mit Ideologisiertheit statt, die mich viele Jahre später veranlaßte, ihrem Sinn analytisch nachzugehen.

Ein paar Jahre später schrieb ich meinen ersten literarischen Essay. Er war gegen die damals allzuoft ausgesprochene Forderung gerichtet, Kunst müsse sich mit sozial relevanten Themen befassen, also wieder eine Ideologie. Die sie vertraten, taten und tun noch immer so, als ob sie genau wüßten, was das unzweifelbar sozial Relevante sei. Mir fällt ein, wie ich meine Gedichte damals einem um vieles älteren Schriftsteller und Journalisten zeigte, mit dem ich, ich weiß nicht mehr wie, bekanntgeworden war. Es war, glaube ich, der erste professionelle Beurteiler, dem ich diese fragilen Produkte meiner Seele anvertraute. Er schickte sie mit vielen grobschlächtigen Kommentaren in Bleistift zurück. Ich erinnere mich noch genau, wie betroffen, wie todunglücklich ich darüber war, wie entwertet ich mir vorkam. Schließlich schickte ich die ganze Korrespondenz an Redl und bat um seine Meinung. Er schrieb sogleich einen hilfreichen Brief, in dem er sich mit der Kritik meines Beurteilers deutlich und recht scharf auseinandersetzte. Mir verhalf er damit zu etwas mehr Distanz, zur Besinnung auf die Bedeutung solcher Urteile. Wahrscheinlich hatte der Kritiker in vielem recht, was er an meinen Gedichten auszusetzen hatte; er hätte es nur anders sagen und auf die von ihm gerittene Ideologie verzichten müssen.

Die deutschsprachige Literatur war freilich nach dem Schock des Ersten Weltkriegs selbst im Zustand post-katastrophaler Verwirrung. Wo sollte es hingehen und wie? Damals ein Spätadoleszenter, muß ich doch schon an jenen peremptorischen Anweisungen Anstoß genommen haben, *wie* man zu schreiben habe und vor allem *über was*. Ich setzte mich also daran und versuchte mit viel Seufzen und einem merklichen Mangel an Schreibdisziplin, mir auf dem Papier zu erklären, warum ich mir die Themen und Einstellungen nicht vorschreiben lassen wollte, die meine Arbeiten bestimmen sollten.

Meine Suche nach einer Anschauung, die alle diese Verwirrungen klären würde, wies mir, glaube ich, von Anfang an den Weg zur Psychoanalyse. Ich war in gleichem Maße beeindruckt von ihrem Ansatz, ihrem Menschenbild, ihrer universellen Anthropologie wie von den Forderungen, diese neuen Denkansätze auch anzuwenden, also analytisch zu denken und weiterzudenken. Die Psychoanalyse war mir unvergleichlich wirklichkeitsnäher und darum anziehender als die idealisierende, moralisierende und inkonsequente Anschauung vom Menschen, wie ich sie – gewiß mit bedeutungsvollen Ausnahmen – in Literatur und Philosophie fand. Diese Anschauungen beruhten offenkundig auf Illusionen, für die ständig neue Rationalisierungen gefunden werden müssen. Die Wirklichkeitsnähe, nach der ich suchte, konnte gar nicht anders sein als hart, kompromißlos und daher oft unangenehm. Das ist ein gutes Kriterium des Wahren, an das ich noch heute glaube, auch im intellektuellen Vollzug des Alltags: Wirkliche psychologische Erkenntnis ist zunächst unbequem, wenn nicht sogar geradezu unangenehm oder schmerzlich. Zum Verständnis der Entscheidung für die Psychoanalyse gehört freilich auch das charakteristische Bedürfnis eines an sich nicht besonders asketisch begabten jungen Menschen nach einem lebenswerten Sinn, nach einer Ordnung, die verläßlich, nach einer Aufgabe, die der Mühe wert ist, sowie nach einer gewissen Strenge. »Vor dem dir grauet, dieses ist das deine«, sagt Hofmannsthal dazu.

Zurück zu den Anfängen. In Wien im Jahre 1934 begann ich meine Analyse, die mit Ende des Jahres 1937 zu einem regulären Abschluß kam. Ich begann sie in einer Periode chronischer Verunsicherung, die vielerlei Gründe hatte. Der unmittelbare Anlaß ihrer Aktivierung waren zwei bürgerkriegsartige Ereignisse in Wien, 1933 und 1934, die ich, wie viele andere, inmitten von Maschinengewehrsalven und Kanonenschüssen in tagelanger Unsicherheit durchstehen mußte. Ich hatte also schon früh genug Ängste und Sorgen, genug, um der Analyse ebensosehr als Therapie wie als Ausbildung entgegenzusehen. Ich erhielt ein Stipendium vom Wiener Institut, das gerade damals an Leuten interessiert war, von denen man erwarten konnte, daß sie etwas zur angewandten Analyse beitragen würden. An anderer Stelle habe ich meine Zulassungsinterviews schon beschrieben (Erinnerungen vom ersten psychoanalytischen Kongreß in Wiesbaden 1932, Psyche 38, 1984, 360-367) und will diesmal mehr über die Beziehung zu meiner Analytikerin, Frau Dr. Bertha Grünspan, sagen. Zuzeiten setzte sie meine Stunden für 7.00 Uhr früh an, eine selbst unter Analytikern ungewöhnliche Zeit. Da ich übrigens von Floridsdorf, dem großen Gemeindebezirk nördlich der Donau, bis zum Schottenring in der Innenstadt mit der Straßenbahn zu fahren hatte, mußte ich zu einer gottlos frühen Zeit aufstehen. Die Analytikerin hatte gewiß ihre Gründe für diese Termine. Dennoch habe ich mich oft gefragt, ob solche Arrangements nicht Analysen mehr hindern als fördern – weil sie zu der ohnedies beträchtlichen Portion Unlust, die jede Analyse verursacht, noch mehr Unlust hinzufügt, was entweder zu einer masochistischen Unterwerfung unter den idealisierten Analytiker oder zu einem wachsenden unausgesprochenen Groll führt. Beide Einstellungen sind geeignet, die Analyse ernstlich zu unterlaufen. – Ich weiß noch, daß ich mir nach den Stunden aus meinen damals sehr beschränkten Mitteln eine Schinkensemmel gönnte, zur Belohnung für meine Leiden.

Ich hatte Angst vor neuen Ausbrüchen chaotischen Aufruhrs und vor physischen Angriffen überhaupt, denen ich mit meinem einigermaßen mediterranen Aussehen im Klima eines zunehmend aggressiven Antisemitismus besonders ausgesetzt war. Es beschwert und beschämt mich noch heute, daß die Universität dabei zum Asyl von Rowdys wurde, die, wie ich von meinen rechtsradikalen Schulkollegen erfuhr, mit zynischer Umsicht von Zeit zu Zeit eine regelrechte Menschenhatz planten, um sie dann als spontanes Happening auszugeben. Ich war einmal mittendrin – ohne übrigens selbst angegriffen zu werden; mittendrin in einer schäbigen und schändlichen Szene: Jüdische oder jüdisch aussehende Studenten wurden angepöbelt und verprügelt. Die Verfolger waren den Opfern in jedem Fall zahlenmäßig überlegen. All dies zusammen hatte offenbar alte Ängste mobilisiert, die nun in der Analyse hinter den manifesten Geschehnissen aufzutauchen begannen. Die Autoritäten der Universität ließen die Rowdys gewähren, vielleicht aus Angst vor ihnen, mehr wahrscheinlich, weil sie diesen Ausbrüchen mit deutlicher Sympathie gegenüberstanden. Der Rektor berief sich regelmäßig auf die uralte Tradition der Extraterritorialität und Autonomie der Universität, ohne freilich von der »Gerichtsbarkeit«, die sie beanspruchte, bei diesen Ausschreitungen den geringsten Gebrauch zu machen. Erst der Bundeskanzler Dollfuß, dessen Regierungszeit sich sonst nicht gerade auszeichnete, verlor einmal die Geduld und schickte die Polizei in die Universität. Von nun an patrouillierten Polizeiposten auf diesem sakrosankten Boden – vorläufig zum Vorteil des Lehrens und Lernens und der daran Interessierten.

Manches hatte ich an meiner Analyse auszusetzen, besonders später, als ich selbst von der Analyse mehr wußte und mich durch den Ablauf der Jahre und durch viele neue Erfahrungen besser verstand. Meine Analytikerin wollte den damals gewiß einseitig intellektuellen jungen Mann in einen sozial gesinnten, praktischen »Normalen« ihrer Vorstellung ummodeln. Sie machte allzu deutlich, daß sie von meinen Präokkupationen mit Literatur und Philosophie nicht viel hielt. Ich frage mich noch heute, ob sie sich eine solche Umwandlung nicht vor allem aus der eigenen Gegenübertragung heraus vorgestellt hat. In der langen Zeit, die mir ein wie immer geartetes Geschick gegeben hat, war genug Gelegenheit, immer wieder von neuem zu erkennen, wie essentiell intellektuelle und literarische Belange für mich waren und blieben. Das Verständnis der Analytikerin hätte mir damals viel mehr genützt als wohlgemeinte Ablehnung der Dinge, die mir so wichtig waren. In einer zweiten Analyse-Tranche in Boston, bevor ich die Stadt endgültig verließ, um nach Ann Arbor zu ziehen, begann ich zu verstehen, was in der ersten Analyse anders hätte behandelt werden sollen, um mir über gewisse ungreifbare Hemmungen der Phantasie hinwegzuhelfen. Ich hatte lange zwischen der Analyse und der Schriftstellerei als Beruf geschwankt. Mehr analytische Tiefeneinsicht hätte mir geholfen, mich für das eine oder das andere zu entscheiden. Heute bin ich freilich eher geneigt, auch die Vorteile dieser nicht getroffenen Entscheidung zu sehen. Die formalen Gestaltungswünsche flossen über in die Verfassung von Facharbeiten. Daher meine Neigung zu einer essayistischen, literarischen Form, die jedenfalls den konventionellen *dry-as-dust-Berichten* der Wissenschaft nicht entspricht. Erst verhältnismäßig spät, ich muß um die 50 gewesen sein, begann ich mich wieder ernsthaft mit Gedichten zu befassen, wie ich es seit meiner Spätadoleszenz bis zur Auswanderung getan hatte.

In einer Stunde dieser zweiten Analyse machte ich eine Bemerkung über die Haydn-Variationen von Brahms, ich weiß nicht mehr, in welchem Kontext. Der Analytiker, Dr. Ludwig, sagte dazu: »Sie meinen doch ...« und zitierte den offiziellen Titel dieses Variationsstücks. Ich bejahte die Frage und erklärte, daß »Haydn-Variationen« das unter Musikern und Brahms-Liebhabern allgemein verstandene Kürzel dafür sei. Der Analytiker akzeptierte diese Information ohne weiteres. Er tat dies wie selbstverständlich und gestand mir damit die größere Kompetenz in Sachen Musik und überhaupt in humanistischen Belangen zu. In einer Zeit der Abweisung und Zurücksetzung – gewiß auch einiger überempfindlicher Reaktionen von meiner Seite – durch jene Dominanz der Ärzte, an der die amerikanischen Analytiker noch lange festhalten sollten, war diese kleine Bestätigung wichtig, nicht zuletzt, weil sie von einem Mediziner kam. Das Ausschließen der Nichtmediziner von den meisten Veranstaltungen des Bostoner Instituts brachte mir immer neue Kränkungen und Zurücksetzungen. Die Rationalisierung der Ärzte fügte das ihre hinzu – gewöhnlich ebenso anmaßend wie unbegründet –, daß nur Mediziner für Psychoanalyse und Psychotherapie geeignet seien. Offenbar, weil sie durch ihr Studium in keiner Weise darauf vorbereitet waren! dachte ich, wenn sie nicht ohnedies gegen die Besonderheit des analytischen Denkens durch die organophile Orientierung ihrer Ausbildung eingestellt wurden. Gewiß, die Probleme der ersten Analyse, zu dem Zeitpunkt 13 oder 14 Jahre zurückliegend, waren anderer Art. Beide hatten immerhin gemein, daß sie sich mit Fragen unentschiedener Identität befassen mußten, in der zweiten Analyse besonders mit der durch institutionelle Macht aufgezwungenen Einschränkung meiner beruflichen Identität. Ich darf nicht übersehen, daß die Analytikerin, auch wenn sie manchmal durch ihre Vorstellungen von den erstrebenswerten Zielen dieser Analyse zu sehr beeinflußt war, die neurotischen Züge in meinen intellektuellen Prätentionen richtig erkannte und mir damit viel nützte. Sie war überhaupt eine warmherzige, generöse Frau, deren Beispiel und praktische Haltung mir auch in anderen Lebenssparten genutzt hat. In späteren Jahren haben wir noch ein paarmal Briefe gewechselt. Es schien sie zu freuen, daß aus mir offenbar doch etwas geworden war. Gesehen haben wir uns nicht mehr.

Für die damalige Borniertheit der amerikanischen Analyse gibt es mehrere Gründe. Einige kamen von lange her und hatten mit Stellung, Status, kurz, mit der Soziologie der Medizin zu tun. Andere kamen aus der jüngsten Vergangenheit, waren beeinflußt von der plötzlichen Expansion der Analyse unmittelbar nach dem Krieg. Die Erfahrung dieses Krieges hatte vielen Psychiatern und Ärzten gezeigt, wie wenig die Methoden, in denen sie ausgebildet worden waren, ihnen nun zu bieten hatten, wenn sie mit den überwältigenden Nöten umgehen mußten, wie sie der Krieg schuf. Nicht nur ihre Ausbildung, sondern oft auch die meist unbewußten Motive für den künftigen Beruf standen ihnen im Wege. Später stellte ich in einer unveröffentlichten Untersuchung fest, daß gerade diejenigen oft den Ärzteberuf wählten, die es aus allerhand tiefliegenden Gründen vorzogen, sich mit der materiellen Substanz des Menschen zu befassen, aber beileibe nicht mit seinem Erleben, seiner Psyche. Aus diesen Gründen hatten die medizinischen Adepten der psychoanalytischen Ausbildung in jener Zeit der Expansion besondere Schwierigkeiten. Wie alle Proselyten neigten sie zur Rigidität, nicht zuletzt, weil sie sich ständig der eigenen Zweifel erwehren mußten. Naturgemäß wünschten sie diese so schnell wie möglich nach außen zu verschieben und gegen andere zu richten. Die eigenen Schwächen und Anfälligkeiten, deren sie sich in ihren eigenen Analysen mit Widerwillen bewußt wurden, führten dazu, diese Belastungen in der Welt außerhalb des Analysezimmers durch medizinische Superiorität zu kompensieren und mehr denn je auf die Solidarität ihres Standes und dessen scheinbaren Konsensus zurückzufallen.

Ich erinnere mich an eine lange nächtliche Bahnfahrt, wahrscheinlich zu einer Tagung, mit dem damals schon angesehenen Bostoner Analytiker Ives Hendrick. Ich weiß nicht, warum er mir zwei Erzfehler – in seiner Werteskala – nachsah, nämlich, daß ich weder Mediziner noch *native American* war. Vielleicht brachte uns das Interesse an der Musik zusammen, vielleicht waren unsere Anschauungen über die Psychoanalyse ähnlich. Jedenfalls tranken wir viel und redeten mit jener Direktheit, wie sie sich manchmal bei solchen einmaligen Begegnungen entwickelt. An einem Punkt unseres Gesprächs wollte Ives – denn nach kurzem nannten wir uns beim Vornamen – mir erklären, warum die medizinische Ausbildung und Identität so grundsätzlich für den Analytiker sei: es habe mit dem Schamanen, dem *witch doctor* zu tun, dessen Rolle der Mediziner weiterführe, auch wenn er sich dessen nicht bewußt sei. Er meinte damit die Mystik des Heilens und Handauflegens. Die »Geisterbeschwörung« der Psychotherapie sei nur eine neue Manifestation derselben alten Sache. – Ich glaube, ich habe Ives nach diesem Gespräch nicht wiedergesehen.

Etwa zehn Jahre später begann ich zusammen mit Merril Jackson die Studie über die universelle Ähnlichkeit der elementaren Vorstellungen und Handlungsregeln des Heilenden *(healer,* Schamane, *curandero)* in kleinen Kulturen mit denen der modernen Seelenheilkunde. Das Material, d.h. die Daten für unsere Studie, bezogen wir aus dem Cross-Cultural Index der Yale University, einer Kompilation von ethnologischen Daten unter verschiedenen Gesichtspunkten wie eben dem des *sit venia verbis* Heilkünstlers. Wir fanden erstaunliche Parallelen in den Vorstellungen von psychischen Störungen und ihrer Heilung.

Ich hatte Wien am zweiten Tag nach dem Fall der Regierung Schuschnigg, d.h. nach der Usurpation Österreichs durch die Nationalsozialisten verlassen. Ich fürchtete, von einer der Rowdy-Truppen des neuen Regimes angerüpelt und zusammengeschlagen zu werden. In Floridsdorf, wo ich wohnte, kannten die Leute einander noch meist persönlich; es war bekannt, daß ich viel zu laut gegen das NS-Regime geredet hatte. Wir hatten uns auch seit Jahren von ihm bedroht gefühlt. Ich hatte auf keinem politischen Forum gesprochen, denn die gab es ja in der schlampigen konservativen Diktatur nicht, mit der wir seit 1933 hatten leben müssen. Bekannt war nur, daß ich »dagegen« war. Aber wie viele andere unterschätzte ich mit dem, was ich fürchtete, die damals noch unvorstellbare wirkliche Gefahr, wie sie sich in kurzem enthüllen würde. Eines meiner letzten Telefonate in Wien war mit Bruno Bettelheim gewesen, der meinte, daß meine Entscheidung, Wien zu verlassen, verfrüht sei. Was ihn sein eigenes Ausharren gekostet hat, beschrieb er später in mehreren berühmten Aufsätzen. Kurz nach diesem Telefongespräch holten mich Freunde in einem alten Kabriolett ab. Ich saß hinten, wo man mich nicht sehen konnte, als wir durch einen nicht enden wollenden, freudetrunkenen Mob zum Westbahnhof fuhren. Fahrer und Beifahrer gaben immer wieder den Hitlergruß, um ohne Verdacht zu erregen durchzukommen. Wir hatten kalkuliert, daß ich die besten Chancen nicht bei der nächsten Grenze, sondern bei der am weitesten entfernten haben würde, der zur Schweiz. Ich fuhr mit dem Spätabendzug. Nach allerhand Abenteuern und Verzögerungen kam ich schließlich 24 Stunden später in Zürich an. Unvergeßlich geblieben ist mir aber vor allem anderen jene Fahrt von Floridsdorf zum Westbahnhof durch eine von Erregung und Begeisterung trunkene Menge. Viele Jahre später, als wir uns zum ersten Mal nach dem Krieg wiedersahen, konnten meine Wiener Freunde noch immer nicht verstehen, warum ich nicht nach Wien zurückkehren wollte. Ich habe nie auch nur den geringsten Wunsch danach verspürt, denn allein das Erlebnis dieser Abfahrt genügt mir für ein ganzes Leben.

Ich hatte Wien im März 1938 verlassen und war nach einem längeren Aufenthalt in London Ende Dezember 1938 in New York City angekommen. 1939 bis 1940 war ich Research Associate an der Ohio State University. 1941 wurde ich Research Associate an der von Henry A. Murray geleiteten Psychological Clinic an der Harvard University. Diese Stellung vermittelte mir eine Art höhere Ausbildung, nicht nur in Psychoanalyse und Psychologie, sondern auch in amerikanischer Kultur und Literatur. Ich kann die Lehrjahre in Harvard nicht hoch genug einschätzen. An der Harvard Psychological Clinic dauerten sie bis 1943, als Murray unseren Betrieb schloß, weil er mit dem Rang eines Obersten einer der gigantischen Planungsstellen des Krieges beigetreten war. Schon vorher hatte ich eine Stelle in der psychiatrischen Abteilung des Hauptspitals der medizinischen Fakultät, dem Massachusetts General Hospital, angenommen. Dieser Posten wiederum verhalf mir zu einer Ernennung zum Chief Psychologist an einem der peripheren *teaching hospitals* der medizinischen Fakultät, dem McLean Hospital in Waltham.

Die Zeit in Harvard – das wußte ich schon, als ich noch mittendrin stak – wurde für mich zu einer der großen Gelegenheiten meines Lebens. Ich erinnere sie als eine Zeit vielfältiger Stimulation, die einfach nie abriß. Dazu gehörten die Anforderungen, die einem Lehr- und Bildungszentrum wie Harvard eigen sind. Natürlich beherrschte uns eine den Sitten des Ortes entsprechende verhaltene Konkurrenz. Daneben wuchs aus dieser Ansammlung überdurchschnittlich begabter Leute zusammen mit der eigenständigen und sorgfältig gehegten hochmütigen Tradition des Ortes ein Übermaß an *snobbery,* mit der sich jeder von uns auseinandersetzen mußte, ob er wollte oder nicht. Trotz alledem, welche Vielfalt von Anregungen, die aus diesem Klima einer prätentiösen, aber gewiß auch reichen und echten Intellektualität kamen! Es gab Zeiten, wo jeder von uns an der Psychological Clinic wie im übrigen Harvard seine Seele dafür gegeben hätte, im Schoß dieser eher rabenmütterlichen *alma mater* bleiben zu dürfen. Wie verzweifelt leidenschaftlich wir alle auf sie bezogen waren, wurde in meinem Fall durch die Umkehrung dieser Wünsche und Gefühle deutlich. Als ich die Berufung an die University of Michigan erhielt, fand ich ein grimmiges Vergnügen darin, meine Demission in einem höflich-kühlen Brief an den Präsidenten anzukündigen. Statt Harvard verlassen zu müssen, weil man mich nicht mehr brauchte (»Der Mohr hat seine Schuldigkeit getan ...«), konnte ich so tun, als ob ich jenen Zauberberg ohne alle Bedenken hinter mir lassen würde. Ich war zum Direktor der Psychological Clinic an der University of Michigan in Ann Arbor ernannt worden, worüber ich umgehend mehr berichten werde.

In die Zeit an der Harvard University fiel im Jahr 1946 die Ernennung zum Associate Professor (ungefähr: Außerordentlicher Professor) an der Clark University in Worcester, Mass., jener kleinen Universität, an der Freud seine Vorlesungen gehalten hatte. Sie war während des Krieges einigermaßen verschrumpelt und wohl auch schon vorher von ihrem einstigen Niveau abgeglitten. Sie war aber noch immer als »psychologische« Universität bekannt, so daß man von vornherein bei ihrem Wiederaufbau der Psychologie große Wichtigkeit zugestand und sie durch die Berufung bekannter Psychologen wie Heinz Werner zu stützen suchte, ebenso durch die Installierung eines neuen Ausbildungsprogramms in Klinischer Psychologie, und in diesem sollte ich mich betätigen.

In der Bostoner Zeit kam auch meine Bekanntschaft mit Hanns Sachs zustande. Ich sah ihn zum ersten Mal, als er zu unserem Haus kam – wir wohnten damals in Cambridge, Mass. Der Anlaß war eine Lesung aus der eben erschienenen englischen Übersetzung von Hermann Brochs *Der Tod des Vergil*. Jean Starr Untermayer, die Übersetzerin, las aus ihrem Text vor, der tatsächlich den Rang einer Nachdichtung hat. Ich war mit Broch seit dem ersten Emigrationsjahr in den Vereinigten Staaten befreundet. Sein Bruder lebte auch in Cambridge, was wohl zur Wahl des Ortes für diese Lesung beigetragen hatte. Broch hatte Sachs, den er noch von Wien her kannte, sowie andere Honoratioren der deutschsprachigen Emigrantenkolonie in Boston eingeladen. Kurz darauf nahm ich meinen Mut zusammen und rief Sachs an, um zu fragen, ob er meine Therapien supervidieren würde. Er war damals einer der wenigen noch verbliebenen Lehranalytiker des Bostoner Instituts, die anderen waren im Krieg. Sachs kam übrigens mit den anderen Lehranalytikern nicht gut aus, hauptsächlich wegen seiner Irredenta gegen das Ärztemonopol, das von den damaligen Wortführern des Instituts mit Leidenschaft hochgehalten wurde. Sachs entsprach auch nicht der amerikanischen Erwartung, wie ein Analytiker auszusehen hätte. Er hatte Jura studiert, aber nie praktiziert, sich stattdessen als Schriftsteller betätigt und war schließlich 1908 auf die Analyse gestoßen. Nach dem Ersten Weltkrieg zog er nach Berlin an das neue, von Eitingon gegründete Institut. Früher als andere erkannte er die bevorstehende politische Katastrophe und nahm eine Einladung an, sich in Boston als Lehranalytiker niederzulassen.

1945 erschienen seine Erinnerungen, *Freud, Master and Friend*, wohl der erste der vielen biographischen Versuche über Freud und die Entwicklung der Psychoanalyse. Darin schildert er mit großer Aufrichtigkeit seine Beziehung zu Freud. Er war ihm und der Sache der Psychoanalyse in unveränderlicher Loyalität ergeben und darum wohl auch einer der sieben Ringträger geworden, gewissermaßen die ausgewählten Apostel der Psychoanalyse.

Sachs kannte mich also kaum, als ich mich bei ihm vorstellte, und unterzog mich daher einer Art von Prüfung – keineswegs über die Psychoanalyse, wie man erwarten würde, sondern über Literatur. Wahrscheinlich hatte ich, als ich im Zusammenhang mit meinem Anliegen von meiner Laufbahn sprach, auch erwähnt, daß ich Literatur studiert hatte, vor allem, daß mir an ihr viel gelegen sei. Sachs zitierte ein paar Verse, sah mich erwartungsvoll lächelnd an und fragte: »Woher ist dieses Zitat?« – Dieser unerwartete Test traf meinen Stolz. Ich erinnere mich noch genau, daß ich bei mir dachte: »I must get this if this is the last thing I do!« Ich begann also mit einer Stil- und Sprachanalyse, schloß auf die Zeit, in der man so schrieb – zweite Hälfte des 19. Jahrhunderts – und erwog schließlich Stil und Thema. Es war offenbar eine Ballade. Der Inhalt der Verse wies auf ein mittelalterliches Szenario. Sein Ort schien, so entnahm ich irgendeinem Zeichen, England zu sein, und plötzlich erinnerte ich mich, daß ich die Ballade schon einmal gelesen hatte. »Fontane«, sagte ich, »eine der Balladen aus dem Zyklus über den Kampf der Weißen mit der Roten Rose, der Häuser Lancaster und York.« – »Recht gut«, sagte Sachs, deutlich überrascht, aber auch befriedigt, »recht gut.« Und damit war ich »in«. Ich würde hier gerne sagen, die Lektion dieser Begebenheit sei der Wert einer allgemeinen Belesenheit, aber ich fürchte, ich würde niemanden damit überzeugen, denn nur mit Hanns Sachs und sehr wenigen anderen hätte es so gehen können. Jedenfalls ergab sich daraus unsere Supervisionsbeziehung, die bis zu Sachs' plötzlichem Tod durch Angina pectoris gedauert hat, und der ich sozusagen die Grundausstattung in der Psychoanalyse verdanke. Sachs lud mich, unbekümmert um die streng betonte medizinische Exklusivität der Lehrveranstaltungen, in sein Seminar ein, und ich gewann durch ihn eine vorzügliche Einführung in die Grundlagen der Freudschen Psychoanalyse, vor allem aber etwas von der Orientierung des Analytikers, über die ich vorhin gesprochen habe.

Sachs wünschte sich Diskussion, aber in seinen Seminaren, denen übrigens auch einige später recht prominente und produktive Analytiker angehörten, wollte sie nicht recht zustandekommen. Ich war oft der einzige und fast immer der erste, der etwas zu Sachs' Ausführungen zu fragen oder zu sagen hatte. Sachs war es zufrieden, aber da er nun einmal ein Spötter war und sich einer witzigen Bemerkung nicht enthalten konnte, wenn sich dafür die Gelegenheit bot (so daß, wie er in der vorhin erwähnten Biographie mitteilt, sogar Freud manchmal mit ihm ungeduldig wurde), sagte er mehr als einmal am Ende seines Vortrags: »Wer wird nach Dr. Wyatt sprechen?« Er bezog sich dabei auf eine ironische Bemerkung, die Freud zu Beginn der Debatte in der alten Wiener psychoanalytischen Gruppe gemacht hatte: »Und wer wird nach Dr. Federn in der Diskussion sprechen?« – Ich war gekränkt, denn Federn war wirklich sehr redselig, wie ich nach meinem Zulassungsinterview mit ihm bezeugen konnte. Mir schien die Bemerkung ein übler Dank dafür zu sein, daß ich in die Bresche sprang, wenn meine Kollegen sich nicht zum Sprechen entschließen konnten.

Sachs hatte, wie schon geschildert, neben den seiner Zeit entsprechenden Zügen eines Analytikers und Gelehrten auch andere, die man damals bohèmehaft genannt hätte. Manchmal war er bewußt *naughty,* vor allem im Sprachgebrauch. Er verwendete in der Supervision und bei anderen Gelegenheiten gerne das, was man auch heute noch als »Gassensprache« abtut. Ich erinnere mich, daß Edward Bibring sich einmal kritisch über Sachs' Diktion äußerte. Er verstand nicht, daß diese Sprache oft der Szene oder dem Thema eher entsprach als wohlgesetzte Umschreibungen, besser jedenfalls als der artifiziell konstruierte Sprachduktus wohlerzogener Wissenschaftler. Ich empfand die unerwartete Überschreitung von Sprachtabus in der Supervision als wohltuend. Es war dies noch lange vor der großen Wandlung, die in den sechziger Jahren begann und bewirkte, daß vordem unnennbare Wörter langsam zulässig wurden. Meine Eltern hatten sich wenig um »verbotene« Ausdrücke gesorgt. In Floridsdorf wohnten wir in dem von den Großeltern zu Anfang des Jahrhunderts erbauten Haus, das nun am Rand einer Arbeitersiedlung lag. Arbeiterkinder wurden meine ersten Spielgefährten, nachdem wir übergesiedelt waren, und sie blieben es während der ganzen Volksschulzeit. Ich fand es daher befreiend, wenn jemand von der Statur Sachs' bereit war, in den Worten Somerset Maughams »to call a spade a bloody shovel«.

Sachs starb ganz plötzlich an der Angina pectoris, an der er seit langem gelitten hatte. Ich wußte nicht genug über sein Privatleben, um nach Datum und Ort der Obsequien zu fragen, und konnte daher an ihnen nicht teilnehmen. Ich weiß nicht einmal, ob es überhaupt eine Zeremonie, eine Totenfeier gegeben hat. Er verschwand aus meinem Leben von einem Tag zum anderen, als ob er eine gütige Illusion gewesen wäre. Unter seiner Supervision hatte ich eine schwierige Analyse begonnen, die ich nun unter den gegebenen Umständen allein weiterführen mußte. Ich nahm alles, was ich an Einsicht und Erfahrungen besaß, in beide Hände und machte weiter, so gut ich eben konnte. Ich war dabei oft ängstlich und sorgenvoll, doch es gelang mir zumeist, die Spannung aus der Analyse herauszuhalten, und diese kam daher zuletzt zu einem guten Ende. Die Patientin schrieb mir nachher von Zeit zu Zeit, und ich erfuhr, daß die Erfolge der Behandlung sich im wesentlichen über Jahre gehalten haben. In dieser Verfassung habe ich nie mehr wieder analysiert, möchte es auch nie mehr wieder tun; aber ich bin zufrieden, es einmal erlebt zu haben. Vier Jahre später fragte ich übrigens bei Hobart Mowrer, dem Psychologen, nach, was aus dem Freudschen Ring geworden sei. Mowrer war einmal Sachs' Patient gewesen und angeblich später von ihm zu seinem Testamentsvollstrecker ernannt worden. Als ich ihn anrief, ging es ihm gar nicht gut; er war offenbar in einer schweren Depression, wie sie ihn periodisch heimsuchte. Er konnte sich an nichts erinnern, und ich weiß bis heute nicht, wer diesen Ring jetzt besitzt.

1947 wurde ich an die Clark University berufen und gehörte ihr bis zu meiner Berufung an die University of Michigan an. All die Stellen in Boston und Umgebung, die ich innehatte, mit Ausnahme der letzten am Cushing Veterans' Hospital von 1949 bis 1952, waren übrigens part-time. Es muß 1948 gewesen sein, als die Psychologen von Clark vom Präsidenten der Universität um Vorschläge für Ehrendoktorate angesprochen wurden. Ich schlug Anna Freud vor, und zu meiner Überraschung wurde der Vorschlag angenommen. Auch Anna Freud nahm die Einladung an, und so kam es zu dem großen Wiedersehen, gemeinsam ausgerichtet von der Clark University und der Austen Riggs Foundation, einem psychoanalytischen Behandlungszentrum, etwa eine Autostunde von Worcester entfernt. Die kurzen Feierlichkeiten des Ehrendoktorats wurden zu einer grossen Wiedersehensfeier, bei der sich viele der in England gebliebenen und der nach den USA ausgewanderten Analytiker zum ersten Mal nach dem Krieg wieder begegneten. Es gab rührende Szenen, in denen sich die sonst so auf Distanz bedachten und, wie es die damalige Überzeugung verlangte, unbeirrbar unpersönlichen und steifen Analytiker als normale, durch den Anlaß tiefbewegte Menschen zeigten. Da eine ganze Anzahl von ihnen bei Anna Freud in Analyse gewesen war, kam es aber auch zu drolligen Begebenheiten bei dem von Robert Knight – dem damaligen Chef von Austen Riggs – veranstalteten Symposium. Die sonst so überlegen erscheinenden Meister der Zunft waren unsicher wie – na ja, wie Kandidaten tief in der Übertragung. *Hoc olim meminisse juvabit,* sagt Montaigne. Mir hat es ein bißchen über die eben durch die Übertragung unvermeidliche, aber im Rückblick auch immer etwas törichte Idealisierung der analytischen Generation vor mir hinweggeholfen.

Bei diesem Festtag traf ich zum ersten Mal mit Erik Erikson zusammen. Er hatte eben einen guten Vortrag gehalten; bei dem nachfolgenden Empfang stand er allein, und ich sprach ihn an. Zuerst war er zurückhaltend, vielleicht scheu, bis ich, dem mehrere Drinks die Zunge gelöst hatten, »des trocknen Tones satt« war und zu meinem wirklichen Anliegen kam. Ich sagte ungefähr: »Gewiß haben Sie schöne und wichtige Arbeiten geschrieben, Mr. Erikson. Aber mehr noch imponiert mir, wie Sie Englisch schreiben. Wie haben Sie das zustande gebracht?« Erikson schien plötzlich die Ohren aufzustellen. Sichtlich war er an dem interessiert, was ich über die Vorzüge seines Stils und über meine eigenen Bemühungen in dieser Sache sagte, und kam bald auf seine stilistischen Interessen zu sprechen sowie auf die Berater, die er dafür gefunden hatte. Wir verstanden uns auf einmal: Wir waren beide in die englische Sprache verliebt, Psychoanalytiker also, die sich besonders wünschten, gutes literarisches Englisch schreiben zu können. Erikson fühlte sich geehrt, als später einer seiner Texte in ein Lese- und Lehrbuch guten englischen Stils aufgenommen wurde. Ich glaube, er freute sich mehr darüber als über die fachliche Anerkennung seiner Schriften, die ihm reichlich und zurecht zukam.

Anfang der 60er Jahre lud mich Jay Lifton zu einem Zirkel ein, der sich in seinem luxuriösen Ferienhaus in Wellfleet am Cape Cod jährlich eine Woche lang traf, um sich der Anwendung der Psychoanalyse auf die Geschichtswissenschaft zu widmen. Ich verdankte diese Einladung zwei Arbeiten, die ich zusammen mit dem Historiker und Freund William Willcox geschrieben hatte, ebenso einer Arbeit über die Rekonstruktion der Vergangenheit, die in einer Festschrift für H.A. Murray erschienen war. Lifton, damals noch Professor der Psychiatrie an der Yale University, war der Veranstalter und Gastgeber dieser Treffen. Der *spiritus rector* war Erik Erikson, der aufgrund seiner Stellung und des Respekts, den wir ihm entgegenbrachten, de facto den Vorsitz führte. Lifton, ein wohlhabender Mann mit einer noch wohlhabenderen Frau, stellte sein Haus für diese Meetings zur Verfügung. Er war selbst sehr ehrgeizig und glaubte, Freud nicht nur ergänzen, sondern womöglich übertreffen zu müssen. Von Natur aus durchaus nicht geneigt, sein Licht unter den sprichwörtlichen Scheffel zu stellen, akzeptierte er dennoch Eriksons besondere Rolle bei diesen Gesprächen. Die Gruppe bestand insgesamt aus etwa zehn Leuten, darunter immer ein paar angesehene Gelehrte und akademische Lehrer wie der Soziologe Philip Rieff (dessen zwei Bände über die Psychoanalyse in Deutschland bei weitem nicht genug bekannt und anerkannt sind) und der Philosoph Stuart Hampshire, jetzt Provost eines College in Cambridge, England. Jeder Teilnehmer mußte ein Referat halten; die Diskussion darüber war weitschweifig und idiosynkratisch, wie bei solchen Koryphäen zu erwarten, aber zumeist auch anregend und originell. Erikson schwieg oft, wie er überhaupt im Privatleben häufig zurückgezogen wirkte. Wenn er sich wohlfühlte, trug er Gedanken bei, wie sie seiner Erfahrung und seinem besonderen Talent entsprachen. Dabei drückte er sich im Sprechen und Improvisieren fast so gut aus wie im Schreiben. Im übrigen verstand er es, Gegensätze zu versöhnen und hielt uns, die sich ohne ihn leicht zerstritten hätten, zusammen. Ich fiel schließlich, glaube ich, wegen der Rezension eines Buchs von Lifton bei ihm in Ungnade. Die Rezension war nur in Maßen kritisch, doch nachdem sie erschienen war, wurde ich in den illustren Kreis nicht mehr eingeladen. Lifton habe ich seither nicht mehr gesehen. Erikson sah ich noch mehrmals bei Tagungen der Internationalen Psychoanalytischen Vereinigung (IPV). Mehrere Versuche, ihn bei meinen jährlichen Visiten in den Staaten zu besuchen, brachten uns allerdings nur ein paar freundliche Telefongespräche, gewiß vor allem, weil ich mich wegen eines eiligen und knappen Zeitplans immer nur auf kurze Sicht anmelden konnte.

Bei aller Bewunderung für das Harmonische und Harmonisierende in

Eriksons Schriften, die sich damals mit der Darstellung der von ihm entwickelten Begriffe an großen historischen Persönlichkeiten wie Luther und Gandhi beschäftigten, wurde ich in meinem eigenen Denken von seinen Theorien wenig beeinflußt. Einige seiner Begriffe sind so zutreffend, daß man, wenn es um die Entwicklung der Person geht, immer wieder auf sie zurückgreift, wie der des »Moratoriums«. Jedoch hatte ich manchmal das Gefühl, daß seine Gedankengebäude aus einem zwar schönen, aber weichen Stein gebaut waren. Ich las Eriksons Bücher mit Gewinn und Vergnügen, wie etwa die ausgezeichnete Arbeit über den manifesten Traum; aber ich wurde kein Gefolgsmann, was ihn, glaube ich, auch ein wenig enttäuscht hat.

Aber wiederum zurück. Anfang 1949 hatte ich eine neue Stellung angetreten, die des Vorstandes der Psychologischen Abteilung am Cushing VA Hospital in Framingham, einem Städtchen, etwa dreiviertel Autostunden von Boston entfernt. Die Universitäten in der Umgebung, die sich nun alle zu Ausbildungsprogrammen in Klinischer Psychologie entschlossen hatten, sandten ihre Studenten zum Praktikum nach Cushing. Sie wurden fast ausschließlich in diagnostischen Prozeduren und in der klinischen Theorie der Psychoanalyse geschult und für ihre Kompetenz mit den sogenannten projektiven Tests angemessen geschätzt. Die jungen Ärzte, denen die analytische Therapie vorbehalten blieb, waren dankbar für die diagnostischen Wegweiser und Fallsynthesen, die ihnen in dem Wirrwarr der Mitteilungen, die sie von ihren Patienten erhielten, etwas zum Festhalten gaben. Mir wurden als einzigem therapeutische Fälle zugestanden, weil ich mich mit der Psychoanalyse länger befaßt hatte als die allermeisten meiner medizinischen Kollegen. Immerhin waren in der psychiatrischen Abteilung, zu der die psychologische gehörte, Auffassung und Behandlung durchaus psychoanalytisch orientiert. Man redete den lieben langen Tag nichts als Analyse, mit Ärzten, Sozialarbeitern, Psychologen und Studenten – mit all der zweideutigen Besessenheit von Neukonvertierten. Man lernte aber auch mit der analytischen Auffassung umzugehen und sie besser zu verstehen und zu vertiefen. Die Patienten, frühere Soldaten, die hier umsonst behandelt wurden, berichteten oft von phantastischen und fürchterlichen Erlebnissen im jüngst-vergangenen Krieg. Viele waren nicht gewohnt, von sich zu erzählen, mehr noch, innere Vorgänge mitzuteilen, wie etwa die eigenen Phantasien. Das galt für die Mehrzahl; daneben gab es immer wieder solche, die erstaunlich gut reflektieren konnten. Diese besaßen die

Fähigkeit zur Introspektion, auch wenn sie bisher nicht ermutigt worden war. So verstanden sie die Idee unbewußter Motive manchmal schneller und leichter als ihre Therapeuten.

Die Erfahrung mit Patienten, die zum größten Teil aus der Arbeiter- und Bauernschicht kamen, aus dem städtischen oder ländlichen Proletariat, war für mich von großer Bedeutung, obwohl ich mit ihnen schon im Massachusetts General Hospital einigermaßen bekanntgeworden war. Die Forschungen der Psychologie waren mir, abgesehen von einigen anderen stringenten Einwänden, suspekt geworden, weil sie in der Mehrzahl auf der Untersuchung von Studenten beruhten. Die waren, *on campus,* für die Forscher leicht zugänglich; sie kamen auch zumeist aus derselben sozialen Schicht wie diese, was den Forschern allerdings lange Zeit zu entgehen schien. Alle redeten über die »anderen«, die »unteren Schichten« und hatten Meinungen über sie. (In den Vereinigten Staaten ist die soziale Schicht ohnedies ein widersprüchliches Thema, da fast jeder sich zur *middle class* gehörig fühlt.) Aber niemand wußte genug von jenen Schichten, ihren Lebensbedingungen und deren Einfluß auf Entwicklung und Persönlichkeit – am allerwenigsten aber der durchschnittliche Analytiker. Ich hatte das Glück, in einem sehr gemischten Milieu aufzuwachsen. Meine Spielkameraden und Freunde zeigten mir, daß der prototypische Mittelstand, in den ich hineingeboren war, keineswegs die Welt bedeutete. Auch in dieser Hinsicht setzte die Zeit am Massachusetts General Hospital und am Cushing VA Hospital fort, was ich in den Volksschuljahren zu lernen begonnen hatte.

Ebenso erfreulich war die Erfahrung mit den Studenten, von denen die meisten begabt und interessiert waren. Weniger angenehm war die Abhängigkeit von der *federal bureaucracy* mit all den Zufälligkeiten politischer Machtspiele und Launen. Zuerst hatte man auf die freizügigste Weise Geld auf das riesige System von Spitälern und Polikliniken der Veterans' Administration gehäuft. Bei der nächsten Änderung des politischen Wetters wurde das Budget drastisch gekürzt, wurden Plätze gestrichen und Mitarbeiter entlassen. In der Vorstellung der Verantwortlichen ging das etwa so vor sich: »Ach was, wenn wir wieder mehr Geld im Budget haben, holen wir eben wieder neue Leute.« Die Verwalter hatten keine Ahnung von der Mühe, einzelne zu einer wirklichen Arbeitsgemeinschaft, einem Team zusammenzuschließen. Sie behandelten uns, als ob wir eine Maschine wären, deren Teile nach Gutdünken und aus was immer für Gründen ausgewechselt werden könnten. Sie schienen auch nicht zu verstehen, warum diese Haltung zu der Gegenhaltung der Angestellten führte: »Von 8.00 bis 5.00 Uhr, weil ich dafür bezahlt werde, aber nicht um eine Minute länger!« Wenn die Glocke ertönte, ließen die meisten von ihnen alles stehen und liegen, womit sie eben beschäftigt waren, um möglichst schnell auf den Parkplatz zu kommen. So kann man aber keine therapeutische Unternehmung führen, weder mit der Undurchsichtigkeit und Unverläßlichkeit des Budgets noch mit der geradezu planmäßig erstickten Identifikation mit der therapeutischen Aufgabe, die uns zusammengebracht hatte. Diese Situation störte und bedrückte mich mehr und mehr, ebenso wie die von einem Soldatenspital offenbar nicht ablösbare aufdringliche Kommandohierarchie. Ich war besonders im letzten der dreieinhalb Jahre, die ich im Cushing verbrachte, unterschwellig chronisch gereizt, so daß ich froh und glücklich war, als das Psychologische Institut der University of Michigan mich einlud, die Leitung und den Wiederaufbau seiner Psychological Clinic zu übernehmen. Ich war froh darüber aus mehr als einem Grund, obwohl ich von den Aufgaben und Möglichkeiten, die vor mir lagen, kaum mehr als eine hoffnungsvolle Ahnung hatte.

Das Ende der Bostoner Zeit fiel zusammen mit dem faktischen Ende meiner Ehe mit Gertrud. Die Arbeit mit Dr. Ludwig hatte mir geholfen, zu der schmerzlichen Entscheidung zu kommen. Heute, nach so vielen Jahren, scheint sie mir noch immer schwer, aber auch richtig. Sie folgte aus unser beider Entwicklung und war für mich wohl ein verspäteter Schritt zur Lösung von »zu Hause«, das auf unbewußten Wegen bis in das viel frühere »Zuhause« der Kindheit reichte. Diese Überlegung änderte aber nichts an der Verantwortung, die man unvermeidlich trägt, wenn man jemandem Schmerzen zufügt, von dem man soviel Gutes erfahren hat – noch mehr, wenn die Entscheidung auch ein Kind betrifft wie meine Tochter Cornelia, die damals zwölf Jahre alt war. Ich versuchte, mit meinen Sorgen und Schuldgefühlen fertigzuwerden, wie ich es in meinem Leben öfters getan habe: indem ich mich in die neuen Aufgaben stürzte, in diesem Fall in den Aufbau der Psychological Clinic, aber auch in eine neue Partnerschaft und damit in einen neuen Lebensabschnitt. Cornelia sagte bei einem unserer ersten Zusammentreffen nach der Trennung mit einer Stimme voll zornigen Kummers: »Daddy, I miss you so much!« Der Klang ihrer Stimme, das Leid, die Anklage sind mir immer noch im Ohr. Ich vermißte sie ebensosehr; von all den Folgen meines Entschlusses, die Familie zu verlassen, war das fraglos die schwerste. Es gelang wenigstens, unsere Beziehung mit nur wenigen Störungen und Einschränkungen bis in Cornelias Erwachsenenjahre und bis zu ihrem frühen Tod – infolge eines schon in der Jugend aufgetretenen Diabetes – zu bewahren. Ich kam relativ häufig nach Boston, sie von Zeit zu Zeit nach Ann Arbor. Wir unternahmen Sommerreisen miteinander, wie eine recht ausgedehnte kreuz und quer durch Florida, mit einem etwas abenteuerlichen Abstecher nach Kuba, damals noch vor Castro. Später besuchte ich sie in Vassar, ihrem College, noch später in New York City, nachdem sie sich dort als Journalistin niedergelassen hatte. Die Vater-Tochter-Beziehung war längst in Freundschaft übergegangen, die sich, ohne daß sie besonders definiert worden wäre, in dem Behagen unseres Zusammenseins ausdrückte, wann immer es zustandekam.

Hier ist der Punkt, um über meine Karriere in Ann Arbor und vor allem über meine zweite Gefährtin, meine zweite Frau, Ruth, zu sprechen. Sie kam aus New Hampshire aus altem *Yankee stock* – allerdings von »swamp Yankees«, also den nie zu Wohlstand gelangten ländlichen Kleinsiedlern weit draußen, fern von den Städten der frühen Siedlungszeit. Ruth bildete sich aber nicht das geringste darauf ein, daß sie von Ahnen herkam, die schon vor der Revolution eingewandert waren, so daß sie ohne weiteres Aufnahme in den privilegierten und erzkonservativen Verein »Daughters of the American Revolution« hätte beantragen können. Nach einigem provisorischen Wohnen in gemieteten Wohnungen, dem in den kleineren Städten des Mittelwestens immer noch die Idee anhängt, daß es sich bestenfalls für junge Paare und dann auch nur vorläufig eignet, kauften wir ein Haus, dessen Fundamente und Kellerräume noch aus den 40er Jahren des vorigen Jahrhunderts stammten und das damit eines der ältesten Häuser Ann Arbors war.

Ann Arbor selbst ist eine großgewordene Kleinstadt mit einer Bevölkerung, die etwa zwei Drittel der Freiburgs ausmachen dürfte. Im Areal ist Ann Arbor wahrscheinlich größer, weil es in der Ebene liegt und die Städteplanung kleiner amerikanischer Städte verschwenderisch mit dem Raum umgeht. Ann Arbor nannte sich damals mit beträchtlichem Stolz das »Athens of the Middle West«. Die Stadt ist tatsächlich ein Kulturzentrum sui generis, ausgestattet mit einer Riesenuniversität, die sich ständig bemüht, wie das bei den amerikanischen Hochschulen üblich ist, sich ihrer Stadt oder Gemeinde durch künstlerische und intellektuelle Veranstaltungen zu empfehlen. Es gab daher auch nur selten jene Konflikte, die unter dem

Stichwort »town versus gown« bekannt sind. Im Gegenteil, die Stadt war es durchaus zufrieden, ihren Nutzen aus dem Prestige und den Ressourcen der Universität zu ziehen, die unter anderem eine Anzahl von Firmen anzog, denen die leicht erreichbare Konsultation mit Wissenschaftlern der Universität besonders gelegen kam. Ann Arbor ist daher keine jener *college towns,* in denen die Ansässigen zwar von ihrem College leben, weil die Studenten den Hauptanteil der Kundschaft für ihre Geschäfte stellen, aber gleichzeitig diese ihre Kundschaft hassen, weil sie für die Kleinstadt nicht konventionell genug ist und weil sie dem ganzen »intellektuellen Kram« sowieso mit Mißtrauen gegenüberstehen. Ann Arbor war schon seit langem das kommerzielle Zentrum eines umfangreichen Vor- oder Hinterlandes, auch in dieser Hinsicht Freiburg nicht unähnlich, obwohl dieses unvergleichlich städtischer wirkt. Der Stadtkern Ann Arbors war typisch für die Kleinstädte des Mittelwestens: Zwei Straßen kreuzen sich, eine von Nord nach Süd, die andere von Ost nach West gehend, und um die Kreuzung herum bildet sich die Stadt. Ann Arbor war also dem historischen Athen zumindest äußerlich so unähnlich wie möglich.

In Ann Arbor war eine Gruppe von Analytikern tätig, die institutionell alle der Michigan Psychoanalytic Association angehörten, welche in Southfield, jenseits von Detroit und ungefähr 100 km von Ann Arbor entfernt, angesiedelt ist. Die meisten von ihnen waren Universitätsleute, andere hatten Praxen. In jener Zeit gab es unter ihnen keinen einzigen Nichtmediziner.

Das Psychologische Institut der Universität war damals das größte in den Vereinigten Staaten und ist es wahrscheinlich noch immer. Es war auch, wie ich bestätigen kann, eines der besten, an Vielfalt der einzelnen, psychologischen Interessen reichsten Departments der amerikanischen Psychologie. Mehrere große Institute waren mit ihm affiliiert, wie das international bekannte Institute of Social Research. Das Department war so groß geworden, daß es schließlich in verschiedene Programmsparten aufgeteilt werden mußte, die alle relative Autonomie besaßen und meist gut miteinander auskamen, wenn sie sich nicht gerade um die Zuweisung der nächsten vakanten Professur stritten. Natürlich gab es die auch heute noch virulenten ideologischen Differenzen zwischen den experimentellen, auf quantitative Methoden abgestellten Fächern und dem neuen, damals gerade prosperierenden Doktoratsprogramm in Klinischer Psychologie. Die statistische Erfassung und Behandlung war das universelle Credo, auf das alle eingeschworen wurden, die Gläubigen sowohl wie die Zweifler und Abweichlinge. Auch diese mußten sich für ihre Dissertationen ein statistisches Gerüst ausdenken, welches den Kotau vor der quantitativen Wissenschaft symbolisch auszudrücken hatte. Wie immer bei zeremoniellem Gehorsam und bei Unterwürfigkeitsgesten lag die wirkliche Überzeugung recht weit von den demonstrativen Chi-Quadrat-Kalkulationen. Im allgemeinen gab es aber doch viel Kooperationswilligkeit zwischen den »Wissenschaftlern« und den, wie sie der bekannte Experimentalpsychologe und Historiker der Psychologie, E.G. Boring, einmal nannte, »more conversational brands of psychology«. Einer seiner Söhne war übrigens ein Jahr lang *intern* an meiner Klinik. Es amüsierte mich, wie nur verspätete Befriedigungen es tun, denn ich hatte für Boring in Harvard gearbeitet und war mit der Intransigenz seiner Überzeugungen wohlvertraut.

Die Psychological Clinic der Universität, die zu leiten ich übernommen hatte, war zu dieser Zeit in einer etwas schematischen Weise »psychodynamisch« orientiert, wobei »psychodynamisch« bedeutete, daß man sich auf die wirkliche Freudsche Psychoanalyse nicht allzu einseitig festlegen, aber sie auch nicht ganz verleugnen wollte. »Psychoanalyse« war noch immer ein riskanter Terminus, wenn man sich nicht unter Leuten befand, die ihr ohnedies schon angehörten. Unter Psychologen empfahl sich daher das unspezifische Wort »psychodynamisch«, weil es den Experimentalisten, die zuletzt doch immer das Sagen in der Psychologie hatten, nicht so sehr aufstieß wie die provokante »Psychoanalyse«. Eine noch viel merkwürdigere Haltung gegenüber der Psychoanalyse als Psychotherapie kam, wie mir schien, aus einer tieferen Schicht, aus der geradezu instinktiven Abneigung in der amerikanischen Zivilisation gegen den Anspruch eines Ideengebäudes oder auch einer Ideologie, die einzig richtige sein zu wollen. Sie führte neben vielen geradezu segensreichen Einstellungen in diesem besonderen Fall zu einer demokratischen Farce. Als Wissenschaftler und Demokrat sollte man sich demnach verpflichten, jedem der verschiedenen psychotherapeutischen Systeme auf dem Markt die gleiche Berechtigung zuzugestehen und zu verlangen, daß sie in gleicher Weise studiert würden. Der »Urschrei« sollte in einem Ausbildungsprogramm der Klinischen Psychologie ebenso wie die Psychoanalyse studiert und gebraucht werden. Wenn Newton nicht vor 300 Jahren, sondern in diesem Jahrhundert gewirkt hätte, wäre es ihm ähnlich ergangen, obwohl sich das Physikalische immerhin leichter isolieren und sequestrieren läßt als das Psychische, d.h.

als die Lehre, die sich mit der unwiderstehlichen Neigung eben dieser Psyche zu Verdrängung, Spaltung und Isolierung befaßt.

Man erwartete von mir, endlich Leben und Sinn in diese vernachlässigte Clinic zu bringen und sie womöglich zu einem erfolgreichen Ausbildungszentrum des neuen Doktoratsprogramms in Klinischer Psychologie auszugestalten. Mit dieser Aufgabe verbrachte ich die nächsten 22 Jahre meines Lebens – mit einigem Erfolg: Die Clinic als Ausbildungszentrum wurde in einer von der American Psychological Association landesweit durchgeführten Evaluierung zweimal »die beste ihrer Art« genannt. Ich habe versucht, in der Zusammenarbeit mit loyalen und begabten Kollegen wie Harold Raush am Anfang und mit Joseph Adelson bis zu meiner Verabschiedung aus der Clinic ein psychotherapeutisches Ambulatorium zu machen, das vor allem der Stadt und erst in zweiter Linie den Studenten der Universität dienen sollte, denn ihnen standen ohnedies schon mehrere universitätseigene Beratungsstellen zur Verfügung. Neben der klinik-internen Tätigkeit (Supervision der studentischen Therapeuten, Ausgestaltung des Programms, eigene Fälle) wollte ich zunächst meine Abteilung in Kontakt mit anderen Abteilungen bringen, die sich im Klinisch-Therapeutischen umzusehen wünschten. Im Laufe der Jahre ergaben sich sogar *internships* für Soziologen und Ethnologen. Besonders in den ersten Jahren bemühte ich mich auch, die Stadtgemeinde zu informieren, wo und wie wir aushelfen und mithelfen konnten. Unter anderem brachte mich das in Kontakt mit den religiösen Gemeinschaften, die schon damals von den psychischen Problemen ihrer *parishioners* immer wieder gefordert wurden. Oft kannten sie diese Probleme, aber sie waren nicht darauf vorbereitet, sachgerecht damit umzugehen. Die *internships* an der Clinic, die gleichzeitig mit Stipendien dotiert waren, gingen natürlich zuerst an die *graduate students* der Psychologischen Abteilung. Die Fakultät der Clinic bestand aus Psychologen, einer oder zwei Fürsorgerinnen und einem Arzt als Berater. (Sozialfürsorger sind in den USA besser ausgebildet als hier bei uns und haben daher auch mehr Selbstbewußtsein.) Zu einer Zeit, als die Teilhabe von Frauen an den bisher ausschließlich von Männern besetzten Stellen noch viel weniger selbstverständlich war als heute, bestand ich darauf, daß am *staff* der Clinic ebensoviele Frauen wie Männer sein müßten. Dies führte zwar zu langwierigen Verhandlungen mit meinen in dieser Hinsicht sehr konventionellen Vorgesetzten, an der Clinic aber funktionierte dieser natürliche Proporz so gut, daß ich ihn noch heute aufs beste empfehlen würde.

In der ersten Hälfte meiner Zeit an der Clinic hatten wir einen Arzt als medizinischen Berater. Über die Jahre stellte sich heraus, daß die Psychologen aus Sorge, ihnen unverständliche somatische Symptome zu übersehen – wie die Ärzte es ihnen als ständiges Risiko und zugleich als Beweis für ihre Unfähigkeit, Psychotherapie ohne ärztliche Aufsicht zu betreiben, vorhielten –, mehr um medizinische Absicherung bemüht waren als die Mediziner selbst. Als uns der letzte dieser ärztlichen Berater verließ (unter durchaus freundlichen Umständen übrigens, weil ihm die eigene Praxis keine Zeit mehr ließ), stellten wir keinen neuen ein und kamen durch die nächsten zehn Jahre mit vielen vorsichtigen Überweisungen an die medizinischen Kollegen, aber ohne die angeblich unentbehrliche ärztliche Supervision recht gut aus.

Die Haltung meiner widerständigen Vorgesetzten war eine gute Einführung in die Probleme der Chancengleichheit. Warum haben Männer so viel Angst, mit Frauen als gleichgestellten Kollegen zu arbeiten? Aber auch: Warum weichen die Frauen solchen Gelegenheiten aus? An verschiedenen Punkten ihrer beruflichen Entwicklung schienen sie häufig von dem Bedürfnis nach Mutterschaft so sehr eingenommen zu sein, daß ihnen die Möglichkeit der Verbindung beider, Job und Kinder, überhaupt nicht in den Sinn kam. Diese Erfahrungen führten mich schließlich zum Studium der Motive von Fortpflanzung bei Frauen und Männern, »Motives of Reproduction«, wie ich das damals neue Forschungsfeld nannte. Auch in der analytischen Literatur gab es nur wenige Untersuchungen darüber. Ich dachte sarkastisch: vor allem aus Angst vor dem gefährlichen Thema! Weil es sich um die »Geheimnisse« der Frauen und das sogenannte »Wunder der Fortpflanzung« handelte, verbunden mit der Idolatrie der Mutter, die ja in der amerikanischen Kultur ebenso auffallend wie klischeehaft ist. Das Thema hat mich viele Jahre lang beschäftigt und weitete sich zum Studium weiblicher Motivations- und Charakterstrukturen aus. Auch dieses Thema war damals nicht gerade neu, aber weit weniger entwickelt, als man hätte erwarten dürfen. Hier waren, wie so oft, die Dichter den Psychoanalytikern und Psychologen voraus.

Das Interesse an den Motiven der Fortpflanzung und vor allem der Mutterschaft trug mir viele neue Erfahrungen ein und hatte unvorhergesehene Folgen. Erst später merkte ich, daß die Frage, warum sich Männer Kinder wünschen, damals womöglich noch weniger verstanden war als die Motive der Frauen. Die alten, konventionellen Erklärungen des Wunsches nach einem »Erben« überzeugen uns heute gewiß nicht mehr. Ich erfuhr bald, daß Mutterschaft für die meisten Frauen dringlicher und brisanter ist als die Vaterschaft für die Männer. Das betraf natürlich nicht die spätere Rolle des Vaters in der Familie (siehe M. Rotmann: Über die Bedeutung des Vaters in der »Wiederannäherungsphase«, *Psyche* 37, 1983, 412-439), sondern das Begehren nach dem Kind. Wollte man die Rolle der Männer daran messen, wie oft sie bedacht und besprochen wird, so würde sie neben der der Mutterschaft als untergeordnet und nebensächlich erscheinen. Der erste Grund dafür ist seiner Natur nach biologisch: Frauen werden zu Müttern unmittelbar nach der Konzeption, Männer werden zu Vätern oft erst ein paar Jahre nach der Geburt des Kindes, wenn aus Babys kleine Personen zu werden beginnen.

Vorträge über meine Beobachtungen brachten mir viele Überraschungen und einigen Ärger, wenn ich sie mit einem recht naiven Sendungsbewußtsein denen vorstellen wollte, die mir davon am meisten betroffen zu sein schienen. Ärger, von dem ich allerdings wieder viel lernte, so sehr mich auch der Widerstand gegen meine Erkenntnisse verblüffte und kränkte. In einem Vortrag vor Frauen, die mich eingeladen hatten – heute würde ich sagen, weil sie sich eine gelehrte Bestätigung ihrer Wünsche und damit ihrer eigenen Klischees von mir erwarteten –, wurde die Zuhörerschaft unruhig, als ich sie mit einem beträchtlichen Mangel an Sensibilität ermutigen wollte, von dem Stereotyp abzurücken, daß jede Frau zur Mutterschaft geschaffen sei und sich daher als unerfüllt, ja pflichtvergessen ansehen müßte, wenn sie dieses Ziel der Ziele nicht erreicht habe. Frauen sollten vor allem tun, was sie sich am meisten wünschen, schlug ich vor; also die Mutterschaft wählen oder einen Beruf oder beides, wenn sie glaubten, damit fertigwerden zu können. Solche Ideen waren in den späteren 50er Jahren in Ann Arbor, der Kreisstadt eines überwiegend agrikulturellen Bezirks, noch viel zu radikal. Der selbsternannte Protagonist der Frauenbefreiung fand daher viel Widerspruch und Ablehnung. Was mich eigentlich auf das Thema gebracht hatte, war die analytische Erfahrung mit Dutzenden von Müttern, die, wenn sie am Anfang der Dreißiger standen, enttäuscht von sich selbst und ihrer Mutterschaft und ihren Ehen entfremdet waren – als ob sie herausschreien wollten: So habe ich es mir nicht vorgestellt! Die Beschäftigung mit dem Frauen- und Mutterthema brachte mir auch eine gänzlich unerwartete Publizität ein. Die Frau des Herausgebers der *New York Times* zum Beispiel lud mich zu einem ihrer Mittagstreffen für kleine und mittlere Zelebritäten ein; andere Leute aus den Medien wollten Beiträge und Rundfunkinterviews. Das amüsanteste Ergebnis aber war die Reaktion auf meine Bemühungen in einem auflagenstarken New Yorker *tabloid* (Tageszeitung im Kleinformat). Sie empfahl sich vor allem den weniger Anspruchsvollen als Lektüre für die *subway* und wurde besonders wegen ihrer ausgedehnten Sportberichte gelesen. Daneben bot sie groß aufgemachte, skurrile »News«, die sich vor allem auf sensationelle Enthüllungen aus dem Privatleben und auf möglichst blutrünstige Verbrechen spezialisiert hatten. Der Kitzel, der von der Enthüllung des Verbotenen und Bösen ausging, stand in einem umwerfenden, wenn auch von den Lesern kaum bemerkten Gegensatz zu den konventionell-puritanischen Klischees, für die sich die Leitartikel starkmachten. Kurz, eine richtig vulgäre Boulevardzeitung. Dieses *tabloid* widmete mir einen Leitartikel. Er führte die noch immer einflußreichen Stereotype der Mutterschaft gegen mich ins Feld, all dies mit der Miene gerechter Entrüstung und mit erkennbar antiintellektueller Schlagseite. Meine Ideen wurden in Frage gestellt, dann verurteilt und verworfen. Ich nahm diesen öffentlichen Verweis gemessen hin: Wenn, was ich sagte und schrieb, die Bigotten und Denkfeindlichen aufgebracht hatte, so mußte wohl doch etwas Gutes daran gewesen sein! Ich brauchte viel länger, bis ich die Stärke und Tiefe des Kinderwunsches in Frauen durch differenziertere Beobachtungen und nicht zuletzt durch die Arbeiten von Edith Jacobson, Judith Kestenberg und Therese Benedek besser einzuschätzen lernte.

Über die Jahre in Ann Arbor wäre noch viel zu erzählen. Ich glaube, sie waren die besten meines Lebens. An der Psychological Clinic hatte ich Gelegenheit, etwas zu entwickeln, was in der Klinischen Psychologie gebraucht wurde: als Ausbildungs- und Therapiezentrum, schließlich auch als Modell. Die Therapien führten oft genug zu befriedigenden Resultaten und brachten meinem *staff* und mir wohltuende Anerkennung. Sie bedeutete viel für mich, denn als wir anfingen, waren weder die experimentell und statistisch engagierten Kollegen in der Psychologie noch die Psychiater und medizinischen Psychoanalytiker mit ihren Suprematsansprüchen unserem psychoanalytischen und klinischen Unternehmen wohlgesinnt. Daß sie mit den Jahren ihre Meinung änderten und uns als ihresgleichen anzusehen begannen, war eine Errungenschaft eigener Art.

Dazu hatte ich den Vorteil, wieder in einem großen intellektuellen Unternehmen zu leben, von dem jede Menge Anregung ausstrahlte, wenn man nur bereit war, sie aufzunehmen. Überdies bot die Universität immer neue Gelegenheit, mit kenntnisreichen und begabten Menschen der verschiedensten Fächer ins Gespräch zu kommen. Aus dieser angebotenen Vielfalt fand sich eine aus verschiedenen Departments und Fakultäten stammende Diskussionsgruppe zusammen, die sich alle paar Wochen in meinem Haus traf. In jeder Sitzung trug eines der Mitglieder eine Arbeit vor, gewöhnlich eine noch nicht publizierte, die es darum mit uns besprechen wollte. Diese Sitzungen waren grundsätzlich interdisziplinär. Damals hatte ich schon seit einiger Zeit mein regelmäßiges Seminar über »Psychologie und Literatur« gehalten, das allen Studenten an der University of Michigan offenstand. Aber nichts hat mich von den Vorteilen einer uneingeschränkten interdisziplinären Zusammenarbeit so sehr beeindruckt wie unsere Diskussionsgruppe.

Ich will noch ein paar Worte über die markanten Einschnitte dieser 22 Jahre in Ann Arbor sagen. Da waren vor allem die 68er Jahre. Sie haben mich relativ spät im Leben – ich war damals schließlich schon 57 Jahre alt – tief berührt. Wenn ich darüber nachdenke, stellt sich freilich schnell heraus, daß auch diese, wie es damals schien, gänzlich neuen Eindrücke und Erlebnisse ihre Vorgeschichte hatten. An der University of Michigan brachen die Proteste aus, lange nachdem sie in Berkeley an der University of California ihre große Ouvertüre gehabt hatten. Andere Universitätsstürme folgten, bis die Bewegung uns erreichte. Erst brachte ich der Sache viel Sympathie entgegen. Es war hohe Zeit, sich um die Wünsche und Klagen der Studenten mehr als bisher zu kümmern und sie an Entscheidungen, die Lehren und Lernen betrafen, angemessen teilnehmen zu lassen. Es war überhaupt hohe Zeit, sich über die Universität als Institution und als soziales System wirklich Gedanken zu machen, nicht nur sie zu behaupten – so etwa über den Stellenwert von Tradition und Erneuerung, über die festgefahrenen Hierarchien der Universität und nicht zuletzt über die grassierenden Widersprüche zwischen den Idealen einer Hochschule und ihrer unansehnlichen und opportunistischen Wirklichkeit. Es gab, wie immer bei solchen Gelegenheiten, unendliches Palaver und, wie fast überall, eine überraschende und erschreckende Eskalation. Merkwürdige Typen waren über Nacht zu Führern des Protestes aufgestiegen, Leute, denen, so verschieden ihre Motive gewesen sein mögen, offensichtlich mehr an Konfrontation als an der Lösung der von ihnen aufgebrachten Probleme gelegen war. Verbesserungen im Blick auf die meisten Anliegen hätten sich in Gesprächen und Verhandlungen in Gang setzen lassen. Das wichtigste wäre also gewesen, eine Basis für solche Gespräche zu schaffen. Stattdessen wurden die Forderungen unrealistisch bis zur Absurdität, je länger sie gestellt und desto mehr sie erfüllt wurden. Über die protestierenden Studenten konnte man sich ärgern; über Naivität und Verwirrung der Fakultät bekümmern; über die Ausweichmanöver und die Hasenherzigkeit der Universitätsleitung konnte man sich nur schämen. Von beiden Seiten wurden den Umständen Ideologien gewaltsam übergestülpt, was oft zu verblüffenden Resultaten führte, da die Amerikaner ja sonst für Ideologie nicht leicht zu haben sind. Ich hatte damals Studenten in Analyse, die sich an den verschiedenen Aktionen beteiligten, hatte also Gelegenheit, die Eskalation sozusagen *in vitro* zu beobachten, ohne zunächst ihre vielfältigen und verschiedenartigen Wurzeln zu verstehen. Einige Beobachtungen drängten sich mir auf: Was immer die Jungen, oft mit mehr, oft mit weniger Recht bewegte, wurde in der Eskalation verzerrt, da sich unter ihnen immer Gehässig-Verstörte befanden, für die Turbulenz und Anomie Gelegenheit boten, auszuleben, was sie bisher nicht hatten ausleben können. Am fragwürdigsten erschien mir aber die Rolle jener Mitglieder des Lehrkörpers, die den Studenten ihre Solidarität nicht nur anboten, sondern geradezu aufdrängten, sie mit ideologischen Bestätigungen versorgten und ihnen damit und durch ihr Prestige und ihre intellektuelle Kompetenz jene psychologische Deckung boten, ohne die auch eine Revolte der Jugend nicht auskommen kann. Sie erlebten offenbar die Verwirklichung eigener, schon lange zurückgestellter Ressentiments und latenter Rachegefühle. Auf dem Rücken der Jugend reitend, fanden sie eine erregende späte Befriedigung für das, was sie sich einst nicht getraut hatten – auch jetzt ohne die Risiken, die die Jungen immerhin auf sich nahmen. Denn nachdem die Show vorüber war und man zum gewohnten akademischen Alltag zurückgekehrt war, ließ man die Jungen in ihrer psychologischen und realen Patsche sitzen und vergaß sie schnell.

Mehrere Jahre später, bei einer Party meiner Mitarbeiter und Studenten, kamen wir darauf zu sprechen. Ich tanzte mit einer der Studentinnen, einer unserer Besten, die sich später Verdienste um die Versorgung von Patienten mit Huntingtonscher Chorea erworben hat. Die Leute, die an der Clinic arbeiteten, waren gewohnt, miteinander ungezwungen umzugehen. Nancy, die Studentin, fragte mich also, warum ich noch immer bitter und kritisch über jene Zeit des Protests sei. Etwas in der Atmosphäre des Abends bestimmte mich, ohne Rückhalt über meine Gefühle zu sprechen. Ich sagte:

»I feel like a jilted lover. When time has passed, he can understand why it had to happen and be sensible about it; but he cannot love anymore as he did before.« (»Jilt – to leave or to reject a lover; especially without previous warning.« – Collins Dictionary and Thesaurus). Jetzt, 23 Jahre später, würde ich aber hinzufügen, daß es wahrscheinlich keinen Umschwung, keine greifbare soziale Veränderung geben kann ohne die Mitwirkung jenes chaotisch-nihilistischen Typs, den, glaube ich, Jaspers beschrieben hat. Vernünftigere und liebenswürdigere Menschen haben keine Neigung für den monomanen Einsatz, seine fanatische Energie ist ihnen fremd. Was den echten Revolutionär kennzeichnet, erscheint ihnen eher als abwegig, wenn nicht geradezu als absurd. Meine Erfahrungen in dieser Zeit erinnerten mich manchmal peinlich an die wachsende Vereinsamung, die ich erlebte, als Deutschland schon durch die Nationalsozialisten bestellt wurde. Ich hörte die Reden des »Führers« übers Radio und stand sprachlos und allein vor dem Rätsel, wieso sie nicht nur bei den Zuschauern und Zuhörern Berauschungsstürme bewirkten, sondern auch bei Freunden und Lehrern. – In Wirklichkeit war es in den »Revolutionsjahren« keineswegs so arg: In Ann Arbor war ich nie so allein, wie ich es damals in Wien gewesen war. Der Sinn für Gemeinsamkeit ging nur den wenigsten Kollegen verloren, und dann gewöhnlich nur für kürzere Zeit. Den Überzeugungen des einen wurde fast nie mit jener Abweisung und Feindseligkeit begegnet, die es unmöglich macht, miteinander zu reden; ebensowenig läßt sich heute übersehen, daß aus der gewalttätigen Unordnung dieser Zeit wichtige Initiativen erstanden. Von all den Protestbewegungen in den verschiedenen Ländern wurde sie hier in der Bundesrepublik unübersehbar zur Forderung, die nationalsozialistische Vergangenheit endlich aufzuarbeiten (siehe meine »Aufbereitung der Vergangenheit«, 1987). Mir persönlich gaben die Ereignisse Anregungen, die Funktion der Ideologie im Ich und in der Struktur des Charakters zu untersuchen, ein Thema, das mich bis heute beschäftigt. Zuerst sah ich in Ideologie eine synkretistische Form von Widerstand, gewissermaßen einen »geronnenen« Widerstand. Heute würde ich in den auffallenderen und monomaneren Beispielen des Ideologisiertseins eine Umgestaltung des Ich sehen, die über das hinausgeht, was wir als Charakterwiderstand verstehen.

In die Jahre, die ich an der University of Michigan verbrachte, fällt auch der sozusagen offizielle Beginn meiner Beschäftigung mit dem psychoanalytischen Verständnis der Literatur. Ich stellte den Antrag für eine Lehrveranstaltung, genauer, ein Seminar oder eine Arbeitsgruppe, über »Psychoanalyse und Literatur«. Der damalige Leiter des psychologischen Instituts akzeptierte meinen Vorschlag, und ich hielt das Seminar regelmäßig bis zu meinem Ausscheiden aus der Universität im Jahr 1974. Nach einer Unterbrechung von einigen Jahren nahm ich die Idee in Freiburg wieder auf. Die germanistische Abteilung der Universität lud mich ein, ein Seminar dieser Art zu halten. Ich nahm mit Vergnügen an und halte solche Seminare noch immer regelmäßig, meist zusammen mit Wolfram Mauser, gelegentlich mit anderen Kollegen.

Im Englischen gibt es die nützliche Gegenüberstellung von *vocation* und *avocation*. Die Anwendung der Psychoanalyse auf Literatur und Geschichte wurde über die Jahre zu meiner besonderen *avocation* (deutsch: Beruf/Berufung). An der University of Michigan hatte ich dieses Seminar von Anbeginn an als ein interdisziplinäres Unternehmen geplant. Um es zu verwirklichen, machte ich zunächst die Runde bei den anderen Abteilungen für Sprache und Literatur, den Anglisten, Romanisten und natürlich auch den Germanisten. Der damalige Chairman des Deutschen Seminars machte sogleich deutlich, daß er von der Idee nicht viel hielt. Er gab mir auch im folgenden nur wenig Unterstützung. Aber die Idee schlug ein, sogar bei den Psychologen, die sie zunächst als eine exzentrische Spielerei ansahen, aber mir auch die Freiheit einräumten, sie auszuprobieren. Mit der Zeit erwarb sich das Seminar eine gewisse Reputation unter den Studenten und schließlich sogar bei den literaturwissenschaftlichen Kollegen. Ich wurde zum Humanisten unter den Psychologen stilisiert – die Konkurrenz war gewiß nicht groß – und als außerfachlicher Beurteiler für Dissertationen in diesen Fächern bestellt. Ein paar Jahre später wurde ich nach Amherst, einem angesehenen alten College in der kleinen gleichnamigen Stadt, eingeladen und trug dort über »Das Psychologische in der Literatur« meine erste Arbeit über diesen Gegenstand vor. Die Idee einer solchen Darbietung war damals noch ganz neu. Erst glaubte ich, ich sei wirklich der Erste, der etwas Derartiges anzubieten hatte, erfuhr aber später, daß ein Psychologe am Brooklyn College in New York City die Idee schon vor mir in die akademische Praxis umgesetzt hatte.

In Freiburg kam es schließlich zur Gründung der »Freiburger literaturpsychologischen Gespräche«, zusammen mit den Kollegen Cremerius, Mauser und Pietzcker – zwei Germanisten also und zwei Psychoanalytiker – und zu den von uns herausgebrachten Jahrbüchern. Das Freiburger

Germanistische Institut erwies sich gegenüber der Anwendung der Psychoanalyse auf ihren Gegenstand als besonders aufgeschlossen. Aber auch andere Universitäten, wie etwa Kassel, haben ähnliche Interessen in das Curriculum umgesetzt. Der amerikanischen Psychologie war die Sache zumeist fremd, und wegen ihrer offen zugelassenen, unbewiesenen und unbeweisbaren Deutungen nicht wenig verdächtig. Die etablierte Psychologie steht der Anwendung ihrer Erkenntnisse auf die Literatur noch immer fremd gegenüber – gewiß zum Nachteil beider, der Psychologie und der Literaturforschung.

Ich habe guten Grund, mich zu fragen, was diese *avocation* für mich als Person bedeutet. Aus dem schon vorher Gesagten wird klar, daß sie eine immerhin produktive Synthese zwischen den beiden intellektuellen Polen und Bindungen meines geistigen Lebens darstellt; was natürlich heißt, daß hinter dem beruhigenden Wort »geistig« durchaus affektive, in ihren Ursprüngen uralte Bedürfnisse und deren Umwandlung (»Triebe und Triebschicksale«) stehen – die Intensität meines Interesses spricht dafür. Alle solchen Synthesen sind weder endgültig, noch ist damit der Seelenfrieden endlich erreicht. Schopenhauer stellt einer späten Schrift als Motto voran – selbstverständlich auf Lateinisch: »Wenn man, nachdem man den ganzen Tag gelaufen, abends zuletzt ankommt, so ist es gut.« Auch mir soll es so recht sein.

Ich habe diese Schilderungen nur bis zu der Zeit geführt, die ich in Ann Arbor verbrachte, bevor ich also im Jahr 1974 nach Europa zurückkehrte und mich in Freiburg niederließ. Vieles habe ich dabei ausgelassen: Begegnungen mit Lacan in Ann Arbor, mit Anna Freud und Melanie Klein in London; mit der Schwester des »Kleinen Hans« und dem in Freuds Artikel über Fetischismus beschriebenen Patienten – beides fiel noch in die Bostoner Zeit; ebenso die mit Carl Rogers und Erich Fromm. Gerne hätte ich noch über Reisen und längere Auslandsaufenthalte geschrieben, vor allem aber über die zwei Jahre, die ich in Norwegen verbrachte, wo ich in Oslo an der Universität lehrte und mich vor allem bemühte, zur Restitution des psychoanalytischen Instituts etwas beizutragen. Ich habe bei weitem nicht genug über Beziehungen sagen können, über die zu Ruth und die zu Freunden, die mir wichtig waren und noch immer wichtig sind. Ich will ein paar Bemerkungen anschließen über die vier oder fünf Wochen in Wien im Frühjahr 1956, als ich in meinem ersten akademischen Freijahr Europa zum ersten Mal nach dem Krieg wiedersah. Das war ziemlich genau 18

Jahre nach dem Tag, an dem ich 1938 Wien fluchtartig verlassen mußte.
Auch davon wäre mehr zu erzählen, als es der Platz erlaubt. Ich versuche,
auszuwählen und zu benennen, was für mich am wichtigsten war. Von
Hamburg kommend, wo ich bald darauf als Gastprofessor tätig sein würde,
langten wir – d.h. Ruth und ich – in dem gebrauchten VW Käfer, den ich
eben erstanden hatte, am Abend in Wien an. Die Stadt kam mir grau und
schäbig vor, fast ohne Zeichen der Zerstörung, wie ich sie von Hamburg
und anderen deutschen Städten gewöhnt war, aber durch die Not der Zeit
vernachlässigt und wie zurückgeblieben. Ich fand ohne viel Mühe meinen
Weg in die Stadt, obwohl ich ja in der langen Zeit, die ich dort gelebt hatte,
nicht gewohnt war, mich als Autofahrer darin zu orientieren. Als ich an die
Stadtgrenze kam, spürte ich die zurückgehaltene Erregung, war wiederse-
hensbedürftig, unsicher und bitter, alles in einem. Ich ahnte, was auf mich
zukommen würde, denn meine erste Aufgabe war herauszufinden, was mit
meiner Mutter geschehen war. 1940 oder 41 war sie nach Theresienstadt
verschleppt worden; das war das letzte, was ich wußte. Ich ging also auf
den Rat der Frau eines Jugendfreundes, die lange bei der Polizei gearbeitet
hatte, zur israelitischen Kultusgemeinde, die ein Archiv über Vermißte unterhielt. Ich kam in ein armseliges Büro, voll von Holzgestellen, auf denen
unzählige zerdrückte und zerfranste Mappen aufgestellt waren. Die Auskunft kam schnell: Sie wurde mir mit einer geschäftsmäßigen Stimme vorgetragen, die in dem Jammer, über den sie Auskunft zu geben hatte, farblos
geworden war. Meine Mutter war in einem Todeslager mit polnischem Namen, den ich nicht behalten habe, ermordet worden wie Tausende andere.
Ich hatte es geahnt, nun hatte ich die nackten Daten.

Freunde und Kollegen, die nach dem Krieg ihre deutsche oder österrei-
chische Heimat besuchten, erzählten mir von den massiven psychosomatischen Störungen, an denen sie bei diesen Besuchen gelitten hatten. Ich
hatte keine solchen Symptome, wahrscheinlich, weil ich mich jede Minute
beschäftigt hielt. Nach der Tragödie der Mutter kam die juridische Farce
der Restitution des vom nationalsozialistischen Regime enteigneten Hauses
meiner Eltern und Großeltern; dazwischen lagen die ersten Begegnungen
mit meinen Jugendfreunden, die trotz Krieg und Katastrophe alle am Leben geblieben waren. Einer, der sich schon vor der Usurpation für den Nationalsozialismus entschieden und mich daher im letzten Jahr, das ich noch
in Wien verbrachte, gemieden hatte, hatte den Krieg als Kriegsmaler recht
und schlecht durchgestanden. In Polen hatte er, wie er jetzt erzählte, angeb-

lich zum ersten Mal von den Greueln der Einsatztruppen gehört und sich vom Nationalsozialismus abgewendet. Die anderen Freunde hatten nicht mitgemacht, aber sich auch nicht gegen das Regime gewehrt, sondern es, so gut es eben ging, hingenommen. Die Rhetorik des Systems hatte sie nicht kaptiviert; aber sie hatten auch nicht gemerkt, daß sie es durch ihre Passivität stützen halfen.

Über die damalige Lage der Analyse in Wien erfuhr ich wenig. Ich besuchte Herrn von Winterstein in einer Wohnung voll der schönsten antiken Möbel; er unterhielt mich über die lokalen analytischen Verhältnisse mit dem ironischen *détachement,* wie es sich für einen intellektuellen Adligen gehörte, und in jenem besonderen Schönbrunner Wienerisch, das das Sprechen der aristokratischen Schicht charakterisiert.

Diese erste Europa-Reise nach dem Krieg gab mir auch die Gelegenheit, wieder mit der Frankfurter Schule, vor allem aber mit Horkheimer und Adorno in Kontakt zu kommen. Als ich mit den Frankfurtern bekannt wurde, hatte ich keine Ahnung, wieviele widersprüchliche Eindrücke und Einstellungen sich für mich aus dieser Bekanntschaft ergeben würden. Die Schule war damals im Exil wie ich. Die Columbia University in New York City hatte den Vertriebenen Asyl, d.h. Räume angeboten für die Fortsetzung ihrer Tätigkeit. Ich erinnere mich nicht mehr genau an den Ort des emigrierten Instituts für Sozialforschung. Ich hatte damals auch die generöse Erlaubnis erhalten, an der Columbia University Vorlesungen und Seminare als eine Art »post-graduate Student« zu besuchen. Bei den Frankfurtern war ich durch Käthe von Hirsch eingeführt worden, eine Verwandte (oder vielleicht geschiedene Frau?) des ursprünglichen Geldgebers des Instituts. Ich wurde freundlich aufgenommen und nahm, solange ich mich noch in New York aufhielt, an den Sitzungen und Forschungsbesprechungen der Gruppe teil. Dabei wurde ich mit einigen der prominenten Mitglieder bekannt. Ich traf Marcuse, der mir zuerst verschlossen und unnahbar vorkam. Dann besuchte ich Fromm für ein Gespräch in der Praxis, die er indessen in New York City eröffnet hatte. Was wir geredet haben, ist mir nicht mehr in Erinnerung. Horkheimer hieß mich mit den liebenswürdigen Formen eines Grandseigneurs willkommen, über die er so gut verfügte. Merkwürdigerweise habe ich überhaupt keine Erinnerung an Adorno, obwohl er dabeigewesen sein müßte. Ihn traf ich erst viel später und unter ganz anderen Umständen. Am deutlichsten ist meine Erinnerung an meine Bekanntschaft mit Leo Löwenthal, der sich meiner gleich als lokaler Mentor annahm und mir bald eine Anzahl von Rezensionen für die *Zeitschrift für Sozialforschung* auftrug. Damals begann eine Freundschaft, die bis heute besteht und der ich viel verdanke. Nun muß ich aber doch gestehen, daß ich, obwohl ein eifriger Student der Philosophie, von der Frankfurter Schule damals so gut wie nichts wußte. Es hat wohl mit dem Regionalismus von Universitäten und ideologischen Schulen zu tun, den Duodez-Fürstentümern der Gelehrten, in denen man als Student eben nur lernte, was dem regionalen Kodex entsprach. Viele weitere Jahre mußten vergehen, bevor ich wirklich etwas über Richtung und Tendenz der Frankfurter Schule erfuhr. Erst als ich hierher übersiedelte und mich in Freiburg niederließ, begannen mir die Wirkung und der enorme Einfluß der Frankfurter Schule klarzuwerden, und ich begann dazu auch Stellung zu beziehen. Wachsende Kenntnis und die Erfahrung der Aufnahme der Frankfurter Thesen bei Studenten und notablen Intellektuellen führten auf meiner Seite zu Kritik. Dennoch dankte ich damals, 1939, meinem guten Stern und dem Zufall einer nützlichen Beziehung, unter so vielen bekannten Gelehrten aufgenommen worden zu sein. Denn ich hatte nichts vorzuweisen, das für mich sprechen konnte, als meine Bereitwilligkeit, teilzunehmen und mich persönlich zu bewähren. Zu den Diskussionen trug ich denn auch ein paar schüchterne, quasi-analytische Bemerkungen bei, die wohlwollend aufgenommen wurden. Dann kam der Wendepunkt, als ich New York verließ, um nach Columbus, Ohio, zu ziehen und dort an der State University meine erste amerikanische Stelle einzunehmen. Löwenthal war der einzige, mit dem ich für die nächsten 20 Jahre Kontakt hielt. Die Beziehung zu einigen anderen Mitgliedern sollte sich erst 1956 und später ergeben.

Sie begann während jenes ersten und erlebnisreichen, erschütternden Besuchs in Deutschland. Indessen waren Horkheimer und Adorno nach Frankfurt zurückgekehrt. Nicht so Löwenthal, auch Marcuse und Fromm nicht. Mit dem letzteren hatten sich die Beziehungen der Frankfurter Schule (was wohl heißt: derer, die in ihr das Sagen hatten) dem Vernehmen nach deutlich abgekühlt. Schon im Jahr 1956 lud mich Horkheimer ein, an den Festlichkeiten zum 100. Geburtstag Freuds als einer der Vortragenden teilzunehmen. Ich wundere mich heute darüber, warum die Wahl gerade auf mich fiel. Ich trug ein Referat über die psychoanalytische Charakterologie bei, in dem größten in der Frankfurter Universität damals zur Verfügung stehenden Auditorium. Wenn ich mir heute diese Arbeit ansehe, so merke ich nicht ohne Selbstkritik, daß ich schon damals tat, was ich noch immer tue: Mich bei einer solchen Aufgabe viel zu sehr auf die eigene Erfahrung und die eigenen Gedanken zu verlassen, statt meine Kompetenz durch ausführlichere Hinweise auf die Literatur über den Gegenstand unter Beweis zu stellen – für einen Wissenschaftler eine fragwürdige, eine allzu subjektivistische Haltung, selbst wenn er in der besonders subjektivistischen und daher unsicheren Wissenschaftsbemühung der Psychoanalyse steht.

Die Frankfurter arbeiteten damals viel mit Mitscherlich zusammen, so daß ich bei meinem nächsten Besuch eingeladen wurde, sowohl im Institut für Sozialforschung als auch bei den Analytikern Vorträge zu halten. Man war damals sehr auf Besucher aus den Staaten eingestellt, was sich auch in der besorgten Gastlichkeit und luxuriösen Unterbringung zeigte. Bei den Frankfurtern trug ich vor, was damals noch »Die Rekonstruktion der Vergangenheit« hieß und heute, in einer neuen Überarbeitung, »Die Restauration der Vergangenheit« heißen wird. In der Diskussion sagte Horkheimer, daß ihm die Idee ganz neu sei, und reagierte mit generösem Lob. Ganz so neu war sie freilich nicht, wie ich selbst erst merkte, als ich nach Beendigung meiner Arbeit bei Croce und Collingwood ähnliche Gedanken fand. Ich tröstete mich mit Goethes Bemerkung, daß alles Vernünftige schon gedacht worden sei und man sich nur die Mühe nehmen müsse, es noch einmal zu denken. Bei den Mitscherlichs trug ich etwas über die vorbewußten Erwartungsschemata im Alltagsgespräch (genauer: Zwiegespräch) vor, die uns so gründlich eingeprägt sind, daß das analytische Gespräch zunächst frustrierend und jedenfalls fremd und sonderbar anmutet. Deswegen muß der Umgang damit erst mühsam gelernt werden. Ich weiß nicht, warum ich diese Arbeit nie publiziert habe – sie war jedenfalls damals gut genug, um die Zuhörer zu interessieren.

Horkheimer habe ich bei allen Gelegenheiten als eine wohlwollende Größe erlebt. Als er 70 wurde und, von seiner Position am Institut emeritiert, sich in den Tessin zurückgezogen hatte, fand er dennoch die Zeit für eine liebenswürdige persönliche Antwort auf meine Gratulation, obwohl er viele Dutzende solcher Schreiben erhalten haben muß und ich, neben der Dankbarkeit und Wertschätzung, die ich für ihn empfand, auch sagte, daß ich mit seiner Anschauung von Mensch und Gemeinschaft nicht immer übereinstimmen könne. Später habe ich mehr über seine problematischen Züge gehört. Darüber sollen sich künftige Biographen Rechenschaft geben – mir bleibt die Erinnerung, daß ich nur Gutes von ihm erfahren habe.

Anders mit Adorno. Ich besuchte ihn mehrmals, nachdem er Leiter des

Instituts geworden war, um dort Vorträge zu halten. An eine Begegnung erinnere ich mich lebhaft: Er kam mir auf der eleganten Treppe des Instituts entgegen, jeder Zoll ein Potentat des Geistes, der einen kleineren Potentaten mit fürstlicher Herablassung zu empfangen bereit war. Ich erinnere mich auch noch an zwei Themen in der meinem Vortrag folgenden Plauderei en-deux. Er wollte wissen, ob ich etwas von dem Fernseh- (oder Rundfunk?-) Programm »Europäisches Gespräch« wüßte – ich hoffe, ich erinnere den Titel richtig. Er war auch sonst schnell geneigt, von seiner Bedeutung und seinem Ansehen in der intellektuellen Welt zu reden. Ich wunderte mich, wie schon bei anderen Granden, ob sie das nötig hätten, da doch ihre Leistung ohnedies für sie sprach. Ein anderes Mal, als er mir auf derselben Treppe entgegenkam, rief er, als er mich sah, mit etwas schauspielerischer Emphase aus: »Die Ähnlichkeit mit Hofmannsthal ist verblüffend!« Das hatte mir noch niemand gesagt, obwohl ich schon mit mehreren Hofmannsthal-Kennern zusammengetroffen war. Ich fühlte mich nicht besonders erhoben, nicht zuletzt, weil sich meine jugendliche Bewunderung für den Dichter später in eine oft recht ungeduldige Kritik seiner unausstehlichen Posen und Prätentionen gewandelt hatte, wie sie auch in seinen besten Schriften vorkommen. Ich wunderte mich aber, wie Adorno denn zu dieser Beobachtung gekommen sein könnte. Erst später sah ich Bilder von Hofmannsthal, die tatsächlich Ähnlichkeit andeuten, solange mein Haar noch dicht und dunkel war. Adorno erwähnte neben den Bänden über Literatur, auf die er stolz war, auch seine *Minima Moralia* und war mit einigem Recht irritiert, daß ich sie noch nicht kannte. Zu der Zeit lebte und arbeitete ich noch in Ann Arbor. Trotz der Jahre, die Adorno in den Staaten verbracht hatte, waren diese seine Hauptwerke dort noch nicht bekanntgeworden, auch nicht bei den Germanisten, mit denen ich regen Umgang hatte. Nachdem ich mich in Deutschland niedergelassen hatte, merkte ich in der ersten Dekade, die noch vom Nachhall der 68er Jahre vibrierte, wie außerordentlich groß der Einfluß der Frankfurter Schule und vor allem eben der Adornos auf Studenten und die deutsche Intelligenzia war. Die besserwisserischen Klischees jener Zeit, die gewiß seine Meinungen vergröberten und verflachten, irritierten mich, so daß ich mit der Zeit auf sie mit einer gewissen Gereiztheit zu reagieren begann. In diesen beiden Kult- und Glaubensbüchern kann ich noch immer nicht sehen, was meine Studenten, Freunde und häufig auch Diskussionsgegner darin zu finden glaubten – weder in der *Dialektik der Aufklärung* noch in den *Minima*

Moralia. Beide scheinen mir unnötig hochfahrend und apodiktisch, als ob sie keinen Augenblick daran zweifeln ließen, daß sie das Wahre, Wichtige und Richtige gänzlich im Besitz hätten. In den *Minima Moralia* scheinen mir die Aphorismen von unterschiedlichem Wert. Neben guten und interessanten Einsichten, wenn auch in widerspenstiger Formulierung, wirkt vieles an ihnen preziös und überzogen. Die *Minima* geben eine Tiefe und Weisheit vor, die, wenn man sie aus der kryptisch-hermeneutischen Sprachhülle herausschält, sich oft als recht banale Aussagen erweisen. Es ist mir noch immer unbegreiflich, warum so viele kluge Leute sich von Adornos Stil haben düpieren lassen und offenbar aus seinen stilistischen Manierismen auf die Tiefe des Gesagten schlossen. Schade, daß Karl Kraus, der doch bei den Frankfurtern hoch im Kurs stand, keine Gelegenheit fand, sich zu Adornos Stil zu äußern.

Marcuse sah ich nur noch einmal wieder. Indessen waren sein *Eros and Civilisation* sowie seine kleineren, radikal-gesellschaftskritischen Schriften erschienen, die für die Studentenbewegung so wichtig wurden. Das erstgenannte Buch macht ausgiebigen Gebrauch von dem, was Marcuse als »Psychoanalyse« ansieht, und benützt diese Version, um eine wunderliche Utopie aufzubauen. Für diese Art der Verwendung der Psychoanalyse finden sich gewiß unzählige Beispiele – wir sollten also daran gewöhnt sein. Marcuses Buch zeichnet sich aber noch immer durch ein besonders markantes Unverständnis der analytischen Anschauung aus. Die Begegnung, von der ich berichten will, fand in Freiburg statt, während meines ersten Besuches in der Stadt, die eine neue Heimat für mich werden sollte. Es war im Frühjahr 1972. Ich saß mit einigen Freunden und Bekannten im *Falken*, einem damals angesehenen Lokal, das heute längst nicht mehr besteht. Jemand erzählte, daß Marcuse am selben Tag eine Ansprache an die Studenten gehalten habe, die nicht mehr viel Wirkung gefunden habe. Plötzlich merkte ich, daß er selbst ein paar Tische weiter im selben Lokal saß, auch mit einer größeren Gesellschaft. Er sah zurückgezogen aus und sprach mit niemandem. Auch er war deutlich älter geworden, aber seine Züge hatten sich nur wenig verändert. Er schien niedergeschlagen und war jedenfalls nicht in guter Stimmung. Nachdem ich ihn erkannt hatte, wollte ich zu ihm hinübergehen, ihn begrüßen, mich vorstellen und an unsere Bekanntschaft, die zu dem Zeitpunkt 33 Jahre zurücklag, erinnern. Was immer ich gegen seine Ideen einzuwenden hatte, in diesem Augenblick tat er mir, der nun auch die Bitternis des Alters und seine unabwendbaren Niederlagen kennenzulernen begann, leid, und ich wünschte mir, ihm etwas Freundliches sagen zu können. Ich weiß nicht, was mich abhielt, vielleicht, daß ich fürchtete, aufdringlich zu erscheinen und seinen Kreis zu stören.

Wiederum anders mit Fromm. Wie schon geschildert, verbrachte ich mein erstes Sabbatical, das mir die University of Michigan gewährte, in Mexico. Ruth, meine Frau, und ich waren noch in Mexico City, am Anfang unserer Suche nach einem Ort, in dem wir die nächsten acht oder neun Monate würden verbringen wollen. Beim Nachtmahl in einem Restaurant begegneten wir zufällig einem Kollegen aus der Sozialpsychologie, den ich nur oberflächlich kannte. Wie das schon so geht, wenn man sich unerwartet in einem fremden Land trifft, freuten wir uns über die Begegnung, tauschten Erfahrungen aus und sprachen über unsere Pläne. Der Kollege teilte mit, daß er für den Sommer oder vielleicht für ein ganzes Semester mit Fromm arbeite, der von seinem Haus in Cuernavaca aus ein sozialpsychologisches Forschungsprojekt leitete. Ich erwähnte, daß und wo ich ihn kennengelernt hatte, und der Kollege schlug mir vor, doch mit zu der nächsten Forschungssitzung am folgenden Tag zu kommen. Auch Fromm würde sich sicher freuen, mich bei den Besprechungen mit dabeizuhaben. Ich fuhr also am Morgen los, um wie geplant dort am späten Vormittag anzulangen. Der Weg ging direkt nach Westen über den Kamm der zentralen Sierra hinüber auf die pazifische Seite, wo Cuernavaca halb auf dem Weg zum Ozean gelegen ist, hoch genug, um dem tropisch-schwülen Klima der Tierra Caliente zu entgehen, aber niederer und daher im Klima milder als Mexico City selbst. Ich wußte, daß Cuernavaca eine Siedlung der Wohlhabenden war, die dort ihre Ferien verbrachten, war aber doch erstaunt über die luxuriösen Grundstücke, als ich durch einen Teil der Stadt fuhr, um Fromms Haus zu finden. Mit Kühen, wie man aus dem Namen (vaca = Kuh) hätte schließen können, hat der Ort jedenfalls wenig zu tun. Im Gegenteil, er war, wie die Amerikaner sagen, *very posh*.

In Fromms Anwesen befanden sich am Rande eines großen, gepflegten Gartens auf der einen Seite die Wohnung des Eigentümers, auf der anderen die Unterkünfte der Bediensteten, von denen ich drei oder vier sah. Fromm begrüßte mich, die Sitzung nahm ihren Verlauf, und ich erfuhr, daß das Projekt die Lebensformen einfacher, ländlicher Mexikaner erforschen sollte. Vier oder fünf Psychologen nahmen an der Forschungsarbeit teil. Das Thema, wie es mir beschrieben wurde, erschien mir, der ich auch versuchte, dieses liebenswerte, widerspruchsvolle Land besser zu verstehen, interessant und wichtig. Schwieriger fand ich es, daß die Pläne für die Auswertung der Daten noch nicht recht gediehen waren. Als ich nach Amerika kam, wußte ich fast nichts über Evidenzkriterien und *research design,* worüber man zu meiner Zeit an deutschen Universitäten auch nicht viel hätte lernen können. Indessen hatte ich 20 Jahre mit den rigorosen Methoden der amerikanischen Psychologie verbracht, und wenn ich ihnen auch zumeist sehr kritisch gegenüber stand und im Reden wie im Schreiben aus dieser Skepsis kein Hehl machte, so hatte ich dabei doch viel gelernt. Fromms Vorstellungen von der Auswertung seiner Daten waren im wesentlichen die der Frankfurter Schule, jedenfalls der Gespräche, an denen ich 1939 teilgenommen hatte: genau genommen idiographisch, obwohl man es damals gewiß anders genannt hätte, und von der Absicht her rhetorisch und politisch. Darum berührte mich später die bis zur Borniertheit unkritische Ablehnung dessen was die Schule »positivistisch« zu nennen beliebte – ein sonderbarer Gebrauch dieses Terminus übrigens, wenn man ihn mit seiner üblichen Bedeutung in der Geschichte der Philosophie vergleicht.

Fromm war zuerst sehr schweigsam, allerdings nicht so, daß man daraus auf Ablehnung hätte schließen dürfen. Er schien mir eher scheu zu sein und sich deswegen zurückzuhalten. Mit der Zeit wurde er gesprächiger, nahm meine Komplimente für die Schönheit seines Besitzes höflich entgegen – ich glaube, ich sagte damals mit etwas Selbstironie: »Hier möchte ich meine posthumen Werke schreiben!« – und schließlich ging er auf meine Fragen nach seiner Erfahrung mit mexikanischen Klienten ein, denn er praktizierte schon seit Jahren in Mexico City. Er erzählte dann ausführlich von einem seiner analytischen Fälle, bei dem er sich, wie mir schien, nicht ganz im Sinne analytischer Neutralität verhalten hatte. Ich war auch über das technische Vorgehen verwundert, es entsprach nicht den Vorstellungen dieser Zeit, sondern schien aus der Frühzeit der Analyse zu kommen. Gewiß spielten in meiner geheimen Enttäuschung die in mir noch immer lebendige Einstellung des jungen gegenüber dem großen und berühmten Analytiker mit: man erwartete von ihm, der auch der hochgeschätzte Autor von *Die Furcht vor der Freiheit* war, etwas besonders Lehrreiches. (»Mit Euch, Herr Doktor, zu spazieren, ist ehrenvoll und bringt Gewinn«). Wir verabschiedeten uns in der angenehmsten Weise, wobei mich Fromm einlud, ihn doch bald wieder zu besuchen.

Wir sahen uns auch tatsächlich wieder, ein oder zwei Jahre später, kurz nach dem Anfang des Vietnamkrieges. Fromm hielt eine der »großen« Ansprachen bei der Tagung der Internationalen Gesellschaft für Angewandte Psychologie, die mich wieder nach Mexico City gebracht hatte. Fromms Rede war nicht nur gegen den Krieg gerichtet, von dem wir alle damals noch zu wenig verstanden – ebensowenig wie die, die ihn angezettelt hatten. Sein Vortrag war vor allem ideologisch und enthielt die Glaubensartikel der damaligen amerikanischen Linken zusammen mit denen der Frankfurter Schule, weshalb er dann auch bei denjenigen meiner psychologischen Kollegen, die ähnlich dachten, mit enthusiastischem Beifall aufgenommen wurde. Fromm sprach gut, überraschend gut, wenn ich an seine scheue Schweigsamkeit denke. Er wirkte geradezu oratorisch. Ich merkte bald, daß hier, unter dem Vorwand eines wissenschaftlichen Vortrags, eine politische Predigt gehalten wurde. Die dogmatische Einseitigkeit und Selbstgerechtigkeit dieser Predigt begann mich zu irritieren, wie mich in den folgenden Jahren noch viele Darbietungen dieser Art irritieren würden. Ich war nicht umsonst an der Fakultät der University of Michigan, von der die Argumente und Proteste gegen diesen schrecklichen und unsinnigen Krieg ihren Ausgang nahmen. Auch ich war »dagegen« – allerdings der Sache wegen und nicht wegen einer utopischen Ideologie, die ihren Befürwortern wichtiger zu sein schien als das Elend des Krieges, der ihnen vor allem Argumente für die Ideologie lieferte. – Wiederum viele Jahre später wurde der indessen in der Schweiz lebende Fromm vom Freiburger Psychoanalytischen Seminar eingeladen, einen Vortrag zu halten. Ich war sehr neugierig auf dieses dritte Wiedersehen, aber kurz vor dem Termin hatte Fromm einen Unfall und mußte absagen. Nicht lange danach kam die Nachricht von seinem Tod.

»*Our revels now are ended. We are such stuff as dreams are made of, and our little life is shrouded by a dream.*« Ich habe versucht, meinen Lebenslauf als Analytiker zu skizzieren; dabei schien es mir wichtig, mehr vom Menschen zu reden, dessen Leben die Analyse immer wieder beeinflußte, dessen Persönlichkeit sie zu bilden mitgeholfen hat, als vom Therapeuten und Spezialisten für das Unbewußte. Ich suchte nach den Zusammenhängen dieses Lebens, wie wir uns alle bemühen, diese Zusammenhänge im Leben unserer Analysanden wie im eigenen zu finden. Ich hoffe, daß der Leser die lebenslange Beziehung zur Psychoanalyse auch dort erkennen wird, wo von ihr nicht explizit die Rede ist. Vieles habe ich unerwähnt lassen müssen, vor allem aus Platzgründen; aber vielleicht versuche ich es bei einer anderen Gelegenheit noch einmal.

Bibliographie

1940

The Idea of Guidance in Education. In: Educational Method 19, 1940, S. 354-60.

1941

A Case of Prediction Over a Century. In: Journal of Abnormal and Social Psychology 36, 1941, S. 583-88.

Radio and the Personality of Michael Peters. In: Evaluation of School Broadcasts, Bulletin 338, Ohio State University 1941, S. 8ff.

Some Psychological Observations on *The Lone Ranger* Radio Program. In: Evaluation of School Broadcast, Bulletin 17, Ohio State University, S. 7ff.

Besprechung von K. Goldstein, Human Nature in the Light of Psychopathology. In: Journal of Genetic Psychology 58, 1941, S. 433-49.

Sammelbesprechung von C. C. Pratt, The Logic of Modern Psychology; R. Ulich, Fundamentals of Democratic Education; B. O. Smith, Logical Aspects of Educational Measurement. In: Studies in Philosophy and Social Science 9, 1941, S. 151-156.

Sammelbesprechung von K. Goldstein, Human Nature in the Light of Psychopathology; M. Harrington, A Biological Approach to the Problem of Abnormal Behavior; S. L. Pressey, J. E. Janney, R. A. Kuhlen, Life, A Psychological Survey; C. B. Zachry, Emotion and Conduct in Adolescence; Ch. Bühler, The Child and his Family. In: Studies in Philosophy and Social Science 9, 1941, S. 495-500.

1943

Besprechung von S. E. Kraines, The Therapy of The Neuroses and Psychoses. In: Journal of Abnormal and Social Psychology 38, 1943, S. 117-119.

Besprechung von Hanns Sachs, The Creative Unconscious. In: Journal of Abnormal and Social Psychology 38, 1943, S. 561-562.

1944

German Psychology Under the Nazi System 1933-40 (zusammen mit H. L. Teuber). In: Psychologic Review 51, 1944, S. 229-247.

Besprechung von P. Schilder, Goals and Desires of Men. In: Journal of Abnormal and Social Psychology 39, 1944, S. 131-32. 400

1947

Psychoanalysis and Education (zusammen mit G. L. Wyatt). In: Harvard Educational Review, 1947, S. 198-218.

The Scoring and Analysis of the Thematic Apperception Test. In: Journal of Psychology 24, 1947, S. 319-330.

Guidance Problems Among Student Nurses. In: American Journal of Orthopsychiatry 17, 1947, S. 416-25.

1948

The Interpretation of the Thematic Apperception Test. In: Journal of Projective Techniques 11, 1948, S. 1-5.

Measurement and the Thematic Apperception Test. In: Journal of Personality 17, 1948, S. 169-176.

Clinical Psychology and Orthopsychiatry. In: Orthopsychiatry 1923-1948: Retrospect and Prospect, S. 217-230. American Orthopsychiatric Association, New York 1948.

The Self-Experience of the Psychotherapist. In: Journal of Consulting Psychology 12, 1948, S. 82-87.

(zusammen mit G. L. Wyatt) Translated into English and edited: F. Baumgarten-Tramer, German Psychologists and Recent Events. In: Journal of Abnormal and Social Psychology 43, 1948, S. 452-465.

1949

Concluding Remarks. In: J. E. Bell, The Case of Gregor. Interpretation of Test Data. In: Journal of Projective Techniques 13, 1949, S. 463-468.

1950

Besprechung von S. S. Tomkins, The Thematic Apperceptions Test. In: Journal of Projective Techniques 14, 1950, S. 321-325.

Besprechung von B. Schaffner, Fatherland. In: Psychosomatic Medicine 12, 1950, S. 271-272.

1952

Prediction in the Rorschach Test. In: Journal of Projective Techniques 16, 1952, S. 252-258.

Problems of Training in Clinical Psychology. In: American Journal of Orthopsychiatry 22, 1952, S. 138-139.

Clinical Psychology. In: Review of Progress 1951. In: American Journal of Psychiatry 108, 1952, S. 511-514.

Besprechung von F. S. Rothschild, Das Ich und die Regulationen des Erlebnisvorganges. In: Journal of Abnormal and Social Psycholoy 47, 1952, S. 740-41.

Besprechung von Eli Ginzberg, S. W. Ginsburg, S. Axelrad, J.-L. Herma, Occupational Choice, an Approach to a General Theory. In: American Journal of Psychiatry 109, 1952, S. 314-315.

1953

Some Remarks of the Place of Cognition in Ego Psychology. In: Journal of Projective Techniques 17, 1953, S. 144-150.

The Meaning of Clinical Experience. In: American Journal of Orthopsychiatry 23, 1953, S. 284-292.

Die sozialen Entwicklungslinien der klinischen Psychologie in den Vereinigten Staaten. In: Soziale Welt 4, 1953, S. 251-256.

Besprechung von D. Rapaport, Organization and Pathology of Thought. In: American Journal of Psychiatry 110, 1953, S. 78-79.

Clinical Psychology. In: Review of Progress 1952. In: American Journal of Psychiatry 110, 1953, S. 500-503.

1954

Some Comments on the Use of Symbols in the Novel. In: Literature and Psychology 4, 1954, S. 15-23.

On the Expansion of Professional Psychology. In: American Psychologist 9, 1954, S. 522-528.

This Belonging World. In: Adult Leadership 3, Nr. 2, 1954, S. 8-9, S. 27-28.

Clinical Psychology. In: Review of Progress 1953. In: American Journal of Psychiatry 110, 1954, S. 501-503.

Besprechung von U. Sonnemann, Handwriting Analysis as a Psychodiagnostic Tool. In: Journal of Genetic Psychology 84, 1954, S. 313-315.

1955

Besprechung von: Gynäkologische Organneurosen. In: Journal of Psychosomatic Medicine 17, S. 85-86.

Clinical Psychology. In: Review of Progress 1954. In: American Journal of Psychiatry 111, 1955, S. 508-510.

Besprechung von Cabbot Kahl, Human Relations. In: American Journal of Psychiatry 111, 1953, S. 312.

1956

Climate of Opinion and Methods of Readjustment. In: American Psychologist 11, 1956, S. 537-542.

Probleme einer Universitätsklinik in den Vereinigten Staaten. In: Soziale Welt 7, 1956.

Clinical Psychology. In: Review of Psychiatric Progress, 1955. In: American Journal of Psychiatry 113, 1956, S. 520-522.

Psychoanalytic Biography (Besprechung von: Phyllis Greenacre, Swift and Carrol: A Psychoanalytic Study of Two Lives). In: Contemporary Psychology 1, 1956.

(zusammen mit Joanne B. Veroff) Thematic Apperception and Fantasy Tests. In: Progress in Clinical Psychology, Bd. 11, New York 1956, S. 32-57.

(zusammen mit Bacon, D. and A. M. Eastman) Besprechung von Phyllis Greenacre, Swift and Caroll: A Psychoanalytic Study of Two Lives. In: Literature and Psychology 6, 1956, S. 18-27.

Die Psychologische Klinik als Teil der Universität. In: Psychologie und Praxis 1, 1956, S. 117-125.

1957

Psychoanalytische Charakterologie. In: Freud und die Gegenwart. Frankfurter Beiträge zur Soziologie 6, (Hg. T.W. Adorno und W. Dirks), Europäische Verlagsanstalt, Frankfurt a. M. 1957, S. 253-78.

Clinical Psychology. In: Review of Psychiatric Progress 1956. In: American Journal of Psychiatry 113, 1957, S. 604-606.

Orbits of Characterology. In: Perspectives in Personality Theory. (Hg. E. P. David und H. V. Bracken), Basic Books, New York 1957, S. 336-354.

1958

A principle for the Interpretation of Phantasy. In: Journal of Projective Techniques 22, 1958, S. 229-245.

Clinical Psychology. In: Review of Psychiatric Progress 1957. In: American Journal of Psychiatry 114, 1958, S. 597-599.

Besprechung von N. K. Opler, Culture, Psychiatry and Human Values. In: Contemporary Psychology 3, 1958, S. 229-230.

1959

Zur Logik der verschiedenen Bereiche der Persönlichkeitstheorie. In: Perspektiven der Persönlichkeitstheorie, Hg. E. P. David und H. v. Bracken. Verlag Hans Huber, Bern/Stuttgart 1959, S. 257-269.

Therapeutic Effort and Therapeutic Situation. In: American Journal of Orthopsychiatry 27, 1957, S. 616-620.

(zusammen mit William Willcox) Sir Henry Clinton, A Psychological Exploration in History. In: William and Mary Quarterly 16, 1959, S. 3-26.

Clinical Psychology. In: Review of Progress 1958. In: American Journal of Psychiatry 115, S. 596-599.

The Reconstruction of the Individual and Collective Fast. In: Proceedings of the 15th International Congress of Psychology. Brüssel 1957. North Holland Publishing Comp., Amsterdam 1959, S. 161-162.

1960

Fiction Discovering Truth. Sammelbesprechung von Simon O. Lesser, Fiction and the Unconscious und Leo Loewenthal, Literature and the Image of Man: Sociological Studies of the European Drama and Novel, 1600-1900. In: Contemporary Psychology Bd. 5, Nr. 3, März 1960, S. 92-95.

Brief an The American Scholar, Bd. 29, Nr. 4, Herbst 1960, S. 582-87.

(zusammen mit Lois W. Hoffmann) Social Change and Motivations for Having Larger Families: Some Theoretical Considerations. In: Merrill-Palmer Quarterly of Behavior and Development 6, Nr. 4, 1960, S. 235-244.

1961

A Psychologist Looks at History. In: Social Issues 17, 1961, S. 65-77.

Besprechung von Psychotherapy of the Psychoses, Hg. A. Burton. In: Basic Book News 17, Nr. 7, März 1961.

(zusammen mit Joan Williams) Besprechungen von Psychotherapy and Personality Change, Hg. C.R. Rogers und R.F. Dymond. University of Chicago Press 1956. In: International Journal of Group Psychotherapy 11, 1961, S. 347-349 und C.S. Hall und G. Lindzey, Theories of Personality. Wiley, New York 1957. In: International Journal of Group Psychotherapy 11, 1961, S. 350-352.

(Nachdruck) Climate of Opinion and Method of Readjustment. In: Psychology in Transition. Hg. J.R. Braun. H. Allen, Cleveland 1961, S. 98-103.

1962

(Nachdruck) The Self-Experience of the Psychotherapist. In: Councelling: Readings in Theory and Practice, Hg. Mc Gowan, J.F. und L.D. Schmidt. Holt, Rinehart & Winston, New York 1962, S. 303-308.

1963

The Reconstruction of the Individual and the Collective Fast. In: The Study of Lives, Hg. R.H. White. Atherton Press, New York 1963, S. 304-320.

La Construccion del Pasado Individual y del Pasado Collectivo. In: Eco, revista de la cultura de occidente, Bd. VI, April1963, S. 632-52.

Psychology and the Humanities: A Study in Misunderstandings. In: Teachers College Record 64, 1963, S. 562-575.

The Motives of Reproduction in Women. (Übersetzung des) VII Congreso Interamericano de Psicologia. Sociedad Interamericana de Psicologia. Mexico, D.F. 1963, S. 365-371.

La No-relacion de la psicologia y las humanidades. In: Eco Bd. VII, 1963, S.481-510.

1964

(ins Japanische übersetzt) The Self-Experience of the Psychotherapist. In: Readings in Counselling Psychology, Hg. Hiroshi Ito. Otomatsu Shibata, Seishin Shobo Co., Tokyo, Japan 1964.

In Quest of Change: Comments on Robert Lifton, Individual Patterns in Historical Change. In: Comparative Studies in Society and History 6, 1964, S. 384-92.

Psychology. In: American History and the Social Sciences, Hg. Edward H. Saveth, The Free Press of Glencoe, New York 1964.

(zusammen mit William B. Willcox) The Subconscious. In: American History and the Social Sciences, Hg. Edward N. Saveth. The Free Press of Glencoe, New York 1964.

1965

Die Frage der biologischen Notwendigkeit des Kinderwunsches und der Methodik seiner Erfassung. In: Forderungen an die Psychologie, Hg. Francis P. Hardesty und Klaus Eyferth. Verlag Hans Huber, Bern/Stuttgart 1965.

1966

(Nachdruck) Climate of opinion and Methods of Readjustment. In: Clinical Psychology in Transition, Hg. John R. Brown. The World Publishing Col., Cleveland/ New York 1966, S. 264-269.

Sammelbesprechung von Karl Abraham, On Character and Libido Development: Six Essays, Hg. B.D. Lewin. Basic Books, New York 1966; Sigmund Freud, Civilization and its Discontents; Leonardo da Vinci and a Memory of his Childhood; Introductory Lectures on Psychoanalysis; On the History of the Psychoanalytic Movement, alle Hg. James Strachey u.a. Norton, New York 1962, 1964, 1965, 1966. In: BRIEFLY NOTED column of Contemporary Psychology, Bd. IX, Nr. 12, Dezember 1966, S. 592-593.

Besprechung von Edward H. Madden, Philosophical Problems of Psychology. Odyssey Press, New York 1962. In: American Journal of Psychology 79, 1966, S. 659-662.

1967

Phantasy, Myth and Literature. Impuls, Oslo (Norw.) 21, 1967, S. 13-16.

Psychology and the Humanities: A Case of No-Relationship. In: The Challenge of Humanistic Psychology, Hg. J.F. Bugental. McGraw-Hill, New York 1967.

The Psychoanalytic Theory of Dreams. In: Tidskrift for den Norske Laegeforening 8, 1967.

(zusammen mit Ronald Friedmann) Besprechung von C.F. Westhoff, R.G. Potter, P.C. Sagi und E.G. Mishler, Family Growth in Metropolitan America. Princeton University Press, New Jersey 1961. In: Contemporary Psychology 12, Nr. 3,1967.

How Objective is Objectivity? Reflections on Scope and Limitations of a Basic Tenet in the Study of Personality. In: Journal of Projective Techniques 31,1967, S. 3-19.

Clinical Notes on the Motives of Reproduction. In: Journal of Social Issues 23,1967, S. 29-56.

1968

What is Clinical Psychology? In: Perspectives in Clinical Psychology, Hg. A.Z. Guiora and M.A. Brandwin. Van Nostrand, Princeton, N.J. 1968.

Motive der Rebellion – Psychologische Anmerkungen zur Autoritätskrise bei Studenten. In: Psyche 22, 1968, S. 561-581.

1969

Motives of Rebellion: Psychological Comments on the Crisis of Authority Among Students. In: Humanitas 4, 1969, S. 355-374.

Notes on the Scope of the Psychohistorical Approach. In: International Journal of Psychiatry 7,1969, S. 488-492.

(zusammen mit Lois Hoffman – Nachdruck) Social Change and Motivations for Having Larger Families: Some Theoretical Considerations. In: Marriage and the Family, Hg. J.K. Hadden und M.L. Borgatta. Peacock Publications, Hasca, III. 1969.

ders.ln: The Family in Change, Hg. J.N. Edwards. Knopf, N. Y., 1969.

1970

Che Cosa E La Psicologia Clinical? In: Rassegna di Psicologia Generale e Clinica 8, 1966, S. 3-18. (1970 veröffentlicht)

(Vorwort zu) J. Chasseguet-Smirgel (und Koautoren), Female Sexuality: New Psychoanalytic Views. University of Michigan Press, Ann Arbor 1970.

1971

A Clinical View of Parenthood. In: Bulletin of the Menninger Clinic 35, 1971, S. 167-181.

Person into Therapist. In: Creative Developments in Psychotherapy, Hg. Alvin R. Mehrer und Leonard Pearson. The Press of the Case Western Reserve University, Cleveland 1971.

Notes on the Scope of the Psychohistorical Approach. Nachdruck in: A Source Book for the Study of Personality and Politics, Hg. Fred. I. Greenstein und Michael Lerner. Markham, Chicago 1971.

Elternschaft in klinischer Sicht. In: Psyche 25, 1971, S. 758-774.

A Clinical View of Parenthood. Nachdruck in: Aggiornamenti in Psichiatria. Hg. Carlo L. Cazzullo, 11 Pensiero Scientifico, Rom (Italien) 1971.

Das Psychologische in der Literatur. In: Psychologie in der Literaturwissenschaft, Hg. Wolfgang Paulsen. Verlag Lothar Stiehm, Heidelberg 1971, S. 15-33.

Nachträgliche Bemerkungen zu Lawrence Ryan, Zum letztenmal Psychologie. Zur psychologischen Deutbarkeit der Werke Franz Kafkas. Ebenda, S. 223-27.

1973

Phantasy, Artikel in: Enciclopedia Medica Italiana. Utet-Sansoni Edizioni Scientifiche. Rom (Italien) 1973.

1974

Motive der Rebellion. Psychologische Anmerkungen zur Autoritätskrise bei Studenten – (Nachdruck) in: Der psychoanalytische Beitrag zur Erziehungswissenschaft. Hg. P. Fürstenau. Wissenschaftliche Buchgesellschaft, Darmstadt 1974.

1975

The Psychoanalytic Study of Fertility. In: International Journal of Psychoanalytic Psychology 4, 1975, S. 568-86.

The Choice of the Topic in Fiction: Risks and Rewards. In: Essays in Ancient and Modern Studies. Hg. L.L. Orlin. University of Michigan, Ann Arbor 1975.

»... and Brutus is an honourable man!« Besprechung von Sigmund Freud, Hg. von P. Roazen. In: Contemporary Psychology 20, 1975, S. 785-86.

1976

Anwendung der Psychoanalyse auf die Literatur: Phantasie, Dichtung, klinische Erfahrung. In: Theorien der künstlerischen Produktivität, Hg. M. Curtius. Frankfurt a. M. 1976, S. 335-357.

Besprechung von Sigmund Freud, Hg. P. Roazen. In: International Journal of Psychoanalysis 57, 1976, S. 488-491.

1978

Deutung und Bedeutung der Aggression. In: Jahrbuch der Psychoanalyse 10, 1978, S. 77-87.

1980

(zusammen mit Renate Schneider-Sittel) Ratgeber Lebensfragen: Wenn Zwangsbefürchtungen unerträglich werden. In: Psycho 6, Oktober 1980, S.536-41.

1981

Möglichkeiten und Grenzen der psychoanalytischen Deutung der Literatur. In: Freiburger literaturpsychologische Gespräche 1, Hg. J. Cremerius, W. Mauser, C. Pietzcker, F. Wyatt, Verlag P. Lang, Frankfurt a. M. 1981, S.7-12.

(zusammen mit Renate Schneider-Sittel) Ratgeber Lebensfragen: Liebe und Zärtlichkeit. In: Psycho 7, März 1981, S. 192-197.

Besprechung von Bruno Bettelheim, Kinder brauchen Märchen. In: Psyche 35, 1981, S. 662-669.

Kritik und Ideologie oder das Unbehagen an der Psychoanalyse. In: Psyche 35, 1981, S. 369-375.

1983

Besondere Schwierigkeiten in der Supervision. In: European Psychoanalytic Federation, Bulletin 20-21, S. 175-183.

Special Difficulties in Supervision. Psychoanalytic Training in Europe 10 Years of Discussion. In: Bulletin Monographs. The European Psychoanalytic Federation. London.

1984

Vom Zuhören des Analytikers. In: Merkur 38, Nr. 428, S. 718-722.

Unnötige Widersprüche und notwendige Unterscheidungen: Überlegungen zur Differenzierung von Psychoanalyse und psychoanalytischer Psychotherapie. In: Psychotherapie und medizinische Psychologie 34, 1984, S. 360-367.

Erinnerungen vom ersten psychoanalytischen Kongreß in Wiesbaden 1932. In: Psyche 38, 1984, S. 360-367.

Zur Themenwahl in der Literatur: Gefahren und Gewinne. Ein Vergleich von André Gides Der Immoralist und Thomas Manns Der Tod in Venedig. In: Freiburger literaturpsychologische Gespräche 3., Verlag P. Lang, Frankfurt a. M. 1984.

1986

Literatur in der Psychoanalyse. In: Freiburger literaturpsychologische Gespräche 5. Königshausen & Neumann, Würzburg 1986, S. 23-42.

The Narrative in Psychoanalysis. Psychoanalytic Notes on Story-Telling. Listening and Interpreting. In: The Narrative, Hg. T. Sarbin. Präger, New York.

Streben nach Glück in der Analyse: Neurotische Ansprüche oder berechtigte Forderungen? In: Psychotherapie und medizinische Psychologie 36. (Mitherausgeber mit Theodor F. Hau) Therapeutische Anwendungen der Psychoanalyse. Verlag für Medizinische Psychologie, Vandenhoeck und Ruprecht, Göttingen 1986.

Unnötige Widersprüche und notwendige Unterscheidungen. Überlegungen zum Anwendungsbereich der psychoanalytischen Psychotherapie. In: Therapeutische Anwendungen der Psychoanalyse, Hg. Th. F. Hau und F. Wyatt. Verlag für medizinische Psychologie, Vandenhoeck und Ruprecht, Göttingen 1986, S. 28-42.

Wer sich mit dem Teufel einläßt ... Rezensionen zweier Bücher über Psychologie und Psychoanalyse unter dem Nationalsozialismus. In: Psychologie Heute 1986.

1987

Aufbereitung der Vergangenheit: Psychoanalyse unter dem Nationalsozialismus. Historische und persönliche Betrachtungen. In: Zeitschrift für Psychoanalytische Theorie und Praxis 2, 1987, S. 200-225.

Drei Gedichte. In: Sinn und Sinn-Bild. Festschrift für Joseph P. Strelka. Hg. Ernst Schönwiese. Peter Lang, Bern 1987, S. 375-377.

1988

Der Triumph des Masochismus oder das Alpha in der »Geschichte der O.«. Freiburger literaturpsychologische Gespräche Bd. 7, 1988, S. 74-79.

The Severance of Psychoanalysis from its Cultural Matrix. In: Freud in Exile. Psychoanalysis and its Vicissitudes. Eds: Edward Timms & Naomi Segal. Yale University Press, New Haven & London 1988, S. 145-155.

About International Gatherings and the Confusion of Tongues. Hystoria, I Ed: Helena Schulz-Keil. The New York Lacan Study Group. New York & Paris 1988, S. 169-181.

1989

Psychoanalyse und Mythologie oder Orpheus beklagt sich über Ödipus. Adolf Muschgs Anschauung der Psychoanalyse. In: Merkur 43, Feb. 1989, Heft 2, S. 132-147.

1990

Die Psychoanalyse am Ende ihres ersten Jahrhunderts – Reflexionen eines langjährigen Teilnehmers. In: Merkur 44, 1990, S. 891-915.

Über die Eigenart des Formbegriffs. Erkenntniskritische und psychoanalytische Erwägungen. Freiburger literaturpsychologische Gespräche Bd. 9, 1990, Königshausen & Neumann, Würzburg, S. 104-123.

1991
Warum Frauen und Männer einander so oft mißverstehen. Freiburger literaturpsychologische Gespräche Bd. 10, 1991, Königshausen & Neumann, Würzburg, S. 39-53.

1992
Heidi, das Matterhorn und der Feigenbaum. In: DU (613), Heft 3, März 1992.

1994
Rotmann, J.M.: Zum Gedenken an Frederick Wyatt 25.August 1911 – 3.September 1993. DPV-Informationen Nr. 15 , Mai 1994, 1-2.

Mauser, W.: Frederick Wyatt 25. August 1911- 3.September 1993. In: Freiburger Literaturpsychologische Gespräche, Bd. 13, Königshausen & Neumann, Würzburg, 1994.

2008
Psychoanalytische Literaturbetrachtung als Berufung, 11-20. In: Mauser, W., Pietzcker, C., (Hg.): Literatur und Psychoanalyse. Erinnerungen als Bausteine einer Disziplingeschichte, Königshausen & Neumann, Würzburg (Auszüge aus seiner Selbstdarstellung)

Personenregister

Abel, G. 33
Adelson, J. 171
Adorno, Th. W. 181ff.
Alexander, F. 31
Alzheimer, A. 108
Apponyi 89
Arendt, H. 131
Aristoteles 32
Augustinus 60
Balint, E. 31f.
Balint, M. 31ff., 56f., 70, 73ff., 78, 103
Barbusse, H. 24
Bauermeister 62
Baumeyer, F. 29
Bechterew, W. 107
Beckmann, M. 76
Benedek, Th. 174
Benedetti, G. 29
Bergmann, G. von 25, 27
Berna, J. 125
Berna-Glantz, R. 125
Bernfeld, S. 107
Bettelheim, B. 145, 157
Bibring, E. 161
Bion, W. 56, 72
Blazy, H. 56
Blos, P. 145
Boehm, F. 29
Boring, E. G. 170
Borsche, T. 33
Brahms, J. 155
Brandt, W. 125
Breuer, J. 24
Breuer, L. 124

Broch, H. 159
Buchböck 100
Burger, M. 28f.
Cantor, G. 134
Chrustschow, N. S. 111
Collingwood 183
Cooper, J. F. 149
Cremerius, J. 178
Croce, B. 183
Csikszentmihályi, M. 116, 118
Curtius, F. 22f.
Dahn, F. 149f.
Darwin, Ch. 101
Dènes, A. 99
Dènes, H. 99
Dènes, N. 99
Derestad, R. 124
Dix, O. 59
Dollfuß 154
Dostojewski, F. M. 17
Dräger, K. 76
Druckey, H. 25, 27
Edelman, E. M. 118
Edinger, T. 104
Eidelberg, L. 31
Eitingon, M. 160
Ekman, T. 117f., 122, 124
Elias, N. 131
Erikson, E. 145, 163ff.
Ezriel, H. 31
Fairbairn, R. 55
Fenichel, O. 107
Ferenczi, S. 99, 102f., 136
Fontane, Th. 160
Freud, A. 75, 77, 162f., 179

Freud, S. 15, 19, 23f., 28ff., 50, 52ff., 69f., 73, 101, 108, 118, 127, 142, 150f., 160ff., 179
Fromm, E. 179, 181f., 186ff.
Gandhi, M. 165
Gábor, A. 99, 136
Gelb, A. 101, 103
Goethe, J. W. v. 15, 183
Goland, R. J. 107f.
Gorka, S. 99
Grillparzer, F. 15
Grinberg, L. 77
Grunberger, B. 31
Grünspan, B. 153
Haak, N. 117
Hallstein, W. 27f.
Hampshire, S. 164
Harding, G. 117
Hartmann, N. 23, 82
Havemann, R. 25, 27
Haydn, J. 155
Hebbel, F. 15
Hegel, G. F. 23, 32
Heide, C. van der 106
Heidegger, M. 82
Heimann, P. 30f.
Heiss, R. 63f., 69, 74f.
Hendrick, I. 156
Hermann, I. 99ff., 103, 118, 134
Heubner, W. 22, 25, 27
Hilbert, D. 134
Hirsch, K. von 181
Hitler, A. 12, 19, 26ff., 52, 58f., 62, 104, 117
Hochheimer, W. 30
Hoffer, W. 31, 75
Hofmannsthal, H. v. 152, 184

Hölderlin, F. 83
Horkheimer, M. 181ff.
Horthy 100
Hussein, S. 98
Ibsen, H. 51, 135
Jackson, M. 157
Jacobson, E. 174
Jaspers, K. 177
Jensen 149
Joachimsthal 110
Jung, C. G. 28
Kaila 114, 116
Kandel, E. R. 118
Kant, I. 23, 32
Karamasow, A. 145
Katz, D. 114, 116, 124
Kempen, Th., von 54
Kérenyi, K. 100
Kerr, A. 12
Kestenberg, J. 174
Khan, M. M. 32
Kinszki, I. 99, 102, 136
Kipling, R. 148
Klebelsberg 100
Klein, M. 29ff., 75, 77, 84, 179
Kleist 15
Knight, R. 163
Köhler, W. 106
Kollaritsch, J. 98
Kollwitz, K. 59
König, R. 73
Kovács 103
Kranefeldt, W. M. 29
Kraus, K. 185
Kuiper, P. 32
Kupfermann, I. 118
Lacan, J. 179

Lamm, E. 124
Lamm, M. 124
Lampl-de-Groot, J. 32
Lamprecht, K. 100f., 103, 136
Landauer, K. 106
Langer, M. 77
Lantos, B. 124
Laszki, W. 106
Lederer, E. 111
Lederer, H. 111
Leeuw, P. J. van der 32
Leibniz, G. W. 119
Lenin, W. I. 106
Lesche, C. 122
Lessing, G. E. 15, 18
Lifton, J. 163f.
Limentani, A. 32
Lisieux, Th. von 68
Lissner 19
Loewald, H. 32
Loewenthal, L. 125, 181f.
Loewenthal, R. 125
Loyola, I. v. 61
Ludowyk-Gyömröi, E. 124
Ludwig 155, 167
Luria, A. R. 107
Luther , M. 165
Maetze, G. 125
Mahler, M. 60
Mann, Th. 98
Mannheim, K. 101, 103f.
Marcuse, H. 181f., 185
Maugham, S. 162
Mauser, W. 178
Meistermann, G. 71ff., 76, 81ff.
Menneke, F. 70
Mitscherlich, A. 30ff., 73, 183
Mitscherlich, M. 31
Monchy, R. de 103, 117, 124, 136
Money-Kyrle, R. 30
Montaigne, M. de 163
Mowrer, H. 162
Mozart, W. A. 98
Müller-Braunschweig, C. 29
Murray, H. A. 158, 164
Newton, I. 170
Nielsen, N. 117
Nietzsche, F. 16, 33, 131, 150
Nolde, E. 59
Nycander, G. 117
Öhrberg, K. 124
Padel, J. 32
Patzig 30f.
Pedersen, S. 124
Pergament, M. 112
Perls, F. 106
Peterffy 104
Pfister, O. 77
Piaget, J. 118
Pick 108
Pietzcker, C. 178
Pirandello, L. 141
Planck, M. 21, 30
Platon 32
Poincaré 115f.
Ranke, L. 146
Rapaport, D. 124
Raush, H. 171
Redl, F. 141f., 146f., 151f.
Reich, W. 106f.
Reinius, E. 117
Renquist-Renpää, Y. 112
Révész, G. 101, 104
Richter, H. E. 76

203

Rieff, Ph. 164
Riggs, A. 163
Rilke, R. M. 149
Rilton, A. 123
Roboz, V. 99
Rodriguez 77
Rogers, C. 179
Rorschach, H. 64, 68, 77, 113
Rosenfeld, H. A. 32
Russel, B. 101
Rust, B. 64
Sachs, H. 118, 125, 159ff.
Sandler, A. M. 124f.
Sandler, J. 124
Sandström, T. 117
Scheunert, G. 76
Schiller, F. 15
Schopenhauer, A. 15, 23
Schopp, M. 31
Schultz-Hencke, H. 29
Schulz 25
Schuschnigg 157
Schwartz, J. H. 118
Schwarz, Ph. 104
Siebeck, R. 22
Siegl 11
Simon, J. 33
Spitz, R. 31
Spranger, E. 23
Stalin, J. 26, 117
Székely, E. 98, 102, 104, 110ff., 122, 125ff., 135
Szondi, L. 77
Tegen, E. 116
Thamm, A. 117
Theweleit, K. 55
Thomä, B. 125

Thomä, H. 125
Thomas 80
Thorner, H. 32
Turquet, P. 32
Tützer, R. 19, 23
Untermayer, J. St. 159
Vértes, K. 124
Warlimont 28
Weizsäcker, V., von 68f., 74
Werner, H. 159
Wertheimer, M. 101, 103
Willcox, W. 164
Wilmanns, K. 104
Winterstein, A. von 181
Wittgenstein, L. 33